本书受广西高等学校优秀中青年骨干教师培养工程
及广西财经学院中青年学术带头人培养对象项目资助

Formation, Operation and Evalution of "Niche Strategy" for Newly-established College
—Take Higher Education in Guangxi as an Example

新建本科院校"生态位战略"的构建、运行与评价
——广西高等教育例证

谢凌凌 著

中国社会科学出版社

图书在版编目（CIP）数据

新建本科院校"生态位战略"的构建、运行与评价：广西高等教育例证/谢凌凌著 .—北京：中国社会科学出版社，2015.6
ISBN 978 - 7 - 5161 - 6251 - 4

Ⅰ.①新… Ⅱ.①谢… Ⅲ.①地方高校—战略管理—研究—广西 Ⅳ.①G647

中国版本图书馆 CIP 数据核字（2015）第 123600 号

出 版 人	赵剑英
责任编辑	卢小生
特约编辑	林　木
责任校对	周晓东
责任印制	王　超
出　　版	中国社会科学出版社
社　　址	北京鼓楼西大街甲 158 号
邮　　编	100720
网　　址	http：//www.csspw.cn
发 行 部	010 - 84083685
门 市 部	010 - 84029450
经　　销	新华书店及其他书店
印　　刷	北京市大兴区新魏印刷厂
装　　订	廊坊市广阳区广增装订厂
版　　次	2015 年 6 月第 1 版
印　　次	2015 年 6 月第 1 次印刷
开　　本	710×1000　1/16
印　　张	14
插　　页	2
字　　数	236 千字
定　　价	50.00 元

凡购买中国社会科学出版社图书，如有质量问题请与本社发行部联系调换
电话：010 - 84083683
版权所有　侵权必究

摘　　要

　　1998年是我国高等教育管理体制改革取得突破性进展的关键一年，此后的十余年间，新建本科院校蓬勃兴起，拉开了我国高等教育大众化进程的序幕。从数量上看，它已占我国普通本科高校近三成；从布局上看，全国绝大多数省份地级市几乎都有一所本科院校。新建本科院校的出现与发展，逐步改变高等教育的生态格局。然而，"始生之物，其形必丑"。新建本科院校在快速发展的同时，却面临着非常棘手的尴尬局面：没有走老路的资本却照搬老牌本科院校的发展模式、没有足够的资源支撑却急切跨越发展、没有深度的融合却追求学校的"形式上位"……新建本科院校所遇到的困难和问题，有的是囿于外部环境，有的是前进发展中的问题。但是，如何定好位并制定一套行之有效的发展战略则是绝大多数新建本科院校试图摆脱现实困境的首要考虑。

　　从生态学角度看，大学可以被视为一种独特的生物种群，因此，跨学科研究往往能寻找到新的、独特的"学科风景"。生态学中的生态位思想为我们提供了一种理论依据和思维方式。由于生态位概念表征的是生物物种对资源及环境变量的利用状况，每个物种在长期生存竞争中都拥有它最适合生存的生态位。因此，大学的生态位就可以视为该大学在整个社会环境中和整个高等教育群落中，以自有的资源禀赋为条件，通过办学过程能动地与社会环境以及与其他高等教育群落相互作用所形成的相对有利的生存发展空间以及相对竞争优势。事实上，大学是一个典型的快速成长的生命有机体，外部环境为其提供成长机会，内部条件为其提供发展保证，每一所大学总是在成长发展中调整、优化自身在高等教育系统乃至社会系统中的地位和功能，这就是大学寻求自身生态位的过程。换言之，大学战略管理的实质可以看作对客观条件以及自身生态位的认识和把握，并运用相关战略来调整自身的现实生态位，使之逐步接近自身基础生态位的动态过程，即生态位战略思想。可见，大学的成长发展特征决定了它的生态位是一个"相对稳定"的生态位，因为寻求转型和跃迁是它们的最终价值取向，这就是大学生态位战略管理实质。

生态位战略思想引入新建本科院校发展战略，原因有二：其一，新建本科院校的"低位高攀"与"同位趋同"的两种典型发展状态，表明这类院校在发展过程中具有"生态错位与生态位重叠"的显著特征，换言之，说明生态位理论及其基本思想对解释新建本科院校战略问题具有高度的适切性。其二，由于制度依赖、政策调控、资源分配、观念习俗、文化传统等各种生态因子的影响，注定新建本科院校的战略管理不可能是一个"按图索骥"的静态行为；相反，必须是一个与各类环境以及学校利益相关者不断交流与转换的动态行为。将生态位的理论思想运用于新建本科院校的战略管理反映了二者的融通性，不仅有利于深刻理解新建本科院校战略管理的实质，对丰富大学战略理论的研究也具有方法论意义。

本书正是建立在求解"新建本科院校'生态位战略'"问题基点上，以这类院校的战略管理过程为研究主线，遵循从一般到个别、从静态到动态的研究进路，在建立生态位理论与战略管理理论基础之上的大学生态位战略分析框架，全面深入解析影响新建本科院校生态位战略选择与制定的相关变量，系统而客观地揭示新建本科院校生态位战略组织与实施的内在逻辑，科学而理性地探寻新建本科院校生态位战略评估与控制的方法路径，以期为这类院校的发展战略提供新参考。本书主要围绕以下内容展开：

新建本科院校生态位战略目标可以表述为：在明确和把握学校自身使命和愿景的基础上，根据自身的实力变化、发展状况以及对所处生态位的认识和把握，运用各种战略协调自身与环节间的关系，从而不断选择、拓展自身的基础生态位，以促进自身的现实生态位不断接近基础生态位，并能通过促进生态位的跃迁来实现学校的持续成长和发展。因此，如何合理科学构建生态位是新建本科院校生态位战略选择和制定的重心所在。环境维度、空间维度以及能力维度三个维度从环境格局、时空位置以及演化趋势反映了新建本科院校生态位的多维特征，它们共同构成了新建本科院校竞争的内容体系，充分挖掘各维度层面的潜能，是提高学校整体竞争优势、进行有效战略分析的重要基础。对学校生态位宽度、生态位重叠度、生态位态势、生态位分离以及生态位适宜度的测量，是有效进行战略选择的基本依据。为此，在生态位竞争战略、生态位移动战略、生态位共生战略、生态位协同进化战略等总体战略指导下提出了新建本科院校生态位战略的一般选择：体现生态位错位的差异化战略、生态位泛化的多元化战略、生态位特化的专业化战略、生态位保护的价值维持战略、生态位增值的关键因子控制战略、生态位多维重叠弱化的地方院校成长战略以及生态位非平衡性的大学跨越式发展战略。

大学生态位战略不仅可以促使资源维度的有效利用，也可以促使资源维度的有效储备。大学生态战略资源的配置必须符合大学生态的本质属性，即遗传与变异、平衡与失衡、共生与竞争。"历时性"与"共时性"是大学生态位战略资源配置的本质属性。"历时性"，实际是指大学生命周期中的不同战略导向；"共时性"，实际是指大学在特定阶段发展的相对稳定性。基于组织生命周期的视角，从初创期、成长期、优化期和衰退期几个阶段来审视新建本科院校的生存和发展，并探讨不同阶段的相应组织结构，其实质正是对这类院校生态位战略计划制定及其实施方式的一种全新解读。基于此，本书提出了新建本科院校生态位战略实施的策略选择：强调错位发展的生态位分离策略、注重深度适应的生态位特化策略、具备开拓潜力的生态位扩充策略、建立战略联盟的生态位共生策略以及体现协同创新的生态位提升策略。由于文化融合是新建本科院校发展的最重要"软性"支持变量，因此本书指出这类院校实施生态位战略还必须坚守院校使命的个性文化、接纳和而不同的多元文化、倡导自由奉献的动变文化以及塑造包容开放的协同文化。

评价和调整生态位是确保大学生态位战略管理有效性的必由之路。基于建立的大学生态位宽度、生态位重叠度以及生态位态势的测度模型，本书以广西8所新建本科院校为例，对2006—2009年共4年的招生数、毕业生数、在校生数、教职工数、专任教师数进行生态位评价，以此验证构建的生态位模型。在此基础上，进一步提出大学生态位战略综合评价思路，设计了包括"态"〔教学能力、科研能力和服务社会（空间）能力〕，"态势交界面"（大学空间管理能力、大学战略管理能力和大学资源空间获取能力）以及"势"（大学学习创新能力）三个层面、七个维度在内的相应指标体系，以广西新建本科院校为例进行实证检验并作出分析评价。生态位评价为生态位调控提供了相应的理论和实践依据。鉴此，由于生态位的动态联系性，本书从关系生态位视角探讨了大学生态位战略控制动因、目标和机制，进而就新建本科院校如何从确保生态位稳定来控制战略风险、如何从生态位修复中营造生态环境以及如何以生态位优化促进学校可持续发展提出相关建议。

关键词：新建本科院校　生态位战略　战略管理　生态位理论

Abstract

The year 1998 is critical for china's management system of higher education to make breakthrough progress. In the following ten years, newly – established college (NEC) is burgeoning, opening a prelude to the process of chinas higher education. In terms of quantity, it accounts for 30% of our regular undergraduate universities; In terms of layout, almost every prefecture – level city in most provinces has an undergraduate university. The emergence and development of NEC, gradually changing the ecological structure of higher education. However, "as beginning forms of objects, their shape must be ugly"; similarly, NEC is faced with most embarrassing situation in process of the rapid development: coping the old model without corresponding capital, urgently leaping development without enough supportive resources, pursuing "formal position" without deep integration..., some of NEC's difficulties and problems are confined to the external environment; some are in the development progress. But, How to be in a good place and to develop an effective strategy is of primary consideration for NEC to try to get rid of most of the practical problems.

From the ecology perspective, university can be seen as au nique biological population. Therefore, Interdisciplinary research can often find new and unique "academic landscape". Ecological niche provides a theoretical support and thinking way. As the concept of ecological niche is characterized by biological species' utilization of resources and environmental variables, each species has its most competitive niche for survival in the long – term competition. Therefore, colleges' niche can be regarded as relatively favorable survival and development space as well as comparative and competitive advantages in the whole social environment and the higher education community, which is realized by actively interacting with social environment and other higher education community with its own natural resources as a condition. Actually, college is a typical fast-growing organism, with external environment providing opportunities for growth and internal conditions providing development insurance; each university is always adjusting itself in such growth and development, as well as optimizing its own status and function in higher education system, even social system. This is the process for colleges to seek their own niche. In other words, essence of college strategic management can be seen as understanding and grasping objective conditions and their own niche, and using relevant strategies to adjust their real niche to gradually close to its basic niche, i.e. niche strategic thinking. University's growth and development characteristics determine its ecological niche a "relatively stable" niche, because seeking transformation and transition are their ultimate values. This is essence of university niche strategic management.

Niche can bring development strategy for new-established colleges. There are two reasons: firstly, NEC's two typical development states "low-level high-climbing and same-level tending to the same" indicates that these institutions have the salient features of "ecological dislocation and niche overlap" in the development process. In other words, niche theory and its basic idea apply to interpretation of newly-established strategic issues with a high degree of relevance; Secondly, because of impact of such various ecological factors as system dependence, policy control, resource allocation, concept of customs, cultural traditions, NEC's strategic management are destined to a "what you want" static behavior. On the contrary, it must be a dynamic behavior with continuous exchange and conversion with environment and various stakeholders. Niche theory's application to NEC's strategic management reflects two aspects' accommodation, not only helping create a deep understanding of essence of NEC's strategic management, but also has important methodological significance to enrich college strategic theory.

The study is based on solving the question of "Newly-established colleges' niche strategy", with such colleges' strategic management process as the main line, following the dynamic research route of general to specific, static to dynamic. This paper's college niche strategic analysis framework is based on niche theory and strategic management theory, fully analyzing relevant variables impacting strategic choice, systematically and objectively revealing NEC's internal logic of niche strategy and implementation, scientifically and rationally exploring NEC niche strategy evaluation and control's methods, expecting to provide new theoretical guidance for such colleges' developing strategies. Thesis is organized in the following pattern and contents:

The niche strategic objective for the NEC can be described as follow: based on clearing their own mission and vision, according to the understanding of own strength change, development condition and the niche, universities use various strategies to coordinate the relationship between themselves and other links, select and expand their own fundamental niche continuously, so as to promote their actual niche continuously close to the fundamental niche, and achieve sustainable growth and development through facilitating niche transition. Therefore, it is a centre of gravity for the NEC's strategy choice and formulation that how to construct niche reasonably and scientifically. The three dimensions of environmental, space and capacity respectively reflect the multi-dimensional feature of the niche of new universities from environment pattern, space-time location and evolvement trend, which constitute the content systems of NEC competition. It is an important basis for increasing the competitive advantages and making an effective strategic analysis that NEC should fully excavate the potential of all dimensions. Also, it is a basis for effective strategic choice that we should measure the niche breadth, niche overlap, niche trend, niche separation and niche-fitness. For this, under the guidance of the total strategy including the niche competition strategy, niche mobile strategy, niche symbiotic strategy, and niche co-evolution strategy, the paper poses a general option of NEC niche strategy: differentiation strategy reflecting niche misplaced, diversification strategy reflecting niche generalization, professional strategy reflecting niche specialized, value maintaining strategy reflecting niche protection, key factor control strategy reflecting niche value-added, local institutions growth strategy reflecting niche multi-dimensional overlapped and weakening and leap-forward development strategy reflecting niche non-balance.

University niche strategy can not only promote the effective use of resources dimension, but also can promote effective reserve. The allocation of university ecological strategy resource must meet the essential nature of university ecology, which is heredity and variation, balance and imbalance, symbiosis and competition. "Diachronic" and "synchronic" are the essential nature of the allocation of university niche strategy. "Diachronic", actually is the different strategic direction in life cycle of the university; "Synchronic", actually is the relative stability in a specific phase of development. Based on perspective of organizational life cycle, from the period of start – up, growth, optimization and recession to examine the survival and development of NEC, the paper explores the organizational structure in different stages, which is in nature a new interpretation of the niche strategy plan and implementation of these universities. Based on this, the paper poses the choices of niche strategy implementation: niche separation strategy emphasis on dislocation development, niche specialization strategy focus on deep adaption, niche expansion strategy with development potential, niche symbiotic strategy establishing strategic alliances and niche promotion strategy reflecting collaborative innovation. Because cultural integration is the most important "soft" support variable of the development of new universities, the paper points out that these universities should adhere to the personality culture of mission, accept multiculture of harmony without sameness, advocate dynamic change culture of free devotion and shape collaborative culture of tolerance and open.

Evaluate and adjust the niche is the only way in the process of strategic management position. Based on the measure model of university niche breadth, overlap and trend, the paper takes 8 NEC in Guangxi or example, makes a niche evaluation of the number of enrollment, graduates, students, faculty and full – time teachers from 2006 to 2009, in order to verify the niche model constructed. On this basis, the paper further poses a comprehensive evaluation strategy of university niche, designs an index system including the "state" (teaching ability, research ability and social 〈space〉 service ability), "state of the interface" (university space management ability, university strategic management ability and university obtainly resources space ability), and "potential" (university innovation ability) at 3 levels and 7 dimensions, taking the NEC in Guangxi for example to empirical test and analysis evaluation. Niche evaluation provides the corresponding theoretical and practical basis for niche regulation, given this, because of the dynamic relationship of niche, the paper explores the motives, objectives and mechanisms of university niche strategic control from the perspective of the relationship niche, makes relevant recommendations to the new universities that how to control the risk through ensuring the stability of the niche strategy, how to create an ecological environment from niche restoration and how to promote sustainable development by niche optimization.

Key word: newly – established college; niche strategy; strategic management; niche theory

目 录

第一章 绪 论 ··· 1

  第一节 问题提出与研究意义 ··· 1

  第二节 国内外有关研究综述 ··· 5

    一 国内外有关生态位理论研究回顾 ······································ 5

    二 大学生态位文献回顾 ··· 8

    三 新建本科院校发展战略问题研究综述 ····························· 14

    四 文献综合述评 ·· 20

  第三节 理论基础与研究假设 ··· 21

    一 理论基础 ··· 21

    二 研究假设 ··· 29

  第四节 研究目标与研究方法 ··· 29

    一 研究目标 ··· 29

    二 研究方法 ··· 30

  第五节 研究内容与研究思路 ··· 31

第二章 大学生态位（战略）：概念体系建构 ································· 33

  第一节 基本概念 ·· 33

    一 生态位 ·· 33

    二 大学生态位 ··· 34

    三 新建本科院校 ·· 34

    四 新建本科院校发展战略 ·· 35

  第二节 生态位：基本原理及其普适性 ····································· 35

    一 生态位理论的基本原理 ·· 35

    二 生态位理论的普适性 ·· 37

第三节　大学生态位：内涵、划分及形成机理 …………… 39
　　一　大学生态位内涵 ……………………………………… 39
　　二　大学生态位的类型划分 ……………………………… 41
　　三　大学生态位的形成机理 ……………………………… 44
第四节　生态位战略：一种组织战略新解读 ………………… 46
　　一　生态位泛化或特化战略 ……………………………… 48
　　二　生态位分离战略 ……………………………………… 49
　　三　生态位移动战略 ……………………………………… 49
　　四　生态位强化战略 ……………………………………… 49
　　五　关键生态位战略 ……………………………………… 49
　　六　生态位协同共生战略 ………………………………… 50
第五节　大学生态位战略：概念要义及其研究范式 ………… 51
　　一　作为大学战略定位的一种新理念 …………………… 51
　　二　作为大学战略选择的一种新框架 …………………… 52
　　三　作为大学战略行动的一种新设计 …………………… 53
　　四　作为大学战略资源配置的一种新属性 ……………… 54
　　五　作为大学战略评价的一种新模式 …………………… 58
　　六　作为大学战略控制的一种新路径 …………………… 61

第三章　新建本科院校发展战略研究的生态位视角：
　　　　　一个分析框架 ……………………………………… 64
第一节　生态位理论在大学发展战略研究中的应用 ………… 64
第二节　适切性：研究对象具有"生态错位与生态位
　　　　重叠"特征 ………………………………………… 66
　　一　低位高攀：新建本科院校"规模生态位"
　　　　错位及其矫正 …………………………………………… 66
　　二　同位趋同：新建本科院校"结构生态位"的
　　　　同质化倾向 ……………………………………………… 75
第三节　本书分析框架 …………………………………………… 83
　　一　新建本科院校生态位战略制定的维度和测度分析 …… 86
　　二　新建本科院校生态位战略实施 ……………………… 86
　　三　新建本科院校生态位战略评估与控制 ……………… 86

第四章 新建本科院校生态位战略选择与制定 …… 87

第一节 使命与愿景 …… 87
一 新建本科院校使命 …… 87
二 新建本科院校愿景 …… 92
三 新建本科院校生态位战略目标 …… 93

第二节 生态位维度 …… 96
一 环境维度 …… 98
二 空间维度 …… 105
三 能力维度 …… 108

第三节 生态位测度 …… 111
一 生态位宽度分析及模型 …… 112
二 生态位重叠度分析及模型 …… 113
三 生态位态势分析及模型 …… 114
四 生态位分离分析及其模型 …… 115
五 生态位适宜度分析及其模型 …… 115

第四节 总体规划与一般选择 …… 116
一 新建本科院校生态位战略的总体规划 …… 117
二 新建本科院校生态位战略的一般选择 …… 120

第五章 新建本科院校生态位战略组织与实施 …… 124

第一节 资源配置 …… 124
一 大学生态位战略与资源的关系 …… 125
二 大学生态位战略资源配置的"历时性"
　与"共时性" …… 126

第二节 目标框架 …… 128
一 新建本科院校生态位战略计划的制订：
　基于大学生命周期的分析 …… 128
二 实现新建本科院校生态位战略目标的组织结构 …… 133
三 新建本科院校生态位战略实施的策略选择 …… 138

第三节 文化融合 …… 145
一 大学战略与大学文化的关系 …… 145

二　新建本科院校文化的生态结构及要素特点…………………… 147
　　三　生态位战略与新建本科院校文化的匹配…………………… 150

第六章　新建本科院校生态位战略评估与控制………………………… 153
　第一节　新建本科院校生态位战略评价研究…………………… 153
　　一　新建本科院校生态位战略评价研究过程…………………… 154
　　二　新建本科院校生态位战略综合水平评价…………………… 164
　第二节　新建本科院校生态位战略控制研究…………………… 172
　　一　生态位稳定：新建本科院校生态位战略风险控制……… 172
　　二　生态位修复：营造新建本科院校发展的生态环境……… 175
　　三　生态位优化：实现新建本科院校和谐可持续发展……… 178

第七章　结论与展望……………………………………………………… 183
　第一节　研究结论………………………………………………… 183
　第二节　本书的创新……………………………………………… 185
　　一　研究视角的创新……………………………………………… 185
　　二　研究内容的创新……………………………………………… 185
　　三　研究方法的创新……………………………………………… 186
　第三节　本书的不足……………………………………………… 186
　第四节　研究展望………………………………………………… 186

参考文献………………………………………………………………… 188

后　记…………………………………………………………………… 206

第一章 绪 论

第一节 问题提出与研究意义

全球经济一体化趋势使世界资源和分工在不同层次迅速变化并聚集于有个性的地区，于是特色鲜明的区域经济的崛起已经成为经济全球化进程的重要支撑点。受此影响，随着我国市场经济的发展以及体制的逐步完善，地方经济作为一支生力军日渐成熟，它们依托的不再是传统意义上的初级开发产品资源，而是具有本地特色的高新技术产品以及地方新兴特色产业。显然，创新已经成为地方经济持续发展的主要驱动力，而人力资源和知识资源无疑是地方经济腾飞中最重要的"引擎"。而作为知识创新和智力输出重要摇篮的高等教育必然在地方经济社会发展中担负起更加重要的角色及责任。由于受历史等多种因素影响，我国高等教育的布局结构，尤其是本科院校，几乎毫无例外都聚集在中心城市、省会城市，地级市城市的本科院校数量屈指可数。长期以来，一些大城市高校培养的人才，在数量、质量以及专业结构上难以满足区域经济发展的需要，而地方高等教育发展水平又难以与地方经济社会发展态势"有效契合"，形成了颇为严重的区域经济发展所需的人才结构性矛盾。为此，高等教育发展要向地市延伸成为我国教育部门以及相关决策层的重要关注点。

随着我国高等教育体制改革的深入和高校布局结构调整力度的加大，高等教育发展已经进入高等教育大众化进程。尤其是在1998年，高校管理体制改革按照"共建、调整、合并、合作"八字方针和有关原则、政策，加大力度、加快进度，取得了突破性进展。其中，通过合并、组建，形成了一批层次高、规模大、学科全的综合性大学；通过调整、划转，明确了一批高校的管理主体。总之，伴随着高教体制改革和高等教育的大发展,高校总量、办学规模、办学层次等都发生了明显变化。值得关注的是,在全国政策的导向下,更有一大批身处地级城市的专科学校通过合并、调整、重组与升格进入全国本科高校序列,完成了从专科到本科的层次转型。从数量上看,截至2010年,我国新建本科院校已达到262所,占全国普通本科院校数量的近三成。[①] 显然,新建本科院校已经成为我国高等教育由精英化向大众化阶段过渡的背景下崛起的一支新生力量,不仅承担着完成高等教育大众化的任务,还履行着高等教育改革与创新、培养本科应用型人才、服务区域经济社会发展的神圣职责。显而易见,随着高校布局重心的逐步下移,地方新建本科院校俨然已经成为我国高等教育发展新的"增长极"。

反观近十年来新建本科院校的具体办学实践,虽然在合并、升格、调整、更名等形变现象的背后,都隐含着它们对本校长远发展的价值与理念的追求,但这类院校的建校时间短,文化积淀不足,缺乏内涵发展式的理念,社会认知度较低,现实中它们盲从趋同、追赶发展、忽略特色,似乎还没有在高等教育生态系统中确立自身的真正坐标和方位,同时它们又处在实力雄厚的研究型大学和办学机制灵活的民办高校夹缝之中,多重因素的影响使它们在大学生态圈中始终处于弱势地位。这些院校的盲从追赶、恶性竞争不仅给学校自身的发展带来风险和危机,更严重的是破坏学校的生态环境,影响高等教育长远发展大局。可见,"新建"是一个时间范畴,也是一个实力概念。[②] 那么,新建本科院校办学之路该向何方?又应该怎样办学并发展壮大?这些问题已经成为困扰这类院校生存与发展的现实难题。

可以看出,新建本科院校成长与发展中遇到的各种问题大多与学校的定位以及发展战略有关。显然,这类院校如何判断自己在整个高等教育系统中的位置已经成为学校发展进程中普遍面临的问题。目前学术界对新建本科院校的相关的问题给予了不同视角的研究,有学者从管理学等不同学科层面对其发展战略做出探讨,有从现代大学管理体制形成、与区域或地方经济社会发展的关系视角对这一问题进行分析,有的则从其他地方高校的发展经验来做借鉴对比研究,等等,所产生的研究成果极大丰富了新建

---

① 王玉丰:《中国新建本科院校的兴起、困境与出路》,《高等教育研究》2011年第1期。
② 郝进仕:《新建地方本科院校发展战略与战略管理研究》,博士学位论文,华中科技大学,2010年,第82页。

本科院校的办学思路。截至2010年12月，全国新建本科院校联席会议已连续举办九届，纷纷讨论新建本科院校一系列重大问题，有力地促进了新建本科院校的建设和发展。可见，无论是理论界还是管理层，已经开始高度关注承载高等教育大众化的主体之一——新建本科院校的生存与发展问题。但到目前为止，鲜有学者从生态学视角探讨新建本科院校的相关问题，更没有从生态位的角度对新建本科院校的定位与发展战略做出系统分析。这为我们进一步研究提供了探索空间。

至此，问题的逻辑关系已经基本清晰：新建本科院校希望通过合并、升格、调整、更名等途径来实现自身发展的内在诉求，但现实发展过程遭遇的各种要素障碍却使这类院校试图通过简单形变来寻求跨越发展的想法难以延续；那种盲目趋同、求大求全的发展模式也只能使学校陷入"内耗"而无法从根本上走出发展困境。"新建本科院校如何适应社会发展"只有在历史的尺度和高等教育自身发展规律中加以考察，才能找到属于自己发展的真正方位。其实，任何一所大学的产生和成长，无不彰显着一个与社会长期磨合与适应的过程，而在与社会互动中只有找到自己的生态位，找准自身的发展战略，才能恒久发展。这样看来，如果把目光从"新建本科院校如何适应社会发展"转向到"新建本科院校如何突破常规"上来，那么，这类院校要适应社会发展就必须要"变"，而这种"变"的前提就在于找准自身在高等教育体系中的"生态位"，"变"的实质就可以理解为从"生态位管理"中找准契合自身的发展战略。于是，"新建本科院校如何突破常规"的命题又可以将其具体化为"新建本科院校如何找准生态位与怎样进行'生态位'管理"这一现实问题。

生态位作为生态学的一个重要概念，目前已经在社会科学领域得以广泛应用。利用这一理论为分析视角和研究工具，来探索新建本科院校的发展战略问题，将对这类院校的改革和发展产生深远影响。那么，新建本科院校在我国高等教育系统中处在怎样的生态位上？为何要研究新建本科院校的生态位问题？怎样研究新建本科院校的生态位？从哪些方面找到突破口？大学的生态位如何确立？生态位管理为什么能成为新建本科院校发展战略的一种选择？大学生态位管理的内涵及原理又是什么？如何建立一种科学合理的新建本科院校生态位测度分析框架？怎样对新建本科院校生态位管理评价？到目前为止，还没有学者对此作出详细且系统的探讨，而这正是本书选择新建本科院校"生态位战略"研究这一论题的初衷，同时也是本研究的基本进路。

事实上，新建本科院校怎样找准位、定好位一直是其正确制定发展战略的重中之重。显然，新建本科院校如何找准生态位与怎么进行生态位管理既是一个理论问题，也是一个实践指向性很强的现实问题，同时也是内涵联系紧密的两个主题。对它的研究涉及对学校的角色认识与角色定位以及理念和制度创新，尽管研究具有很大的现实挑战性，但它却是新建本科院校突破常规发展的必经之道。从理论上看，新建本科院校找准自己的生态位，不仅是这类院校对社会和高等教育双重转型的一种主动回应，对于促进整个高等教育生态系统的健康发展也具有重要意义。从实践上看，新建本科院校正处在发展转型的关键时期，找准自身的生态位不但是形成办学特色的"应然"条件，而且生态位管理极可能成为其发展战略选择的一种"实然"创新举措。有鉴于此，本书以新建本科院校的生态位为基本指向，以生态位管理为逻辑主线，在我国社会转型和高等教育转型的大背景下，综合运用系统科学、教育学、管理学、社会学的基本理论来研究新建本科院校的发展战略选择问题，具有一定的理论意义和实践价值。

有助于丰富院校研究的理论基础。院校研究是院校个体的自我研究，研究对象是院校个体，有别于以院校群体为对象的高等学校管理研究。[①] 院校研究的基本思想是把高等教育研究和其他学科的研究视角和研究方法运用到高校管理实践，通过创新高等教育管理理念来推进高校建设和发展。[②] 其一，本书将新建本科院校作为个案研究对象，所采用的生态位管理理论成为高等教育管理理论的组成部分之一，有助于丰富高等教育管理的理论体系；其二，本书还立足于教育生态学的研究范畴，注重于定性研究与定量研究相结合，对拓宽教育生态学的理论边界有积极意义；其三，本书以建立生态位的指标来探讨高等教育的生态评价方法，有助于推进高等教育评价理论体系的成熟与完善。总的来说，本书是形成于特殊性基础之上的普遍性解释范式，因此，对于同类院校以及其他相关院校具有一定理论指导力和解释力，有助于丰富院校研究的理论基础。

有助于推动新建本科院校良性健康发展并为相关部门提供理论依据和决策参考。今后一段时间，大学的规模扩张、跨越发展必然会产生更多新

---

① 刘献君：《开展院校研究推进现代大学管理》，《中国高等教育》2007年第22期。

② 刘鸿：《院校研究：高等教育研究领域和范式》，《现代大学教育》2007年第6期。

建院校，地方院校的合并、重组、升格也将在所难免。因此，新建本科院校仍将呈现递增之势。从实践来看，本书有利于推动新建本科院校变革并规避"千校一面"现象，有助于促进这类院校在内外环境变化中增强战略意识、挖掘优势、寻求特色，找准自己的生态位，走出一条符合自身规律的发展道路，实现良性运行和可持续发展。此外，本书所建立的生态位评价指标体系、测度分析框架以及生态位管理模型，可为高等教育评估部门提供可借鉴的视角，其研究结果可以为各级政府部门以及教育行政管理机构制定相关政策提供决策依据。

第二节 国内外有关研究综述

一 国内外有关生态位理论研究回顾

国内有关生态位理论的研究主要集中在生态位的概念、形成、演化、基本原理、意义等方面。早在20世纪80年代，王刚等（1984）提出了生态位的广义定义："种的生态位是表征环境属性特征的向量集到表征种的属性特征的数集上的映射关系"，并且将生态位重叠定义为两个种在生态学上的相似性，继而推导出计测生态位重叠的改进公式。[①] 张光明等（1997）对生态位概念演进百年史作了梳理，指出对"本质问题、主体问题和尺度问题"缺乏明确讨论与认识是阻碍生态位理论发展和应用的主要原因。同时他还认为结合生态学原理对生态位概念予以定义，是保证其本质、主体和尺度含义明确的同时力求显现出生态位适于生态学发展的潜在因素。[②] 林开敏等（2001）对生态位的概念、定义、定量测度方法和应用现状进行综述，并分析生态位理论应用中存在问题，为种群生态学的深入研究提供科学的理论依据。[③] 李德志等（2006）全面评析生态位理论的形成、演变过程和最新发展动态及其代表性流派的主要学术观点，认为埃尔顿（Elton，1927）的营养生态位、哈钦森（Hutchinson，1957）的超

[①] 王刚、赵松岭、张鹏云、陈庆诚：《关于生态位定义的探讨及生态位重叠计测公式改进的研究》，《生态学报》1984年第2期。

[②] 张光明、谢寿昌：《生态位概念演变与展望》，《生态学杂志》1997年第6期。

[③] 林开敏、郭玉硕：《生态位理论及其应用研究进展》，《福建林学院学报》2001年第3期。

体积生态位以及麦克阿瑟（MacArthur，1970）的资源利用函数生态位三个流派影响最大，该文并分析各流派之间的区别与联系、优点与不足。同时，对迄今为止生态位理论的发展历史进行阶段划分，并对现代生态位理论的发展方向和前景进行深入讨论。①

文献分析显示，国内对生态位的理论研究突出在立足生态学的理论，强调探讨生态位的基本原理，而对分析生态位的应用原理则少有涉及。

国外关于生态位理论的研究主要集中在生态位理论的形成及发展方面。生态位理论是生态学讨论和研究的焦点，生态位概念和理论发展大致呈现以下几个阶段：

（一）生态位思想雏形期，从斯蒂尔德（Steered，1894）开始到哈钦森（1957）

表现在由现象的观察和发现，逐渐上升到概念和理论凝练②。早在1894年，美国密执安大学斯蒂尔德在对菲律宾群岛上鸟类分离而居现象描述时就涉及了生态位分离问题，但没有作更多的解释；1910年，约翰逊（Johnson）最早使用了生态位（niche）这一术语，他认为"同一地区的不同物种可以占据环境中的不同生态位"，但没有对生态位进行定义，未将其发展成一个完整的概念。直到1917年，格林内尔（Grinnell）首次明确提出生态位概念并将其定义为恰好被一个种或一个亚种所占据的最后分布单位，后来格林内尔（1924，1928）又把生态位定义为生物种最终的生境单元。在这个最终的分布单元中，每一个物种因其结构和功能上的特殊性，其生态位界限得以保持；之后高斯（Gause，1934）在其著名的草履虫实验的基础上，发展出了竞争排斥法则，即高斯原理。他认为，物种在生物群落中各有自己的生存位置和作用，各物种相互竞争，每一物种只有占据基本生态的某一部分，才能继续生存，同样也可以说，只要占据了这一适当的生态位置，该物种就可以得到生存和发展。这一研究成果为人类的生存和发展提供了十分重要的指导思想。随后，一些学者相继提出了自己的观点，如拉克（Lack，1947）进一步指出，生态位关系可以为物种提供一个进化多样性的基础。迪斯（Dice，1952）排除了生态位概念

---

① 李德志、刘科轶、臧润国、王绪平、盛丽娟、朱志玲、石强、王长爱：《现代生态位理论的发展及其主要代表流派》，《林业科学》2006年第8期。

② Leibold, M. A., The Niche Concept Revisited: Mechanistic Models and Community Context [J]. *Ecology*, 1995, 76 (5): 1371–1382.

中的功能含义，只采纳其空间含义，认为生态位就是生境的一个亚单位，即物种在特定生态系统中所占据的生态位置。显然，这一观点与格林内尔（1924，1928）的观点极为相近。奥德姆（Odum，1953）则对生态位理论作了重新评价：一个生物在群落或生态系统中的位置或地位决定于生物的结构适应、生理反应和特有行为（本能行为或学习行为）[①]。

（二）生态位概念和理论规范化时期：从哈钦森（1957）开始到麦克阿瑟（1970），其主要特点是通过把生态位定义为 n 维资源空间的超体积，使生态位理论逐渐走上规范化的轨道

这一时期以哈钦森的研究最具代表性。哈钦森（1957）从空间、资源利用等提出了多维超体积模式。他认为：生物在环境中受着多个资源因子的供应和限制，每个因子对该物种都有一定的合适度阈值，在所有这些阈值所限定的区域内，任何一点所构成的环境资源组合状态上，该物种均可以生存繁殖，所有这些状态组合点共同构成了该物种在该环境中的多维超体积生态位，后来，他又在此基础上提出了基本生态位和现实生态位，认为基本生态位是由物种变异和适应能力决定的，而并非其地理因素，而现实生态位则是基本生态位的一部分，即自然界中真实存在的生态位。哈钦森提出的多维超体积概念为现代生态位理论的深入研究奠定了重要基础[②]。

（三）生态位的量化研究时期：从麦克阿瑟（1970）到蔡斯等（Chase et al. , 2003）通过提出资源利用函数生态位的思想，生态位逐渐成为可定量化和可测度的理论体系

这一阶段，拉格布（Grubb, 1977）认为，"生态位为植物与所处环境的总关系"；E. R. Pianka（1983）定义为，"一个生物单位的生态位"；Colinvaux（1986）提出"物种生态位"概念等，而利特瓦克等（Litvack et al. , 1990）引入集合论的思想，根据麦克阿瑟的生态位超体积模型，提出群落生态位是群落中所有物种生态位之并集。物种之间的关系可通过彼此生态位之间的重叠反映出来。[③] 谢伊等（Shea et al. , 2002）提出了物

---

　① 李鑫：《生态位理论研究进展》，《重庆工商大学学报》（自然科学版）2008 年第 3 期。
　② Thompson, K. , Gaston, K. J. , Band, S. R. , Range size, Dispersal and Niche Breadth in the Herbaceous Flora of Central England [J] . Ecology, 1999, 87, pp. 155 – 158.
　③ John Freeman, M. T. Hannan, Niche Width and the Dynamics of Organizational Populations [J] . American Journal of Sociology, 1983, (88): 45 – 111.

种生态位的新定义：物种对每个生态位空间点的反应和效应。生态位空间点是由物理因素（温度、湿度等）和生物因素（食物资源、天敌等）在某一特定时空的结合决定的。反应按种群动态变量来定义（存活率、个体增长等），但更重要的是这些反应的总结果。单位个体增长率效应则包含对资源的消耗、与其他有机体获取资源时的相互干扰、与天敌的相互作用及对空间的占有等。蔡斯等（2003）尝试对经典的生态位理论与当代的各种生态位研究方法进行新的整合，从而推动了生态位理论的发展和完善。

（四）生态位理论完善成熟期

从蔡斯等（2003）到现在，其主要特点是重新强调生态位理论的重要性，通过对经典理论与现代方法进行适度拓展，进一步丰富和完善了现代生态位理论。西尔弗敦（Silvertown，2004）认为，生态位优先占据及种间竞争效应，可以对海洋岛屿的地域性植物经常表现出的单一起源现象的成因提出最为中肯的解释。蒂尔曼（Tilman，2004）在经典的竞争理论的基础上，提出了随机的生态位理论。与传统生态位理论不同的是：该理论强调定居的随机性，以及补充限制过程与多样性生物限制之间的相互作用，可以更好地解释生物入侵和群落集结格局的形成机制。

从生态位理论的形成和演变轨迹可以看出生态位的概念已深深扎根于生态学理论范畴中，并体现出鲜明的特征：与时俱进的强大生命力，丰富且完善的概念内涵，具有扩展扩张特点的外延辐射，直到全面关注并深层关怀有机生命体生存与发展的生态文明前景。

二 大学生态位文献回顾

大学生态位概念脱胎于生物生态位和企业生态位概念，因此难免带有生态组织和企业组织的特征，但是大学生态位毕竟是发生在大学，它同样不可避免地打上大学的独特烙印。当前，有关大学生态位的研究主要集中在两个方面：

一是有关大学生态位基本理论问题的研究，如大学生态位的概念、现象、基本原则、基本方法等。王骥（2003）指出，高等学校是一个层次、类型纵横交错且错落有致的"生态系统"，高校的发展战略和竞争策略首要的就是发现自己在这个"系统"里独特的生态位，同时强调高等学校的生态位是可以改变的。[①] 方然（1997）把教育生态位定义为教育者、受

---

① 王骥：《高等教育中的"生态位现象"解析》，《教育评论》2003年第4期。

教育者的每一个体或一个学校、一个区域内教育工作的基本状态及其发展水平。在教育系统内部,"教育生态位"主要包括某一个体、某一学校、某一社区教育的状态、趋向,也包括这种状态和趋向与其他个体、学校、社区教育水平的差异和教育状况的关系等。就整个社会而言,"教育生态位"也指一定区域的教育工作在整个社会生产、生活各个方面的位置比重,即决策者的重视程度、投入数量,人民大众的支持力度、评价效应等。他还认为,"教育生态位"不是对区域环境的被动选择,其工作状态和发展趋向是可以调节和控制的。[①] 陈文娇(2007)描述了教育生态系统中不同生态主体的共生与竞争关系,并且分析了高等教育生态系统中"高位低移"、"低位高攀"、"同位相类"等错位现象,进而指出高等教育的合理分流是不同教育生态主体展现其生态位优势的有效途径[②]。

二是以生态位理论为研究视角或研究方法,分析高等教育发展中存在的现实问题、影响因素,并提出相关对策。

(一)从生态位角度研究大学定位问题

薛春艳(2004)认为,我国大学定位中存在着严重的生态位重叠和错位现象,指出生态位的大学定位理念应该从三个方面来考虑:一是从大学在整个社会系统中的生态位来看,高等学校属于文化领域,这就是高等学校在社会系统中的基本定位;二是大学在高等教育系统中的定位问题,实质是高等教育系统的分层问题;三是从大学自身内部系统中的生态位来看,是指根据大学在整个高等教育系统中的定位,确定自己的办学规模、人才培养规格、学科布局、服务面向、管理模式等。[③] 纪秋颖等(2006)将生态位理论引入大学定位研究,用生态学的观点分析大学定位中的教学、科研的均衡协调程度,并据此将大学分为协调型、低教学高科研型、高教学低科研型三类,提出了大学发展的方向和重点。[④] 梅丽珍等(2008)从生态位三个角度提出我国高校发展定位策略,一是通过生态位分离的方式来实现共存。根据学校所在地区的情况以及同一地区其他高校

[①] 方然:《教育生态的理论范畴与实践方向》,《云南师范大学学报》1997年第1期。
[②] 陈文娇:《教育生态位与高等教育分流》,《大学研究与评价》2007年第11期。
[③] 薛春艳:《生态位理论视阈中大学定位问题的反思》,《成都教育学院学报》2004年第8期。
[④] 纪秋颖、林健:《生态位理论在大学定位中的应用》,《高等工程教育研究》2006年第3期。

的发展状况来确定自己的发展定位，做到"人无我有，人有我优"，"别的大学能做的，我们不做"。二是通过生态位压缩、释放和移动来调整生态位的宽度，找到自己的最适生态位，并各安其位。三是各高校应根据本校的实际情况以及自己在整个高等教育生态系统中的地位，给自己做一个的正确的定位，并且尽量避免与其他高校，特别是处于同一区域的高校定位趋同，发生生态位重叠。①

（二）探讨生态位与大学办学特色的关系

纪秋颖等（2005）建议高校要根据自身条件、市场需求和新的竞争对手情况，科学分析和制定发展战略，来发展自己的特色，树立自己的品牌，在创新中不能简单地丢弃原有特色，同时要根据市场需求和形势发展的变化，来不断优化和发展自身的原有特色；在把握自身已有的特色和优势的前提下，从质量、观念、教学内容和方法、制度等创新点中寻求重点，集中精力在某一或某几个方面进行突破，从而逐步形成适应新生态位空间的特色。② 杨柳（2006）认为，地方院校的"生态位"基础就在于自身的办学基础和所处的区域经济社会基础，同时指出地方院校的办学特色关键在于定位于地方，围绕地方区域经济社会打造办学特色，即地方院校在科学定位于地方的基础上，紧紧围绕所服务区域的地缘优势、资源优势、产业优势以及经济建设和社会发展的实际需求，结合本校实际，找准发展生态位，充分发挥自身优势，谋求发展良机，使自身优势得以延伸、彰显，从而树立起自我的品牌与特色。③

（三）探讨生态位与大学竞争能力的关系

纪秋颖等（2006）认为，基于生态位的高校核心能力即是高校对其外部环境的适应能力、拓展能力，从而表现出来的强于竞争对手的市场占有能力，可以归纳为高校核心能力是由高校生态位占有能力、生态位适应能力和生态位提升能力构成。④ 李军（2006）也指出，高校首先要判断自

---

① 梅丽珍、付来瑞、张希：《基于生态位理论的高校发展定位研究》，《吉林省教育学院学报》2008 年第 2 期。

② 纪秋颖、林健：《基于生态位原理的高等学校特色建设》，《黑龙江高教研究》2005 年第 3 期。

③ 杨柳：《地方院校办学特色建设研究——从生态位的视角出发》，硕士学位论文，江西师范大学，2006 年，第 76 页。

④ 纪秋颖、林健：《基于生态位理论的高校核心能力分析》，《黑龙江高教研究》2006 第 5 期。

身所处的生态位,并通过模型建构评价中国高校的生态竞争。① 孙云志等(2008)认为,应从高职院校实际拥有的教育资源出发,结合其定位以及共生与竞争机制,加强专业和人才培养模式设置综合化,同时注意强化它们之间的横向联系,不断催生一些新兴的专业和人才培养模式,使整个交通类高职院校生态环境建设充满生机和活力,适应知识经济时代对交通类高职院校发展的需要。② 张信东等(2008)剖析了高校因盲目扩容逐渐失去核心竞争力的原因及高校管理中存在的问题,并就所提出的生源、教师、毕业生和科研四类高校生态位生态因子,期望在生态位理论指导下,建立高校之间共存、共赢的竞争理念,并最终实现高校自身的生态位管理和差异化强势的形成。③ 王艳杰等(2009)借用生态学中的生态位理论,提出高校创新团队生态位理论,在对其整体、内部及生态环境准确定位的前提下,分析了高校创新团队生态位与核心竞争力的关系,并将基于生态位的高校创新团队核心竞争力分解为生态位占有能力、适应能力和提升能力。同时通过分析构成高校创新团队生态系统的内外部因素,分解出基于生态位的高校创新团队核心竞争力三个分力的构成因子,以及形成这些因子的主要内容。④

(四)探讨生态位与大学科技创新的关系

王章豹等(2007)试将生态位理论应用于高校科技创新工作,在界定高校科研生态位概念基础上,针对高校科技创新工作中存在的突出问题,从合理定位、错位竞争、特色建设、竞争合作等方面提出促进高校科技创新的生态位分化策略、生态位扩充策略和科研生态系统的协同进化策略。⑤ 陈元(2008)指出,基于生态位的高校科技创新能力评价指标体系的设计具有系统性、科学性、可比性和可操作性,并构建了由两个一级指标、4个二级指标和32个三级指标组成的高校科技创新能力评价指标体

---

① 李军:《基于生态位原理的中国高等学校生态竞争研究》,博士学位论文,天津大学,2006年,第104页。

② 孙云志、何玉宏:《基于生态位理论的交通类高职院校竞争策略研究》,《济南职业学院学报》2005年第6期。

③ 张信东、杨婷:《基于生态位理论构建高校核心竞争力的思考》,《高教探索》2008年第6期。

④ 王艳杰、毕克新:《基于生态位理论构建高校创新团队核心竞争力的分析》,《黑龙江高教研究》2009年第1期。

⑤ 王章豹、汪立超、李巧林:《生态位理论指导下的高校科技创新策略》,《合肥工业大学学报》(社会科学版)2007年第1期。

系，设计了高校科技创新能力的评价模型，并以 10 所高校为例验证了该模型的有效性，为高校科技创新能力的评价提供借鉴。[①] 王哲等（2010）设计了高校科技创新能力的评价模型，并以中国西部地区 6 省（市）高校科技创新能力进行分析，验证基于生态位宽窄理论的高校科技创新能力评价体系的实用性和有效性，为高校科技创新能力的评价分析提供了新的思路。[②]

（五）以生态位理论为基础分析大学（学科）发展战略问题

陈娟娟（2007）认为，地方高校不可持续发展的生态位现象主要表现在：生态位过度重叠，导致恶性竞争；生态位宽度过小，教育资源利用率低；环境承载力小，引起教育环境恶化。提出地方高校可持续发展的生态位策略是：教育资源的错位开发策略、竞争优势的差异开发策略、教育市场的分离开发策略和教育生态因子互动策略。[③] 郭树东等（2008）认为，研究型大学的学科建设存在一系列较为突出的战略性问题，如战略定位趋同、学科发展方向、布局不甚合理等，导致学科特色不鲜明、资源利用低效，难以形成学术研究的合力与优势。通过用生态学思想系统研究探索研究型大学学科发展战略，构建了学科发展战略规划框架体系和特定学科战略生态位定位模型，提出充分发挥学科自身的主观能动性，实现学科生态位的分化；深入开拓新资源和生存空间，扩充或特化学科生态位；优化学科生态环境，实现学科群体的协同进化等生态位对策。[④] 李志峰等（2009）从生态位理论视阈出发，认为学术职业的定位就是确定不同类型教师不同的生态位，从而在竞争的学术生态环境中谋求平衡和和谐发展的动态过程，并指出这个过程是学科、学校、教师三方相互选择的过程，是教师适应学科和组织发展的过程。[⑤]

（六）对大学生态位的定量分析

纪秋颖等（2006）根据高校的"态"、"势"属性，将高校生态位解

[①] 陈元：《基于生态位理论的高校科技创新能力评价》，《广东科技》2008 年第 4 期。

[②] 王哲、聂飞飞：《基于生态位理论的高校科技创新能力分析》，《经济研究导刊》2010 年第 4 期。

[③] 陈娟娟：《基于生态位理论的地方高校可持续发展策略》，《四川教育学院学报》2007 年第 6 期。

[④] 郭树东、赵新刚、关忠良、肖永青：《我国研究型大学的学科发展战略定位模式与生态位对策》，《北京交通大学学报》（社会科学版）2008 年第 4 期。

[⑤] 李志峰、杨灵：《高校学术职业定位与研究型大学发展——基于生态位理论的分析》，《华北电力大学学报》（社会科学版）2009 年第 5 期。

剖为生存力、发展力、竞争力三个层面及其相应的教学能力、科研能力、社会服务能力、界面管理能力、战略管理能力、资源整合能力和学习创新能力七个维度，建立了高校生态位评价指标体系，提出了高校生态位综合评价方法，并进行了实证分析。[①] 同年他们还在《高校生态位构建的数学模型及其应用》一文中提出用高校生态位的适合程度测定其进化惯量，用现实生态位对其最佳生态位的偏离程度测定其进化动量，并建立相应的数学模型，还以 16 所综合类高校的有关数据为基本资料来对其进行验证，该研究为高校合理评价、制定正确的发展战略、实现可持续发展提供了新的方法和视角。[②] 许箫迪（2007）则对高技术产业的生态位测度和评价作出了较为系统的探讨。[③]

（七）利用生态位理论分析高等教育中的具体现象

李倩等（2008）运用生态位理论对大学毕业生"傍老族"现象进行系统分析，认为"傍老族"群体恰恰混淆了理想生态位和现实生态位之间的界限，忽视对自身潜在生态位的立体考察，做出逃避外界竞争环境、寄生于家庭环境的选择，导致个体生态系统的亚健康病态；只有增强个体抵御外界风险，培养青年个体主体意识，调整个体生态位的行为能力成为应当解决的重要问题。[④] 金雪子（2009）则认为，生态位理论调整教师压力的策略是：建立学校可持续发展的生态位平衡体系、健全和完善各种管理制度，培养教师占有生态位的竞争能力、最大限度地分离和发挥教师的优势和特点，减少生态位的重叠现象以及构建和谐发展的学校文化氛围，确立团结协作的生态位互补群体。[⑤] 王炎斌（2010）认为，可以从明确校企合作的"空间生态位"、优化校企合作的"功能生态位"以及拓宽校企合作的"多维生态位"等方面来实现高职院校校企合作的协同效应，并

[①] 纪秋颖、林健：《高校生态位及其评价方法研究》，《科学学与科学技术管理》2006 年第 8 期。

[②] 纪秋颖、林健：《高校生态位构建的数学模型及其应用》，《北京航空航天大学学报》（社会科学版）2006 年第 4 期。

[③] 许箫迪：《高技术产业生态位测度与评价研究》，博士学位论文，南京航空航天大学，2007 年，第 202 页。

[④] 李倩、徐林林、刘钊：《生态位新视角：大学毕业生"傍老族"现象的成因与对策分析》，《湖南民族职业学院学报》2009 年第 1 期。

[⑤] 金雪子：《探析生态位理论对高校教师职业压力的调整策略》，《中国西部科技》2007 年第 8 期。

获取利益相关者的整体利益最大化。①

从已有的研究文献来看，国内外学者对生态位理论与高等教育问题进行结合的研究成果绝大多数都是聚焦于定性理论研究，量化分析方法明显不足。目前还没有关于大学生态位测度和评价方面的专门研究，也没有见到关大学生态位发展战略的系统阐述。

三 新建本科院校发展战略问题研究综述

由于新建本科院校产生时间的特定性，因此在1998年以前，没有见到关于新建本科院校的相关研究；而1999—2001年，正是高等教育"共建、调整、合作、合并"措施对高校办学与管理的作用期，新建本科院校在此期间诞生并发展，其相关问题的显现具有一定的滞后性，故此期间也未见相应的研究记录；2002年开始至今，出现两种明显的变化：其一，包括学术论文、学位论文以及课题在内的理论研究成果逐年增多，这说明新建本科院校的相关问题日益受到学术界的关注；其二，有关新建本科院校的会议、讲话、政策及新闻报道日渐增多，这也表明政府各级部门及社会对新建本科院校发展问题的重视。显而易见，对这些相关的材料进行详细梳理，将有助于全面把握新建本科院校发展战略的相关问题，也是本研究得以顺利开展并获取有价值结论的重要学术基础。目前已有的研究归纳起来大体集中在以下方面：

（一）新建本科院校的发展现状（困境）及制约因素研究

对新建本科院校发展问题的研究，几乎都会在不同程度涉及对这类院校的现状或困境的探讨。作为发展中的地方高校，绝大多数新建本科院校面临的共同问题是办学经费不足、办学水平不高，名气不大、牌子不响，社会服务意识不强，人才培养模式单一、专业口径过窄等（郭雪晴等，2007）。② 但是，这些问题的主要症状还与新建本科院校发展中的办学理念与大学精神背离、招生规模与办学质量形成反差、体制惯性与创新需求存在冲撞等紧密相关（刘文广等，2005）。③ 事实上，发展思路模糊使新

---

① 王炎斌：《利益相关者视阈下高职院校校企合作的生态位管理》，《教育与职业》2010年第2期。

② 郭雪晴、吕述娟：《新建本科院校发展的问题与策略》，《中国行政管理》2007年第11期。

③ 刘文广、敖林珠：《论新建本科院校发展中的困境及其应对策略》，《宜春学院学报》（社会科学版）2005年第1期。

建本科院校难以摆脱"路径依赖",尤其对于试图短期内走出困境的新建本科院校来说,发展定位、办学理念、学科建设、师资水平、管理机制等往往是制约其发展的关键性因素(谢冰松,2004)。[①] 此外,有研究者从文化层面对此做出相应的描述分析,如王广利(2005)以边疆地区的新建本科院校为例,深入剖析新建本科院校在思想观念上存在的差距,指出这类院校由于办学历史较短而导致的本科高校所应具有的深厚文化底蕴的缺乏,是其办学的根本性制约因素。[②] 可见,大多数研究者都认为新建本科院校的存在问题体现于办学的各个层面,但从研究方式上来说,深入的学理研究明显偏少。

(二)新建本科院校的特征及定位研究

1. 新建本科院校的特征剖析

虽然研究者对新建本科院校的特征众说纷纭,但是很多学者比较认同新建本科院校呈现出明显的多元化特征,尤其表现在其生成背景的复杂多样性、地区分布差异性以及教育层次多元化。同时,由于这类院校与地方的天然联系,呈现出鲜明的地域色彩,而且大部分院校培养目标具有独特性,即培育高素质的应用型人才,并且办学方针灵活多样,具有强大的生命力(姚锡远,2008)。[③] 李志平等(2005)指出,新建本科院校"内涵升本"的特征在于规模协调性,即在注重要素规模增长的同时,还要注意各要素间的协调和各要素的协调发展,以及均衡功能性,即在学科专业发挥功能的时候,条件(基础)要素、管理(通用)要素、文化(相关)要素处于均衡状态。[④] 王锋(2008)从教育资源、学生、服务面向和教育管理等角度探讨了新建本科院校的特征。[⑤] 总之,新建本科院校呈现出多元性、发展性、独特性和应用型的基本特征。

2. 新建本科院校定位研究

定位问题一直是研究新建本科院校的焦点。余国政(2006)认为,

---

① 谢冰松:《制约新建本科院校发展的关键性因素》,《南阳师范学院学报》(社会科学版)2004年第7期。
② 王广利:《新建本科院校办学优势与制约因素研究》,《辽宁教育研究》2005年第10期。
③ 姚锡远:《新建本科院校概述及其基本特征》,《河南教育》(中旬)2008年第6期。
④ 李志平、吴卫东:《新建本科院校"内涵升本"特征与模式研究》,《中国高教研究》2007年第11期。
⑤ 王锋:《新建本科院校:概念、特征及发展战略》,《南昌工程学院学报》2008年第2期。

新建本科院校科学定位是国内外高等教育形势发展的必然要求，也决定于办学层次的提升和系统论的观点。他同时提出，新建本科的科学定位应遵循社会需求和学校条件相结合、办学质量与办学规模相统一、立足现实和面向未来相融合、应用性和学术性相协调、国家的需要与公众的期望相一致以及办学特色和办学层次相一致等原则。[①] 贺金玉（2009）在其专著中从中国高等教育大众化的特殊性入手，首先论述了中国地方新建本科院校诞生的历史背景；其次运用现代大学的理念和社会学的结构理论，具体研究了中国地方新建本科院校科学而合理的办学定位的内容，以及为了引导这一定位而必需的政策与策略；最后以作者所在的中国地方新建本科院校的典型代表德州学院为例，进行个案分析。[②] 除了对新建本科院校办学定位重要性和必要性的认识，有学者认为新建本科院校办学定位的内容主要包括办学层次定位、办学功能定位、学科专业结构定位、人才培养类型定位、人才培养目标和规格定位、服务面向定位、办学特色定位以及发展目标定位（朱中华[③]，2004；金则新[④]，2003）。如何把学校定位与学校科学发展有机结合起来是新建本科院校办学定位与办学特色之间必须处理好的关系（高鹏程，2007）。[⑤] 潘懋元先生（2008）以宁波大红鹰学院为例，探讨了学校定位与人才培养的关系，认为定位是确定培养目标和培养规格的前提，同时认为，在准确定位后，能否找准自己的优势，办出自己的特色，确定自己的发展方向，才是制定新建本科院校特色发展战略的根本所在。[⑥] 不难看出，研究者虽然是从各自不同的视角去研究新建本科院校的定位问题，但无论是从哪个层面或是哪个角度看，对新建本科院校办学定位的内在规定性基本没有歧见，只是在具体形态的表述上有所差异。同时还可以发现，基于整个高等教育系统视野来对新建本科院校办学定位的深入研究还未见到。

---

① 余国政：《新建地方本科院校科学定位的必要性及原则探究》，《黑龙江高教研究》2006年第6期。
② 贺金玉：《中国地方新建本科院校的办学定位》，高等教育出版社2009年版，第88页。
③ 朱中华：《关于新建本科院校发展定位的研究》，《高教探索》2004年第4期。
④ 金则新：《新建本科院校的办学定位》，《台州学院学报》2003年第5期。
⑤ 高鹏程：《新建本科院校的办学定位和发展战略》，《今日中国论坛》2007年第9期。
⑥ 潘懋元：《新建本科院校的定位、特色与发展》，《宁波大红鹰学院学报》2008年第3期。

(三) 新建本科院校发展思路与方向研究

对新建本科院校发展思路及方向的探索，是学术界和高教管理界共同关注的焦点。截至2010年，连续举办七届的全国新建本科院校工作研讨会（联席会），几乎每次都会从不同层面探讨新建本科院校的发展思路或方向。比如，第四次全国新建本科院校工作研讨会认为这类本科院校要坚持科学发展观，在发展中必须正确处理和解决好教育思想、办学定位、办学特色、学科专业、师资队伍、教学管理、领导体制等一系列问题[①]。因此，针对新建本科院校的办学理念、办学定位、办学特色、发展模式等重大战略问题，以及运行机制的特征与原理、结构与功能、运行与保障机制、发展中存在的问题和应对策略等微观问题的探讨，王前新等（2007）运用系统科学、教育科学、战略管理理论和非均衡发展理论，并从理论上提出"专业应用型"教育发展观，对新建本科院校运行机制进行系统分析与研究，进而阐明新建本科院校运行机制"四要素整合"发展思路[②]。由于新建本科院校与区域经济社会发展的特殊关系，因此应该积极探索建设应用型大学培养应用型人才的理论与实践体系，以前瞻性思想及先进理念促进新建本科院校的科学管理（庄严，2009）。[③] 还有学者以"发展契机、发展先导、发展战略、发展布局、发展条件、发展保障"为内在逻辑展开，站在我国高等教育大改革、大发展的高度，认真思考新建本科院校站在新的起点上如何转变发展观念、如何更新发展理念、如何转轨发展体制、如何选择发展模式，特别是如何发挥后发优势和比较优势办出水平和特色等问题，就新建本科院校在科学发展观指导下如何办学做出实践探索（郑邦山，2010）。[④] 需要指出的是，一些学者围绕绝大多数新建本科院校都存在的办学理念、学校定位、师资队伍、学科建设、经费投入、校园氛围、管理体制、运行机制等方面的特定制约因素，提出新建本科院校的未来发展前景必将是以教学研究型大学为发展方向，办成教学研究型大学；将一部分新建地方本科院校改为股份制或转为民营；将部分新建地方

---

① 《第四次全国新建本科院校工作研讨会综述》，《中国大学教学》2004年第12期。
② 王前新、刘欣：《新建本科院校运行机制研究》，科学出版社2007年版，第87页。
③ 庄严：《新建本科院校发展理论与实践探索》，黑龙江大学出版社2009年版，第35页。
④ 郑邦山：《新建本科院校发展道路探索》，河南大学出版社2010年版，第98页。

本科院校整体并入名牌大学（辛彦怀等，2005）。① 此外，各类报刊、网络、教育部、中国高等教育学会以及全国教育科学规划办、国家社科基金、全国教育科学的不同类型规划课题，中国高教学会课题以及各省市的教育科学规划课题、各学校的课题都包含有对新建本科院校发展思路、方向的相关研究。

（四）新建本科院校发展路径的研究

内涵发展是新建本科院校转型跃迁的根本要求（房敏，2008）②，如何科学制定新建本科院校的发展战略，众多理论工作者和高教管理者提出了不同的看法，归结起来，主要集中在办学特色和核心竞争力方面。

第一种观点是新建本科院校办学特色的创建。新建本科院校创建办学特色，不仅是适应高等教育大众化要求，走多样化发展道路的需要，也是满足社会发展要求，适应地方经济区域化的需要，是推动高教系统内部形成合理分工的需要（和飞，2003）。③ 办学特色是新建本科院校谋求生存和发展的着力点，是新建本科院校教育资源整合的依据，是新建本科院校办学理念形成的重要支点，是新建本科院校创新的动力，是一流名校的建设起点（佟玉凯，2005）。④ 培养和建设办学特色的战略选择有：整合发展战略、传承发展战略、错位发展战略、创新发展战略和赶超发展战略。陈国庆（2008）认为，新建地方本科院校形成办学特色的有效途径有：聚焦区域经济社会发展，形成鲜明的办学定位特色；适应区域经济和社会要求，瞄准地方经济建设紧缺人才，建设特色专业；强调社会服务的价值取向，追踪区域经济结构和产业结构调整的态势，促进高校特色学科的形成。⑤ 唐华生（2008）认为，新建本科院校特色创建应坚持实事求是、坚持继承与创新相结合、坚持整体设计与重点突破相结合的原则，强调其特色创建的途径是确立办学理念特色，打造学科专业特色，突出人才培养特色，体现社会服务特色，构建内部管理特色，营造校园文化特色。⑥ 一些

---

① 辛彦怀、王红升：《新建地方本科院校的现状及发展趋势》，《教育发展研究》2005年第5期。
② 房敏：《试析地方新建本科院校的内涵式发展》，《大庆师范学院学报》2008年第6期。
③ 和飞：《新建本科院校办学特色研究》，《高教探索》2003年第4期。
④ 佟玉凯：《试论新建本科院校的办学特色》，《辽东学院学报》2005年第3期。
⑤ 陈国庆：《论新建地方本科院校特色化发展之路》，《教育学术月刊》2008年第10期。
⑥ 唐华生：《基于生存和发展模式的地方新建本科院校特色创建》，《西南民族大学学报》（人文社会科学版）2008年第12期。

学者围绕新建本科院校的特色构建与学校全面建设的关系展开深入探讨（顾永安，2010）[①]，比如，孙健（2007）认为，定位于为地方发展服务是新建地方本科院校办学特色形成的前提，建设有特色的学科与专业是新建地方本科院校办学特色形成的关键，培养有特色的人才是新建地方本科院校办学特色形成的核心[②]（郭金秀[③]，2005；柯星[④]，2009）。以办学特色为主题在学位论文中较为系统地探讨了新建本科院校如何创建办学特色的相关问题。

第二种观点是新建本科院校核心竞争力的培育。在2010年召开的第十次全国新建本科院校联席会上，学者们围绕地方高校应用型人才培养模式议题展开热烈讨论，大家一致认为，地方新建本科院校有必要从学科、专业、课程特色品牌创建等方面关注核心竞争力的培育，实现新建本科院校共同发展与和谐发展。[⑤] 一些研究者甚至认为核心竞争力的打造已经关系到新建本科院校质量乃至品质的提升（钟志奇，2007）。[⑥] 黄俊伟等（2003）提供了新建本科院校形成核心竞争力的三点思路：一是注意同质竞争异质生存。二是要向自己的传统学习。三是集中资源整合核心竞争要素，包括，其一，在分解、识别现有专业技术组合及关键能力的基础上，根据同质院校和人才市场需求的变化分析判断，同时结合自身办学条件和已形成的学科体系设计规划出自己有可能形成的核心竞争力，切忌盲目整合或搞大而全；其二，处理好教学与科研的关系；其三，注意有形资源和无形资源的整合。[⑦] 黄明秀（2008）则认为，提升新建本科院校核心竞争力的对策有：准确定位是培育核心竞争力的前提，学科建设是培育核心竞

---

① 顾永安：《新建本科院校发展的若干重大关系问题与应对》，《高教探索》2010年第1期。

② 孙健：《新建地方本科院校办学特色探析》，《惠州学院学报》（社会科学版）2007年第4期。

③ 郭金秀：《新建地方本科院校办学特色研究》，硕士学位论文，武汉理工大学，2005年，第88页。

④ 柯星：《新建地方本科院校办学特色问题研究》，硕士学位论文，暨南大学，2009年，第107页。

⑤ http://www.qjnu.edu.cn/contents/49/1054.html。

⑥ 钟志奇：《以特色文化建设促新建本科院校品质提升》，《中国高等教育》2007年第9期。

⑦ 黄俊伟、秦祖泽：《论新建本科院校核心竞争力的识别与培养》，《中国大学教学》2003年第8期。

争力的根本，师资队伍是培育核心竞争力的支撑，内部管理体制是培育核心竞争力的保障，校园文化是培育核心竞争力的土壤。[①] 可见，打造特色并培育核心竞争力已成为新建本科院校实现跨越发展的根本途径（郭军，2004）。[②]

通过文献梳理可以发现，众多研究者对新建本科院校的发展思路和发展路径做出不同角度的思考，这也为学界和实践界继续研究新建本科院校问题提供了多维参考。但是综观已有的研究成果，大多数仍停留在"就事论事"的模式上，对问题形成机理未做深入的探讨，以致提出的许多举措在实践中"无法扎根"。尤其值得指出的是，新建本科院校的升格背景纷纭复杂，升格形式多种多样，如果能在分类、分型、分层基础上思考其发展战略，将大大提高其科学性与合理性。

四 文献综合述评

通过文献梳理发现，近几年来新建本科院校的发展战略问题已备受高教理论界和实践界重视，对该主题的研究关注点越来越多，研究关注面也越来越广，但已有的研究仍存在以下问题。

（一）系统深入研究成果较少

尽管学术界及高教管理界对新建本科院校给予了不同层面的关注，研究思路在不断拓展，研究内容也日渐丰富。然而，很多研究者对新建本科院校的研究模式仅仅局限于既定的"现状—问题—对策"上，得出的某些思路、观点只不过是形式不同、表述不同，其逻辑内涵并无本质区别。此外，绝大多数研究成果没有将新建本科院校置入高等教育的历史变化阶段。在对大学生态位的界定上，已有的研究视角和内涵界定仍然缺乏深度和独立性，而且对于大学生态位未做历史及社会变迁的考察。显然，这都忽视了高等教育研究应注重历史性与逻辑性相统一的原则。除少数成果具有理论价值外，多数成果仍停留在个别操作层面，缺乏普适性。总体来看，对新建本科院校发展战略缺乏系统性和整体性理解是造成研究成果泛化及创新性不足的根本原因。

（二）研究视角呈现"学科局限"特征

学科交叉研究有利于拓宽研究视野，更有助于全面理解和把握研究对

---

① 黄明秀：《新建本科院校核心竞争力培育研究》，硕士学位论文，中国地质大学（北京），2008年，第45页。
② 郭军：《关于新建本科院校实现跨越式发展的思考》，《湖南社会科学》2004年第6期。

象。对于新建本科院校这个高等教育中的特殊群体来说,研究关注面更应该突破学科边界及现有框架。但从现有文献来看,研究视角大多局限于教育学或管理学范畴,对高校发展战略问题的跨学科研究很少。即使对于生态位理论在高等教育应用中的研究也仍处在初始阶段,而且这种研究成果还有待"回置"到高等教育的办学实践中加以检验。此外,现有成果对企业和社会其他领域的生态位测度及评价方法的借鉴与移植痕迹较明显,尚未形成符合高等教育规律的大学生态位原理与机制,更没有将"生态位管理"提升到大学发展战略高度作系统讨论。并且到目前为止,对"生态位原理应用到新建本科院校发展战略"问题的研究几乎是空白的。可见,理论及实践层面的研究状况为本研究深入扩展留下广阔的空间。

(三)研究方法单一,定量研究匮乏

大学的发展战略既是一个理论问题,也是一个实践性很强的问题。因此,对新建本科院校发展战略的研究既要具备理论分析,也要注重实证研究。现有的一些研究问题多是拘泥于文献研究方法,定量研究、个案研究和比较研究相当缺乏。将生态位理论应用到高等教育问题的研究成果更是凤毛麟角。尽管有些成果已显示出研究方法上的多元性,但总的来看,多半是定性描述,指标设计、权重衡量、模型建构及评价等方面还不能体现不同类型层次的大学发展战略的差异性研究。显而易见,生态位理论应用到新建本科院校发展战略的研究更需注重研究方法的特殊性。

有鉴于此,本书将在吸收上述已有相关研究成果的基础上,通过多学科研究、定量研究与定性研究相结合以及规范研究与实证研究相结合等方法,以"生态位战略"的构建、运行及评价为主线,对我国新建本科院校发展战略问题进行系统研究与设计,以期弥补现有研究的某些不足,形成一些创新性研究成果。

第三节 理论基础与研究假设

一 理论基础

(一)生态位理论

1. 生态位理论概述

生态位理论是生态学非常重要的理论之一。其基本内容主要有:空间生态位、功能生态位和多维生态位。"空间生态位"概念最早由格林内尔于1917年提出，表述为"环境的空间单位和一个物种在环境中的地位"。生态系统中，生物的"空间生态位"是物种获得生存与发展的基本条件。而"功能生态位"是由英国生态学家埃尔顿提出，他把生态位看作物种在生物群落中的地位及其与食物和天敌的关系，强调物种在生态环境中的角色及其功能。英国生态学家哈钦森则从空间、资源利用等方面考虑，发展了生态位概念，把生态位看作是一个物种生存条件的总集合体，包括空间位置、功能位置及与各物种、环境资源互相作用的各种方式，是多维资源中的超体积，即"多维生态位"。"多维生态位"理论认为，对外部条件和资源利用越多，利用率越高，生态位宽度就越大，物种在系统中发挥的生态作用越大，物种的生存力和竞争力就越强，尤其是在可利用资源量非常有限的情况下更是如此。

近年来，众多学者对生态位概念、特征进行分析、总结，为生态位理论的内涵提升及外延拓展提供了坚实基础。由生态位概念演化的生态位理论主要包括生态位宽度（广度）理论、生态位重叠理论、生态位移动理论、生态位分离理论、生态位态势理论等。[①]

生态位宽度理论。生态位宽度又称生态位广度或生态位大小。是一个物种所能利用的各种资源总和。一般来说，在可利用资源较少情况下，应该增加生态位宽度，促进生态位的泛化，以适应环境；而可利用的资源较多的情况下，生态位宽度变窄，容易造成生态位特化。测定物种的生态位宽度有助于了解物种对环境的适应情况和在群落中的地位以及与其他物种的关系。

生态位重叠理论。生态位重叠指两个或两个以上生态位相似的物种生活于同一空间时分享或竞争共同资源的现象。生态位重叠的两个物种因竞争排斥原理而难以长期共存，除非空间和资源十分丰富。一般来说，生态位重叠是竞争行为发生的一个必要条件，除非资源供应不足，重叠并不一定导致竞争。资源通常总是有限的，因此生态位重叠会使物种之间产生竞争，并导致重叠程度降低，以恢复物种与资源之间的平衡。

生态位移动理论。生态位移动是两个或更多个物种由于减弱了种间竞

[①] 包庆德、夏承伯：《生态位：概念内涵的完善与外延辐射的拓展——纪念"生态位"提出100周年》，《自然辩证法研究》2010年第11期。

争而发生的行为变化，这些行为或形态上的变化可以是对环境作出的短期生态反应，也可以是长期的进化关系。

生态位分离理论。生态位分离是指同域的亲缘物种为了减少对资源的竞争而形成的在选择生态位上的某些差别的现象。生态位分离是保持生态位重叠现象的两个物种得以共存的原因，如无分离就会发生激烈竞争，以致使弱势物种种群被消灭。因此，在生物群落中，各种群都趋向于互补而不是竞争，从而使群落更能有效利用环境资源，保持更大的稳定性。

生态位态势理论。生物个体单元对环境适应的相对地位，只有与其他物种对比才能体现出来。任何物种都具有"态"（生物个体的发育与环境作用的积累）和"势"（对环境的影响力和支配力）两方面的属性。"态"和"势"的综合体现了特定生物单元在生态系统中的相对地位与作用。

2. 生态位理论对本研究的启示及应用

如何找准新建本科院校在高等教育生态系统中的"位置"是本研究的核心，这就涉及大学生态位问题。其实，大学生态位是教育生态的重要研究范畴。范国睿教授、贺祖斌教授是国内较早关注教育生态问题的学者，尤其是贺祖斌教授在其专著《高等教育生态论》中将生态学的理论和方法运用于高等教育系统研究。他认为，"特定的研究视角主要取决于特定的学科特性。高等教育系统的生态学研究视角是由高等教育本身具有的一些基本范畴和规范构成的，是认识和规范各种高等教育系统的生态要素的特定范式"。[①] 尽管他在著作中没有对生态位理论应用到高等教育研究作具体、深入的论述，然而他在阐释这个研究理念时所涉及的"高等教育系统的生态关联性、适应性、共生性、平衡性以及可控性"等分析视角与生态位理论的内涵却有高度的逻辑契合，其实，近几年来越来越多的生态位理论应用到高等教育问题的研究便是最好佐证。因此，运用生态位理论研究大学发展战略问题亦具可行性，对本书的启示及应用具体表现在：

其一，确定新建本科院校在高等教育生态系统中的"生态位"，既符合上述关于"高等教育本身具有的基本范畴"，如新建本科院校的适应性、共生性等，也是本书研究新建本科院校生态位战略思想的逻辑起点。

---

① 贺祖斌：《高等教育生态论》，广西师范大学出版社2005年版，第90页。

通过分析生态位与大学发展战略的关系，确认新建本科院校生态位管理的合理性，可以为提出和实施新建本科院校生态位发展战略提供理论基础。

其二，新建本科院校相对于老牌本科院校是高等教育中的新生组织，也是一种发展的组织。从生态位这个理论来分析新建本科院校这个高等教育系统中的特殊群体，其视角和方法自然成为本研究最重要的逻辑主线。比如，利用生态位宽度理论可以分析新建本科院校的资源利用情况；利用生态位移动和分离理论可以分析新建本科院校的竞争与发展问题；而生态位的态势理论有助于对新建本科院校在高等教育生态系统中的相对地位与作用进行准确描述等。

（二）增长极理论

1. 增长极理论概述

增长极理论是区域经济理论中研究不发达地区经济发展战略的重要理论。增长极理论是由法国经济学家弗朗索瓦·佩鲁（Francois Perroux）于20世纪50年代在《经济空间：理论的应用》（1950）和《略论发展极的概念》（1955）等著作中提出的，是一种以"发展极"为标志、以"不平等动力学"或"支配学"为基础的不平衡增长理论。他认为"增长并非出现在所有的地方，它以不同的强度首先出现在一些增长点或增长极上，然后通过不同的渠道向外扩散，并对整个经济产生不同的最终影响"。后来法国经济学家布代维尔（J. B. Boudeville）、瑞典经济学家缪尔达尔（Gunnar Myrdal）、美国经济学家弗里德曼（John Frishman）、赫希曼（A. O. hischman）等对这一理论进行了进一步丰富和发展，把增长极概念从经济空间引申到地理空间，从一个经济单位转化为一个空间单位。① 所谓增长极，就是具有推动性的经济单位，或是具有空间聚集特点的推动性单位元的集合体。

增长极理论的核心思想是：在经济要素之间相互作用的空间（包括"经济空间"和"地理空间"），具有创新功能的推进型单元（企业或产业）通过诱导机制对其他经济单元产生关联作用，形成支配效应，带动周围腹地经济增长，从而影响整个区域经济增长的相关产业的空间聚集。在区域经济发展中，增长极集中表现于一些以较快速度优先发展的具有创新功能的推进型单元（企业、产业或部门）和以推进型单元推动下形成

---

① 徐洁昕、牛利民：《增长极理论述评》，《科技咨询导报》2007年第14期。

产业综合体聚集于一定的城市或地域空间。

增长极理论强调区域空间发展的不平衡性，对于相对落后的国家或区域，主张集中有限的资源，先发展增长极区域，然后逐步发展非核心区。增长极的形成条件可以分为历史、技术经济、资源优势三个方面。其作用主要体现在支配效应、乘数效应和极化与扩散效应上。增长极理论强调推进型产业或增长中心在推动经济增长中的决定作用。

增长极理论是区域经济发展重要理论之一，该理论简单明了，使政策制定者容易接受，对发展中国家产生了很大的影响和吸引力。但是，增长极理论也存在一些缺陷，如造成地区差距进一步扩大，导致推动性产业（企业）的过度发展，形成"飞地经济"或"孤岛经济"现象等。不可否认，增长极理论作为一种推动不发达经济体非均衡发展的经济理论，它具有普遍适用性，既可适用于大国的落后地区，也可适用于小国的落后地区。

2. 增长极理论对本研究的启示及应用

通过在中国期刊全文数据库的查询，检索1980—2010年的以"增长极"为篇名检索词的学术期刊论文为666篇；硕士学位论文27篇；博士学位论文5篇。所查文献几乎全部是围绕区域经济、金融、产业以及城市相关问题的"增长极"视角或是增长极理论的应用分析，目前仅发现一篇文章涉及大学的相应问题[1]，但实际主题仍然是产业范畴。这说明两点：一是以增长极理论为分析视角研究高等教育问题或许有很大的探索空间；二是用增长极理论分析高等教育发展问题是否具有可行性，需要进一步证明。

通过文献可以看出，增长极理论中关于增长极的描述集中表现于一些以较快速度优先发展的、具有创新功能的推进型单元（企业、产业或部门）和在推进型单元推动下形成产业综合体聚集于一定的城市或地域空间。可以看出，新建本科院校的产生恰恰可以视为高等教育系统乃至（区域）地方的"推进型单元（部门）"，即高等教育的区域增长极。本文鉴于增长极的经济及地理意义的双重内涵，把高等教育的区域增长极的概念定义为"兼具经济意义的产业增长极和地理意义的空间增长极的共

---

[1] 桂涛：《大学科技园是高新开发区持续发展的增长极》，《无锡轻工大学学报》（社会科学版）2001年第4期。

性，同时具有创新性的推进型单元（部门），并在区域高等教育发展结构中具有特色的增长极"。本书做出这样的界定，主要是基于遵循高等教育发展的内在要求，把握中国高等教育区域空间格局的变化趋势，顺应城市发展的进程尤其是地级城市经济社会发展的现实需要。其实，高等教育发展的区域增长极就是最大限度地利用区域经济与社会资源，发挥其在所覆盖的地理空间上乃至周边地区的辐射作用，形成"重点高校带动地方高校发展，地方高校与其他类型高校互动发展"的良性格局，最终实现高等教育的生态和谐发展。

从新建本科院校自身发展来说，新建本科院校是中国区域高等教育发展的基本单元。当前，我国新建本科院校已发展成具有一定规模、创新后劲强的集聚点以及与地方经济社会交流的枢纽。在区域高等教育发展过程中，新建本科院校已经能够通过"极化效应"和"回波效应"来聚集和配置人、财、物、信息等要素，成为高等教育服务地方的主导力量之一，大有成为高等教育发展的"增长极"之势。

从高等教育发展总体格局来看，把新建本科院校作为区域高等教育增长极是高等教育发展的现实需要。众所周知，中国的经济发展格局已经从东南沿海向内陆省份辐射、从少数中心城市向更多的地级城市倾斜，中国更多的地级城市已经发展成区域的中心城市。按照高等教育的社会服务职能的要求，也不能仅仅依靠几所中心城市的综合院校或重点院校来满足更大空间范围内的中小城市发展要求。显然，地级城市区域增长极的出现是高等教育区域增长极诞生的重要动因，新建本科院校的大范围出现，重绘了全国高校的分布版图。换言之，这类院校或将成为大力促进未来地方经济与社会发展的"具有创新功能的推进型单元"。

此外，借鉴增长极理论的相关观点，可以有力描述新建本科院校的某些发展状态。比如，利用增长极理论中的"极化效应"和"回波效应"原理，可以分析新建本科院校的追赶发展模式，从而不仅有助于全面把握新建本科院校的整体发展取向，而且可以十分客观地从对"增长极"姿态的理性认识中，找出这类学校在发展过程中所面临的主要战略困境。

笔者认为，用增长极理论分析新建本科院校的产生和发展规律，具有适切性和可行性。

(三) 战略管理理论

战略管理理论起源于20世纪美国，它萌芽于20年代，形成于60年代，在70年代得到大发展，80年代受到冷落，90年代又重新受到重视。什么是战略管理呢？战略一词原来是军事术语。《中国大百科全书》中的解释是：战略是指导战争全局的方略。英语中战略叫"strategy"，《简明不列颠百科全书》的解释是：在战争中利用军事手段达到战争目的的科学和艺术。1965年，美国著名的战略学家安索夫在其《企业战略》一书中开始使用战略管理一词，将战略从军事领域拓展至经济管理活动。对于战略管理的看法有两大学派，行业结构资源学派和内部资源学派。管理大师明茨伯格将战略管理划分为十个学派：设计学派、计划学派、定位学派、企业家学派、认识学派、学习学派、权力学派、文化学派、环境学派和结构学派。

这十个学派可以分成三类。从性质上看，最前面的三个学派属于说明性学派，它们关注的是战略应如何明确地表述。其后六个学派对战略形成过程中的具体方面进行了思考，它们侧重于描述战略的实际指定和执行过程，而不是侧重于描述理想的战略行为。最后一个学派是其他学派的综合。但各个学派都是从某个角度定义和论述企业战略的。

战略管理理论的主要观点[①]：

1. 安索夫的资源配置战略理论观点

安索夫是美国国际大学特级教授，著名战略管理学专家，担任过美国洛克希德公司副总裁。1963年离开实业界进入学术界。由于他的成果显著，获得过"公司战略之父"的美誉。其核心理论是以环境、战略、组织这三种因素作为支柱，构建战略管理理论的基本框架。

2. 波特的竞争战略观点

迈克尔·波特是美国哈佛大学商学院教授，是目前世界上关于竞争战略的最高权威。同时，他还是许多一流公司、跨国企业的竞争战略顾问。他认为战略说到底就是在寻找高于平均的报酬。那么如何寻找这种报酬呢？如何通过竞争战略达到目的（参见《三种竞争战略》）？波特的著作《竞争策略》、《竞争优势》和《国家竞争优势》被称为竞争优势三部曲。波特关于竞争战略要考虑的五种力量具有非常重要的影响。哈佛大学的一位教授曾说过，世界上几乎每一位MBA毕业生都记住了波特的五种力量。波特认为，企业在竞争中要考虑的因素不外乎五种力量，应该重点研究之：（1）新竞争者的加入（当有新人加入时，企业要做出竞争性反应，

---

① 《战略管理》，http://baike.baidu.com/view/57774.htm。

因为市场的利润蛋糕将被瓜分)。(2)代用品的威胁。(3)买方讨价还价的力量(利润的升降)。(4)供应商讨价还价的力量(影响成本利润)。(5)现有竞争者的对抗力(营销、广告等策略)。这五种力量的合力就是企业的竞争能力和赚钱能力。

3. 安德鲁斯的目标战略理论观点

认为目标是第一位的,企业的目标几乎决定了一切。从本质上讲,安德鲁斯的战略定义是要通过一种模式,把企业的目的、方针、政策和经营活动有机结合起来,使企业形成自己的特殊战略属性和竞争优势,将不确定的环境具体化,以便较容易地着手解决这些问题。

4. 战略管理理论的启示及在本研究中的应用

当前,大学战略管理已经成为大学运作机制的重要组成部分。采取何种战略是摆在大学管理者面前的最重要的议题。本书的研究对象是新建本科院校的发展战略,而分析视角是大学生态位。因此,战略管理理论、高等教育管理理论和生态位理论的集合点就体现为大学的生态位管理。通过战略管理思想在大学生态位应用中的考察,可以发现战略管理理论和方法对本书的意义。

第一,生态位战略可以视为大学的一种竞争战略或发展战略。随着高等教育面临国际化、市场化等趋势以及大学理念、办学模式、体制机制的变化,新建本科院校的外部生态环境和内部生态环境都面临重大变革,如何突破各种因素的阻挠,如何优化生态环境、规避生态失衡风险,就需要大学不断进行组织创新。本书将"生态位"的战略思想及其管理视为新建本科院校发展战略的一种选择,那么,新建本科院校怎样吸纳生态资源因子,并对其优化配置?且新建本科院校怎么在高等教育生态系统非均衡发展的现实中提升自身竞争力,从而实现自己的目标?……显然,这些不但是生态位管理的关键点,而且涉及战略管理理论的基本思想。因此,借鉴战略管理理论的基本观点,对全面认识生态位管理大有裨益。

第二,战略管理理论对思考和解决新建本科院校的现实"生态"问题具有较强的解释力和指导力。新建本科院校发展现象中的"盲从追赶"、"趋同"等问题既源于大学战略管理理论建设的缺失与不足,也反映出实践领域中大学生态位的重叠与错位。在战略管理理论里,如定位学派中的竞争位势理论、能力学派中的资源基础理论给本书的启示是:研究新建本科院校的战略定位既要重视学校内外生态环境的把握,又要重视学校内外资源的整合与利用,使学校始终能够在应对环境变化、获取资源以及保持竞争优势方面灵活自如。而文化学派中关于组织文化营造的启示是:具体应用到大学这个"学者群居"的场所,在解决问题的时候就有必要营造一种和谐的生态文化,因为全体师生员工的文化认同的影响可能比任何行政手段更持久、更奏效。从这个角度看,这与生态位理论的内涵具有一致性。

二 研究假设

本书的假设(研究)前提主要集中在:

假设1 大学都有属于各自的独特"生态位",尽管大学生态位具有相对稳定性,但每所大学都有追求适合自身"最优生态位"的倾向,这个"动态过程"是符合大学组织生命周期基本特征的。

假设2 生态位维度和生态位测度可以作为大学战略管理的分析要素,这两个变量支配着大学生态位战略的管理和运行。

假设3 新建本科院校寻找自身"生态位"的过程,不仅是生态位战略的作用过程,也是大学战略管理行为的过程。

生态位理论是如何解释大学战略管理过程的?生态位思想是如何作用于大学战略的?本书希望通过对新建本科院校"生态位战略"的研究,验证上述假设。

第四节 研究目标与研究方法

一 研究目标

本书的总体目标是将生态位理论和方法引入新建本科院校的发展战略研究,弄清楚新建本科院校"生态位"的战略思想、内涵及其管理原理,建立相关的评价指标体系,在实证研究基础上提出新建本科院校生态位战略的实施策略以及优化途径。

研究具体目标包括:

(1)运用相关理论,梳理并分析新建本科院校的发展状态和主要战略困境,并系统探讨生态位战略作为新建本科院校发展战略选择的适切性问题,构建新建本科院校"生态位"战略的分析框架。

(2)了解大学生态位维度和大学生态位测度的基本内涵,设计新建本科院校"生态位"战略的基本内容。

(3) 剖析大学生态位战略与资源的关系，探讨新建本科院校生态位战略实施的策略及其匹配的文化。

(4) 设计新建本科院校"生态位"战略评价指标体系及其模型，对新建本科院校生态位进行评价实证研究，归纳新建本科院校生态位战略控制的对策和建议。

二 研究方法

（一）文献分析法

收集大量与新建本科院校以及生态位在高等教育应用中的相关文献，同时对新建本科院校定位、发展战略、办学特色等有关文本资料进行分析研究，对其去粗取精，梳理出有价值的文献信息，分析、归纳并消化、吸收既有的研究成果，以此作为开展本书的重要基础。

（二）历史研究法

新建本科院校是高等教育生态系统中的一个特殊群体，是高等教育改革发展的直接产物。将新建本科院校的相应问题作为研究对象，必然要置于高等教育发展的历史进程中才能审视得更为全面与透彻。本书采用历史研究方法，既从宏观层面考察这类院校在高等教育整体发展中的变化取向，又从微观层面对这类院校进行考察。在此基础上，分析生态位管理作为新建本科院校战略选择的可行性。

（三）多学科研究方法

大学生态位问题复杂且涉及面广，本书拟进行跨学科研究，综合运用生态学、组织学、系统科学、管理学、社会学、教育学、统计学等多种学科的理论和方法。

（四）调查研究和个案分析法

本书拟采用问卷和访谈形式收集广西壮族自治区几所典型的新建本科院校的有关资料，发现、总结其存在问题，并逐一进行具体分析，探讨影响大学生态位的内外部要素和发生发展过程，对比分析新建本科院校的生态位态势情况，从中得出若干启示。

（五）定性和定量相研究结合的分析方法

借鉴战略管理定性与定量研究相结合的方法，分析新建本科院校的外部环境和内部条件，建立新建本科院校生态位的评价指标体系，构建分析模型，力求使得新建本科院校管理评价方法和策略设计较为科学、合理并具有可操作性。

第五节 研究内容与研究思路

本书以教育生态学和大学发展战略为基础,借鉴增长极、战略管理等理论方法,系统、综合运用生态位的基本方法和原理,将生态位思想与新建本科院校发展战略有机结合在一起,形成一种新的研究视角和研究思路,即"生态位"战略思想及其管理:新建本科院校发展战略研究。全书共分七个章节。

第一章是绪论。主要包括选题提出的背景和意义,国内外相关文献综述,本书的基本概念、理论基础以及研究的目标和方法,最后提出本书的研究内容和思路。

第二章是大学生态位(战略):概念体系建构。首先对生态位的基本理论其普适性做客观描述,阐述生态位战略基本内容。探讨大学生态位的内涵、划分及形成机理,阐释大学生态位战略的概念要义及其研究范式。

第三章是解释新建本科院校"生态位战略"的分析框架。探讨生态位理论对新建本科院校战略问题解释的适切性,进而提出本研究的分析框架。

第四章是新建本科院校"生态位战略"的选择与制定。阐释新建本科院校的使命、愿景及生态位战略目标。从环境、空间和能力三个方面探讨新建本科院校的生态位维度,设计生态位宽度、重叠度、态势、分离以及适宜度的模型,设计新建本科院校生态位战略的基本内容。

第五章是新建本科院校"生态位战略"的组织与实施。首先是解释大学生态位战略与资源的内在关系,并从组织生命周期的视角提出新建本科院校生态位战略的制定原则及相应的组织结构,提出新建本科院校生态位战略的实施策略。深入探讨怎样的文化融合对新建本科院校生态位战略实施的支持作用。

第六章是新建本科院校"生态位战略"的评估与控制。阐述大学生态位战略评价基本内容,分析新建本科院校生态位战略评价研究过程,在构建相应的指标体系基础上进行新建本科院校生态位战略综合水平实证评价研究。探讨大学生态位战略控制的基本问题,设计新建本科院校生态位战略控制的路径选择。

第七章是结论与展望。对以上研究结论进行归纳和总结,指出研究的创新点和不足，并提出有待深入研究的问题。

全书的研究结构和流程如图1-1所示。

本书逻辑过程

- 意义：研究新建本科院校的"生态位"问题及研究目的
- 相关研究综述及理论发展回顾
- 建构：大学生态位（战略）的概念内涵、研究范式
- 分析：生态位如何进入新建本科院校的发展战略视野
- 探讨：生态位如何构建
- 解读：生态位如何运行
- 论证：生态位如何评价
- 结论：全书总结、启示及进一步研究的思路

本书内容安排

- 第一章 绪论 —— 核心命题
- 第二章 大学生态位（战略）：概念体系建构
- 第三章 新建本科院校发展研究的生态位视角：一个分析框架 —— 分析框架
- 第四章 新建本科院校生态位战略选择与制定
- 第五章 新建本科院校生态位战略组织与实施
- 第六章 新建本科院校生态位战略评估与控制 —— 研究主体
- 第七章 结论与展望

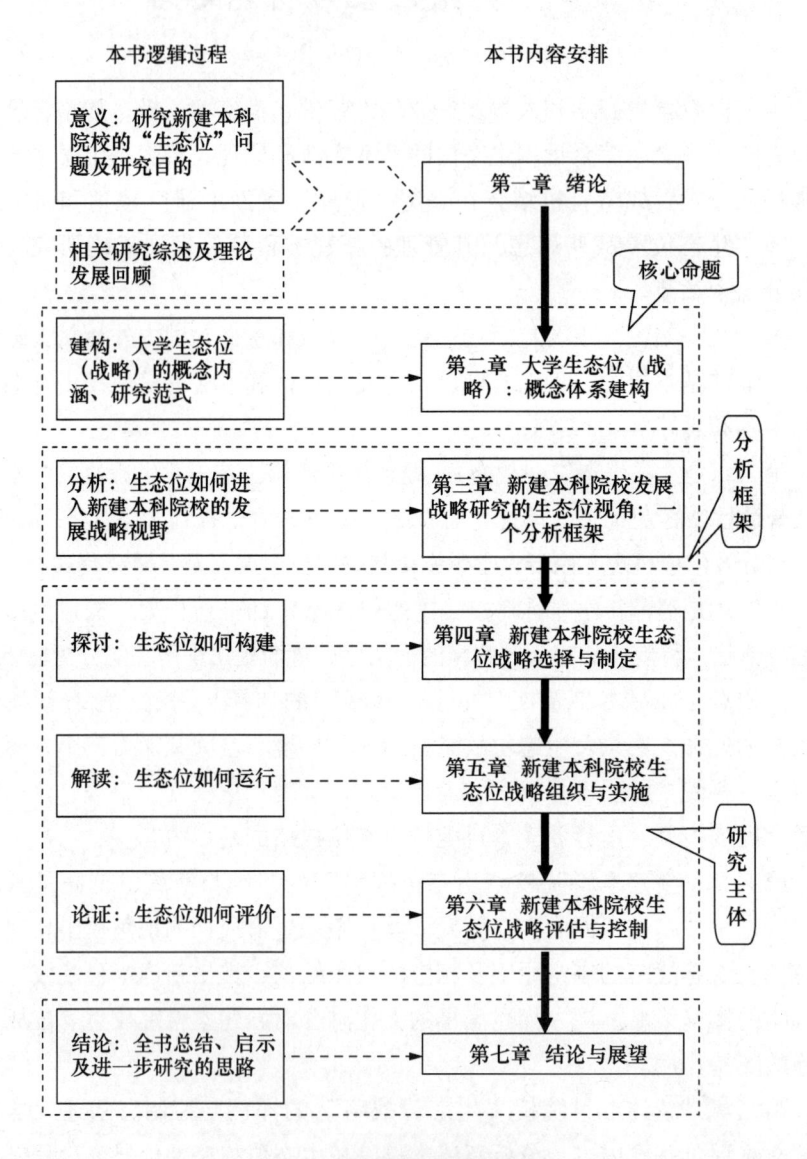

图1-1 全书研究结构与流程

第二章　大学生态位（战略）：概念体系建构

尽管生态位在对自然生物界乃至人类社会竞争、共存、发展与演化具有独特的解释功能，但是，在面对新的研究对象时，还有必要提出相应的概念尺度和观测体系，如此才能将生态位概念真正成功引入相关研究体系，为理论研究提供更为丰富的手段。那么，生态位的基本原理是什么？它具有哪些普适性？生态位战略可以视为一种战略理念和战略选择吗？大学生态位和大学生态位战略包含哪些具体内容等？回答这些问题，目的在于为本书特有的研究题材——大学生态位（战略）建构一个比较完整的概念体系，既作为后续研究的重要基础，也使大学生态位（战略）具有更确定的内涵。

第一节　基本概念

一　生态位

生态位（Niche）是生态学中一个非常重要的概念，首次出现于1910年美国学者约翰逊的一次生态学论述之中。到1917年，格林内尔对生态位进行定义，其侧重从生物分布的环境空间来解释生态位概念，人们称之为空间生态位。而埃尔顿（C. Elton，1927）则在《动物生态学》一书中指出，生态位强调生物物种之间的能量关系，人们称其为营养生态位。自哈钦森（1957）的一些有关生态位的经典著作发表以来，生态位理论研究不断增加，应用范围越来越广。20世纪70年代后，生态位理论在生态学界受到了前所未有的关注。生态位理论对于研究自然和社会领域中生物物种的地位和作用及其演化与发展具有重要的意义。80年代，生态位理论开始引入我国，并受到学界的极大重视。

生态位主要是指在生态系统和群落中，一个物种与其他物种相关联的特定时间位置、空间位置和功能地位。它不仅表示物种生存空间的特性，还强调生物有机体本身在其群落中的机能和地位，尤其是与其他物种的共生关系。其基本观点是：每一种生物个体都有一个合理的、独特的定位，并且都有其存在的合法基础；每一物种的生态位取决于它的特殊结构、生理和行为活动以及与其他物种的关系和环境的调适过程；不存在完全相同的两种物种的生态位。在自然界的生物圈中，不同物种正是出于本能的趋适行为而导致生物所需资源的流动，从而通过主动改变自身的状况，以获取资源和环境因子，努力在整个生态系统中寻找一个最适宜生存和发展的生态位。

二 大学生态位

大学生态位概念是生态位理论在大学发展战略研究领域中的应用，本书将其定义为某类（所）大学在整个社会环境和整个高等教育群落中，以自有的资源禀赋为条件，通过办学过程能动地与社会环境以及与其他高等教育群落相互作用所形成的相对有利的生存发展空间以及相对竞争优势。一所大学的生态位，既反映该大学在特定时期、特定群落、特定社会环境中所占据的生存空间位置，也反映大学在环境中的各种生态因子所形成的梯度上的位置，还反映大学在其生存空间中扮演的角色。大学生态位的确立，与大学生态系统共同进化的各个组成部分（内外部环境）密切相关。大学同时作为资源的吸收者和供给者，是在与大学各利益相关者的互动行为中得以生存和发展的，呈现"循环态势"的资源输入与输出运动恰恰缔造了大学的生存空间，这可以称之为大学生态空间。每一所大学都期望吸纳最多、最好的资源，并释放最优、最有效的资源，但是在一定时间范围和空间限度内，任何一所大学的资源输入和输出能力都是有限的，它们只能占据大学生态空间的某一点或某一部分，这一点或这一部分就是大学的生态位，即现实生态位。

三 新建本科院校

首先，新建本科院校是我国高等教育体系中的一个特殊群体。由于这类院校大多是在1998年我国高校管理体制改革按照"共建、调整、合并、合作"的政策指引下迅速产生的，因而管理层和学术界一般将1998年视为划分新建本科院校"新建"界分点。近十年来，随着我国高等教育规模的扩大和体制改革的深化，新建本科院校数量迅速增加，至2010年，我国新建本科院校达到 262 所，占全国普通本科院校的 1/3。这主要是基于对新建本科院校办学历史的认识。

其次，新建本科院校是基于对这类院校动态发展的认识。在高等教育动态发展进程中，比如教育部对这类院校进行评估，在一段时间后可能就不再视其为"新建"状态。因此，本书所指的新建本科院校，不仅是立足于时间概念上的判断标准，更是基于学校内涵概念上的判断标准，比如它们在办学历史、办学理念、学科建设、人才培养等方面均体现出"新建"本科院校的特点。

四　新建本科院校发展战略

新建本科院校发展战略主要是指目标院校应该建设成为一个什么样的大学以及如何建成这样的大学。其中"建设什么样的大学"涉及新建本科院校的办学理念和学校定位，"怎样建设"涉及新建本科院校的建设途径和策略。

第二节　生态位：基本原理及其普适性

一　生态位理论的基本原理

生物群落中的生态位概念指的是生物体对资源及环境变量的利用情况，每一个物种在长期生存竞争中都拥有最有利于其自身生存的生态位。但是，一个物种并不容易找到始终适宜自身生存和发展的稳定生态位。因为自然界中的生态环境总是复杂多变的，每一物种只有适时调整自身的生态位才能不断适应生态环境的变化。生态位理论的核心思想之一就是强调物种的趋异性进化，即物种应该增加"杂食性"和"广食性"，不断通过改变自身来开拓广泛的资源空间，从而增加生态位的宽度。然而任何生态环境中的资源总是有限的，竞争无法避免，因此，生态位的分化和移动就是促使各物种在时空、资源利用以及相互关系方面都倾向于用相互补充来代替直接竞争，并表现出某种程度的协同合作关系，从而促进各个物种组成的生物群落更有效地利用资源环境。按照对生态位概念的理解及内涵的剖析，生态位的基本思想可以归结为两个方面：一是生物物种或生物种群在生态系统中各有属于自己的位置、功能与作用；二是生态位是生态系统的一种客观存在，是作为一种秩序和安排嵌入生态系统结构之中。

基于以上理解，结合生态位本身要素，可以大致归纳出生态位的三个基本原理：

（一）竞争排斥原理

自然界中每个物种在进化过程中经过自然选择形成特定的形态和功能，在生态空间中占有各自特定的生态位，形成生命系统的多样性。在自然生态系统中，只有生态位重叠的生命系统才会产生争夺资源的竞争，竞争的实质是争夺最适宜生存的生态区域。比如在生物群落中，多个物种生活在同一生态环境中，它们很可能以相同的取食时间、取食方式、取食位置来利用资源，当资源稀缺时，就会发生种群间的竞争，结果会导致其中的某个物种被排斥，并最终被逐出该生物群落。因此，具有完全相同生态位的两个物种是不可能存在的，这就是竞争排斥原理，也称为高斯假说。相反，正是由于竞争排斥作用呈现为一种常态化存在，物种完全可以通过利用资源趋异性，逐步分离生态位，减少生态位重叠，从而尽可能减少竞争以达到和谐共存目的。

（二）共生原理

主要包括竞争共生与互利共生两个方面。事实上，在任何生物群落中，竞争共生与互利共生是同时存在的，它们同属于共生关系范畴。具体来看，在竞争共生关系中，由于竞争必然存在着资源消耗，其结果是双方都可能产生损失，但它们仍然生活在同一生物群落；在互利共生关系中，共生的生物体成员彼此都得到好处。比如，处在同一生态位的多个物种，在自身所处的生态系统较为稳定的时候经常出现竞争关系，但当它们的生态系统遭遇外界破坏时，这些物种就会为了维持自己种群的存在和生态系统的平衡，而产生某种协同合作的关系。根据利害属性的划分，还有偏利共生、偏害共生与无关共生之说。偏利共生是指对其中一方生物体有益，却对另一方没有影响；偏害共生是指对其中一方生物体有害，对其他共生线上的成员则没有影响；无关共生指对双方都无益无损。

在绝大多数情况中，生物界里物种之间的生态位移动，实质就是生态位功能间的互补。通过物种间本能的互补，不仅可以促使资源利用最大化，使物种间能够不同程度地获利，还可以促进生态环境的和谐稳定。

（三）协同进化原理

根据上述两种原理的解释，生物物种间的关系可以是竞争的，也可以是互利的，甚至是偏利或偏害。而生态系统作为生物与环境的统一体，既要求生物要适应其生存环境,又同时伴有生物对生存环境的改造作用。因此,这些物种间的关系以及物种与环境间的关系共同构成生态位的基本要素。由于生物个体的进化过程是在其环境的选择压力下进行的,而环境不仅包括非生物因素也包括其他生物因素。因此一个物种的进化必然会改变其他生物的选择压力,引致其他生物也发生变化,这些变化又反过来引起相关物种的进一步变化,在很多情况下两个或更多的物种单独进化,常常会相互影响进而形成一个相互作用的协同适应系统。这就是所谓的协同进化原理。

对于协同进化可以理解为一种进化机制,不同物种相互影响、共同演化;也可以理解为一种进化结果,体现的是一种协同的关系。协同进化描述的是一个物种的性状作为对另一个物种性状的反应而进化,而后一物种的这一性状又是对前一物种的反应而进化的现象。它强调的是物种间相互作用、相互影响以及物种与环境间的相互依存关系。协同进化的根本目的在于提高物种的生存能力、整体竞争实力及其与生态环境的可持续发展。

二 生态位理论的普适性

尽管生态位是生态学中的一个专有概念,但生态位内涵和原理的强大洞察力和解释力已经远远超出自然生态的范畴,尤其是在当今社会—自然的复合生态系统中,生态位理论已广泛应用在经济、政治、文化、科技、教育、城市建设发展、金融产业等各行各业,以至于政治生态位、企业生态位、教育生态位、城市生态位、发展生态位等专有概念应运而生,为各个领域的全面深入研究提供了强有力的理论分析和实践指导工具。

比如,企业生态位强调的是企业在整个生态资源空间中所能获得并利用的资源空间的部分,是企业与企业以及企业与环境所形成的相对地位和功能作用,是企业在特定的生态环境中具有竞争力的标志。城市"生态位"是指城市以可利用的资源和空间为基础在区域系统中所处的位置、扮演的功能和角色,揭示出城市发展的速度与程度、影响力与支配力[1],它是城市发展的基础,也是制定城市发展战略的依据。高技术产业生态位是指高技术产业在特定时期、特定生态系统内与环境及其他高技术产业相互作用过程中所占据的相对地位,既反映高技术产业在特定时期、特定环境中的生存位置,也反映高技术产业在该环境中与自然资源、社会资源、

---

[1] 赵维良、张谦:《基于生态位的城市发展战略》,《当代经济管理》2010 年第 4 期。

经济资源等生态因子形成的梯度位置,还反映高技术产业在生存空间内物质、资金、人力、技术和信息流动过程中所扮演的角色①。教育生态位指教育者或受教育者个体、一个学校乃至一个特定教育区域内教育工作的基本状态及其发展水平,既包括某一个体、某学校、某一社区教育的状态和趋向,也包括这种状态和趋向与其他个体、学校、社区教育水平的关系和差距等,这种"生态位"并非是对区域环境的被动选择,其工作状态和发展趋向是可以调节和控制的。② 可持续发展位是指一个国家或地区在全球实施可持续发展战略过程中所占据的多维度空间以及组织联系,它反映每个国家或地区都因其经济、资源、人口、环境等因素而处于不同的可持续发展层次,占据一定的可持续发展位,不仅是一个多维度向量束和一个可持续发展的多因子集,还是一个全球系统中的子系统,具有系统的本质特征即组织联系,同时也是动态的相变(从一种状态演变为另一种状态)或运动过程③,等等。

生态位理论大量引入社会科学领域的研究表明,一方面,生态位概念体系的完善以及生态位概念外延的辐射不仅丰富了生态位理论的内涵,而且与其他学科交叉、衍生,形成新的学科方向,对拓展学科分支意义重大,说明生态位理论作为哲学层面的一种基本思想对学科发展具有较强的解释功能;另一方面,生态位理论为诠释社会科学领域中的问题提供了丰富的思想和方法。从整个社会生态领域看,不外乎是活动主体与主体、主体与环境之间的相互作用和相互影响。根据生态位基本原理,既需要强调活动主体对环境的依赖与适应、环境对活动主体的作用与影响以及主体自身的调适,也需要关注活动主体相互协调及其对环境的作用和影响。总体来看,由于生态位理论在生物主体及其与环境之间的竞争、共生、协同演化现象的独特解释功能,它的全新的分析范式和认知结构使其将在更广阔的社科领域得以应用,为解决实际中的问题提供更多的、可以选择的方法。

---

① 许箫迪、王子龙:《高技术产业生态位的构建与空间格局》,《改革》2008年第2期。
② 陈文娇:《教育生态位与高等教育分流》,《大学》(研究与评价)2007年第11期。
③ 曹鉴燎、王旭东、郑奔:《可持续发展位:问题与研究》,《东南亚研究》2000年第5—6期。

第三节 大学生态位：内涵、划分及形成机理

大学生态位，是生态位理论在大学组织中的解释和应用。大学是融合物质性、精神性、人文性以及社会性同时又具有生物特征的一种组织。大学生态位的内涵是什么？大学生态位与生物生态位以及与其他组织的生态位（如企业生态位）有何区别？大学生态位有什么类型？其形成机理是什么？对这些问题的解答，有助于全方位认识和理解大学生态位。

一 大学生态位内涵

大学生态位是某类（所）大学在整个社会环境和整个高等教育群落中，以自有的资源禀赋为条件，通过办学过程能动地与社会环境以及与其他高等教育群落相互作用所形成的相对有利的生存发展空间以及相对竞争优势。换言之，大学不仅处在国内外经济、政治、文化、科技等宏观生态环境包围中，还处在与整个高等教育群落共为一体的中观生态环境中，同时它的内部还存在着各种微观的生态要素，因此大学必须具有对环境的非常强的适应性、选择性以及能动性。这就是说，一所大学的生态位，既反映该大学在特定时期、特定群落、特定社会环境中所占据的生存空间位置，也反映大学在环境中的各种生态因子所形成的梯度上的位置，还反映大学在其生存空间中扮演的角色。[①] 大学生态位的确立，与大学生态系统共同进化的各个组成部分（内外部环境）密切相关。大学同时作为资源的吸收者和供给者，是在与大学各利益相关者的互动行为中得以生存和发展的，呈现"循环态势"的资源输入与输出运动恰恰缔造了大学的生存空间，这可以称之为大学生态空间。

具体而言，大学生态位与生物生态位，以及与其他社会组织的生态位究竟有哪些差异呢？本书通过表2-1对三者的概念差异进行辨析。

通过对三种不同种类生态位概念差异的比较可以明显看出，生态学中的生态位与社会组织的生态位在属性上有很大的区别，比如前者将都是以生态位基因遗传至下一代，生态位的遗传方式较为单一，并且都是自然选

[①] 龚怡祖、谢凌凌：《生态位战略：新建本科院校发展战略新选择》，《高教探索》2011年第6期。

择起主导作用；而后者主体能动性较强，它们的生态位既可以是向下遗传，也可以通过学习、复制作相应的扩充，影响生态位变化的也是多种不同的力量。因此，生物生态位易于定量测量，而社会组织的生态位却难以定量测量。尽管同属社会组织的生态位，企业生态位由于受市场影响较大，生态位就相对不稳定，而大学生态位取决于政策作用与内部传统的影响，其生态位相对稳定。

表2-1　生物生态位、企业生态位与大学生态位的概念差异

生态位属性＼生态位种类	生物生态位	企业生态位	大学生态位
主体	理论上是物种，实践中是种群	企业个体，也可以是很大相似性的某一类企业	大学个体，也可以是具有相似性的大学群落
主动性	主动性不强，个体主动能力明显弱于社会生态组织	具有能动性，根据市场环境做出主动选择	能够根据外部环境变化做出主动选择
影响力量	自然选择起主导作用	市场竞争和企业能动选择两种力量决定	外部的教育政策与内部的文化传统双重作用
稳定性	相对稳定	相对不稳定	相对稳定
层次复杂程度	较为复杂	更复杂	更复杂
定量可测性	较易	较难	较难
基因变化	由上一代通过基因遗传至下一代	可以由企业向下遗传，也可以由潜在子代学习、复制	由大学向下遗传，也可以由社会力量学习、复制
容量变化	除非生态系统发生颠覆性变化，否则生态位最大容量基本不变	通过技术发展与产品创新可以扩大生态位容量	借助政策影响、市场及社会需求等可以扩大生态位容量

资料来源：其中有关生物生态位与企业生态位的概念差异比较来自闫安、达庆利《企业生态位及其能动性选择研究》，《东南大学学报》（哲学社会科学版）2005年第1期。

无论是企业生态位还是大学生态位，都是生物生态位的扩充性概念。如果用这种扩充性的概念来定义社会组织的生态位，就必须强调社会组织产生和发展的生态化和制度化这两种过程，原因是社会组织生态位形成过

程的影响力量与生物生态位不同，其中包含多种社会因素的影响。就解释大学生态位来看，不仅要考虑大学组织的生长速度及其在社会空间中的变化过程，而且要关注社会环境如政治体制、经济形态、文化变迁的发展等，大学需要在适应环境的过程中完善自身的结构和功能，借此提升自己的生存力和发展力。大学生态位不仅反映了大学生态环境中生态因子的互动，而且反映了大学生态位变迁过程。换言之，大学生态位是一个典型的动态概念，它不但昭示着大学自身的发展和演进过程，也标志着大学与其他社会主体（如政府、市场）之间关系的历史演进。因此，这就要求大学不断审"势"、顺"势"，适时调整战略、选择新的战略，进而改变自身的基础生态位，实现大学与环境之间关系的持续平衡。

二 大学生态位的类型划分

近年来，学术界、高教管理界对大学生态位的关注度越来越高，这一方面是源于学术研究的需要，另一方面是希望在当前日趋激烈的大学竞争环境中找准自身的定位，办出自己的特色，实现可持续发展。理论研究的深入和实践发展的需要将大学生态位的探索不断向纵深推进。不过，到底大学生态位包含哪些内容？或划分为哪几种类型？到目前为止，仍然没有形成统一的看法。比如，有的学者根据生态位的"态"、"势"属性，将大学生态位划分为生存力、发展力和竞争力三个维度[1]；也有从生态位竞争的视角将高校生态位划分为资源生态位、时间生态位、空间生态位、规模生态位、压缩生态位和释放生态位、移动生态位等类型。[2] 还有一些学者在论述中涉及教学生态位、科研生态位、经费生态位、学科生态位、职称生态位等。笔者认为，不同的划分角度丰富了大学生态位的内涵，有助于完善大学生态位理论在实践中的运用。但仔细揣摩这些划分角度及其内容，发现多是出自生态位内涵或基本原理的应用角度，容易忽略大学的基本属性，不利于从宏观视角探索大学生态位的内容。基于这一考虑，本书选取高等教育的四个要素——规模、结构、质量和效益作为维度来划分大学生态位，即将其划分为规模生态位、结构生态位、质量生态位和效益生态位，以回应大学的基本属性，同时尝试从更宽阔的视野探讨大学生态位

---

[1] 纪秋颖、林健：《高校生态位及其评价方法研究》，《科学学与科学技术管理》2006年第8期。

[2] 李军：《基于生态位原理的中国高等学校生态竞争研究》，博士学位论文，天津大学，2006年，第66页。

的基本内容。以下逐一详述。

（一）规模生态位

如果将大学生存和发展的所有资源看作是一种基本生态位，那么大学的适度规模则是大学现实生态位的基础，即大学规模生态位。一所大学的规模取决于自身条件以及外部政策及环境的综合影响。一般来说，一所高校如果一味求大求全，比如盲目增设专业、扩大校区等，就会挤占更多的资源，虽然扩展了基本生态位，但它的现实生态位很有可能与其他大学发生生态位重叠的现象，不可避免地产生不良竞争。如果一所大学规模过小，又无法在生态位空间中获取更多的资源，就不能产生规模效益，学校也难以维系发展。因此，选准适合自身的规模生态位，是一所大学获得生存、谋求发展的重要前提。合适的大学规模生态位，也是优化大学结构生态位、提升质量生态位以及发挥效益生态位的基本条件。如何找准适度的规模生态位，涉及大学生态位的测度和评价问题，这在本书以后的章节中再作详述。

（二）结构生态位

有学者认为，高等教育结构是指高等教育系统内部各要素之间相对稳定的构成状态和比例关系。[1] 这种定义既描述高等教育系统与结构的关系，又揭示高等教育结构的相对稳定的本质特征。一般来说，高等教育结构包括微观结构和宏观结构。高等教育的微观结构主要指大学内部诸要素之间的组合构成状态。如学科专业结构、行政管理结构、人才队伍结构等等；高等教育宏观结构则主要涵盖体制结构、层次结构、形式结构、能级结构、科类结构和区域结构。[2] 很明显，高等教育结构概念暗含了高等教育结构合理性的评判标准，即内部各要素的合理性及其功能的发挥。基于此，大学结构生态位是指大学结构群体中的某种结构个体，是在与结构环境的相互作用过程中演化形成的，在结构空间中相对于其他结构个体所占据的独特地位和作用，它以大学的辐射范围和功能发挥程度来表达。当然，不同类型的学校群体间也存在着结构上的越位、错位、争位、缺位等不正常现象，比如几乎所有学校都开设有经济类学科，学科结构生态位的高度重叠，导致不同结构群体的学校缺乏生态活力，而且容易引起恶性竞

---

[1] 杜希民、于东红：《高等教育结构析》，《西安欧亚学院学报》2011年第1期。
[2] 齐亮祖、刘敬发：《高等教育结构学》，黑龙江教育出版社1986年版，第89页。

争,等等。可见,大学结构生态位是一个动态概念,大学必须不断根据内外环境变化调整和优化结构中各构成要素的成分和状态,使之在同类或不同类的结构群体中保持独特的地位和作用,从而充分发挥其系统应有的功能。

(三) 质量生态位

大学的教育教学质量一直是社会关注的热点,大学间竞争的核心是质量的竞争。大学教育教学质量与大学的资源获取能力呈现一种正向的关系。一所大学的教育教学质量越高,它的输出品质量相对较高,显然,它在同类的质量群体中就能占据一定的位置,并能优先获得各种优质资源,进而不断增强可持续发展能力,同时促使大学质量进一步增强。相反,如果一所大学的教育教学质量较低,那么它在同类质量群体中会处于劣势地位,这不仅会影响其资源吸纳能力,还会限制其质量的提升。所以,现实中的大学始终在关注怎样提高自身的质量,并努力寻求在质量环境或质量群体中属于自己的特殊位置,这就是大学的质量生态位。按照一些研究者从广义上对质量生态位的解读:"在质量群体中的某种质量个体,在质量竞争和质量相关过程中及其与质量环境相互作用的演化过程中形成的,在质量空间中相对于其他质量个体所占据的独特的地位和作用,它以顾客满意的范围和程度来表达。"[1] 大学质量生态位可以定义为某所大学利用获取的各种资源向社会提供高等教育服务,由此形成这所大学所提供的产品和服务方面的满意范围和程度。大学质量生态位不仅能够有效表达某所大学与其竞争者的差异化程度,而且可以为大学在竞争环境中寻求特色办学指明方向。可以说,大学质量生态位是大学规模生态位和大学结构生态位的全部归属。

(四) 效益生态位

大学办学效益就是大学投入与产出之间的比较。它既具有数量关系上的经济效益含义,也具有社会效益的含义。因此,大学的效益生态位是一个复杂多维的集合概念。比如,大学效益生态位可以看作是某所大学在配置各种教育资源、增强社会适应性、培养人才以及社会服务方面所具有的独特地位和作用,这种释义体现了该所大学在特定时期和特定环境中的影

---

[1] 吴小峰:《高等教育质量生态位理论浅析》,《郑州航空工业管理学院学报》(社会科学版) 2008 年第 1 期。

响力和支配力，是一种整体性、多向度概念。大学效益生态位也可以是一种个体性、单向度性概念，例如，我们通常所说的"大学规模经济"，是指适度的规模才能够充分利用资源，才能够不断降低成本并发挥最大效用，以此来提高办学效益，即产生规模效益；一些函授大学不与全日制大学在同一时间争夺学生，在时间结构上实现自己的生态位优势；有的学校则利用自己独特的地理位置建校并发展，充分利用了自己的空间生态位；还有一些学校紧密结合自己的学校层次，只办高职、高专，利用特定的资源占据特定的空间位置，等等。这其实是指大学结构对大学办学效益的影响，即结构效益。又如，一所大学在国际国内的排名不断靠前，或者是屡获大奖，说明这所大学已经产生了相当的质量效益。无论是规模效益、结构效益还是质量效益，都取决于它们各自独特的生态位，这种个体性、单向度生态位的形成与演化共同构成大学效益生态位的特定位置和作用。

三　大学生态位的形成机理

大学生态位的产生，应该说既具有生物生态位形成的普遍性原理，又体现出大学组织的独特特性，因此，要深刻认识大学生态位的形成机理，有必要先了解大学生态位的存在状态。

从宏观角度看，大学生态位标识着大学在高等教育生态环境中的一种客观存在，是大学与外部环境间的"超链接"。从整体上看，每所大学的生态位仅仅是高等教育生态系统网络中的一个节点而已，但正是这无数个节点又构成一个多维环境空间，并且成为每所大学赖以生存和发展的小环境。这种小环境是大学的利益相关者群体，是大学所处生态环境与大学联系最紧密的部分，比如政府、企业、社区、消费者、竞争者、捐赠者等。大学往往通过多种行为来处理与大学利益相关者的关系，并寻求这些利益相关者主体对大学的认可和帮助，这些关系性主体对大学的认同与选择，决定了大学战略实施的有效性以及竞争优势的大小。因此，一所大学若要保持蓬勃的生命力，就必须善于利用并营造一个有利于大学组织生存和发展的生态环境。

从微观角度看，大学生态位是大学与外部环境交流及适应后所处的状态。大学对外部环境的适应包含两个层面：一个层面是大学根据固有的资源和能力，对环境要素可以达到的理想适应程度，这种理想适应状态即大学的基础生态位；另一个层面是大学对环境要素的实际适应程度，这种实际适应状态即大学的实现生态位。动态变化是大学基础生态位和实现生态位的共同特性：生态环境的影响可能致使基础生态位拓宽发展或者流失消逝，不同大学在同一时期的基础生态位可能有所不同，同一大学在不同阶段的基础生态位也不尽相同；大学实现生态位一般会随着时间的变化而变化，具有连续演化的特点。如果一所大学的现实生态位越接近其基础生态位，表明该大学对所处生态环境适应程度越好，相应的，大学生态位的"嵌入性"就越高。

由此可见，大学生态位的形成机理具有以下特征[①]：

（一）大学的生存与发展嵌入在各种资源结构及空间环境之中

与自然界物种以及企业类似，大学也是一个具有物质、能量、信息交换的功能有机体，它的生存发展过程错综复杂。大学的生存和发展，不但要考虑大学行为对外界环境的作用，而且还要考虑外界各种环境对大学内部结构、运行机制以及行为选择的影响。换言之，大学的生存和发展嵌入在各种资源结构和空间环境之中。在这种嵌入式结构中，大学通过吸纳各种资源逐步形成自身的核心力量、创新能力、辐射市场以及办学效益等，以此成为推动大学自身发展和外界环境变化的重要因素，并逐渐转化为适应环境变化的特定生态特征，进而形成大学独特的生态位。从大学自身的个体发展角度看，在与其他大学资源竞争的序列中，要避免恶性竞争并保持协同共生的关系，恰恰需要大学具有特定的资源取向以及明确的发展空间。当大学需要对外界各种生态因子进行细致甄别或重新选择时，或者与其他大学改变交往合作关系时，就会形成促进大学生态位不断调整、优化的动力和支点。

（二）外部环境和内部传统是大学健全生态平衡位的必要条件

与自然界物种以及企业不同，大学建构生态位的基础不仅有外部环境，而且还有大学的内部传统。这两者也是大学健全生态位的必要条件。随着市场经济的日益发展和快速渗透，大学生态位的发展不再单纯决定于大学文化传统及其内部机制的调整，而且受外部环境的各种突发性变化，这种影响最直接的后果就是打破原有的资源结构和空间格局，产生新的生态因子，比如计划经济时期毕业生均可"包分配"，大学可以按自己的意愿作出行为选择，但市场经济时期，只考虑大学自身的特点是远远不够

---

① 龚怡祖、谢凌凌：《生态位战略：新建本科院校发展战略新选择》，《高教探索》2011年第6期。

的，大学还必须考虑专业的市场和社会需求，才能形成稳定的效益生态位。因此，大学生态位的免疫机制和运行机制的平衡性必须建立在内部传统和外部环境两类生态因子中；否则，大学将无法规避巨大的生态失衡和生态错位风险。[①]

（三）大学生态位之间的共生关系对大学生存发展意义重大

大学生态位之间的互补与合作关系可以保证物质、能量、信息的正常有序交换，且利于降低相互之间的功能妨碍。大学生态位之间的共生关系还会对环境中其他学校生态位产生重要影响，这些复杂的影响关系又会反作用于大学生态位。一方面，大学生态位的共生，不但是大学进行正常物能转化的先决条件，而且是促进大学持续发展的内在动力。这对于保持大学竞争优势至关重要。另一方面，这种共生关系是建立大学吸纳资源因子共享机制的一种根本基核，也是大学表达资源取向和拓展发展空间的切入点，对于增强大学种群与大学生态环境的稳定性具有积极影响。

一般来说，大学生态位是大学在特定环境中与其交互关系紧密的大学及其利益相关者所形成的发展态势。大学所以在资源结构、空间背景的高等教育环境群落中同其他大学保持某种联系，是因为只有这样才能形成适合自身发展的环境，保证生存发展所需生态因子的正常供应与及时补充。由于大学生态位发展所要求环境条件的完备性，决定任何一个关系大学生存的生态因子都必须保证数量上的充足和质量上的优秀。

第四节 生态位战略：一种组织战略新解读

当前，学术界有关战略的研究多聚焦于企业战略，从企业未来发展的角度来看，战略表现为一种计划（Plan），而从企业发展历程的角度来看，战略则表现为一种模式（Pattern）。如果从产业层次来看，战略表现为一种定位（Position）；而从企业层次来看，战略则表现为一种观念（Perspective）。此外，战略也表现为企业在竞争中采用的一种计谋（Ploy）。

---

① 谢凌凌、龚怡祖：《高校风险生成机理：多学科逻辑推演》，《高教探索》2010年第1期。

这是关于企业战略比较全面的看法,即著名的 5P 模型(Mintzberg et al.,1998)。[①] 可见,企业战略往往是基于企业发展的一种谋略,具有全局性、整体性和基本性等特征。企业战略既是一个交错纵横的系统,又是一个多因素、多层次的复杂体系。它不仅重视企业与外部宏观环境(如政治、经济、科技、文化、国际等)之间的关系,还包括调整企业自身内部结构以及企业与企业之间的作用与影响。可以说,企业战略是一个动态过程,而人们通常所谈到的企业发展战略,主要是指企业根据内部条件和外部环境分析评价企业的发展机会以及所应采取的战略,这种战略往往是一种宏观的、中长期的战略,也称为企业的总体战略。相对于发展战略而言,一些具体的战略,如竞争战略、营销战略、技术开发战略或职能战略(财务、人事)等,应属微观具体的战略。总的来看,它们都同属于企业战略范畴,其基本属性是相同的,区别在于谋划角度的不同。企业发展战略因时而异、因地而异、因人而异、因事而异、因知而异、因智而异,没有固定的构成模式。一般而言,企业发展战略涉及中长期干什么、靠什么和怎么干三大方面问题。简单来看,要很好地谋划企业中长期干什么,就要定好位;要很好地谋划企业中长期靠什么,就要全面发掘资源;要很好地谋划企业中长期怎么干,就要制定好战略措施。这三者之间呈现一种逻辑递进关系,如果从战略管理的视角来认识这三者的关系,这就是典型的战略设计阶段。战略设计是战略管理的基础与核心,也是发展战略的逻辑起点。战略设计不仅对企业的宏观发展战略至关重要,而且对企业制定具体的微观战略同样意义重大。

  以上是对企业及其战略的解读。然而,这些基本思想是否适用于解释任何组织的战略呢?按照这个思路,组织战略可以定义为组织对有关全局性、长远性、纲领性目标的谋划和决策,即组织为适应未来环境的变化,对运营和持续、稳定发展中的全局性、长远性、纲领性目标的谋划和决策。组织战略是表明组织如何达到目标、完成使命的整体谋划,是提出详细行动计划的起点,但它又凌驾于任何特定计划的各种细节之上。从另一角度说,组织战略反映管理者对于行动、环境和业绩之间关键联系的理解,用以确保已确定的使命、愿景、价值观的实现。组织战略强调的是组织能够运用自己已经占有的资源和可能会占有的资源去适

[①] 《战略管理》,http://baike.baidu.com/view/57774.htm#sub57774。

应组织外部环境和内在条件的变化。这种适应是一种极为复杂的动态调整过程，它要求组织一方面加强内部管理，另一方面能不断推出适应性的有效的组织结构。由此可以勾勒出组织战略结构的三个基点：战略定位、战略选择和战略行动。它们之间的关系如图 2-1 所示。

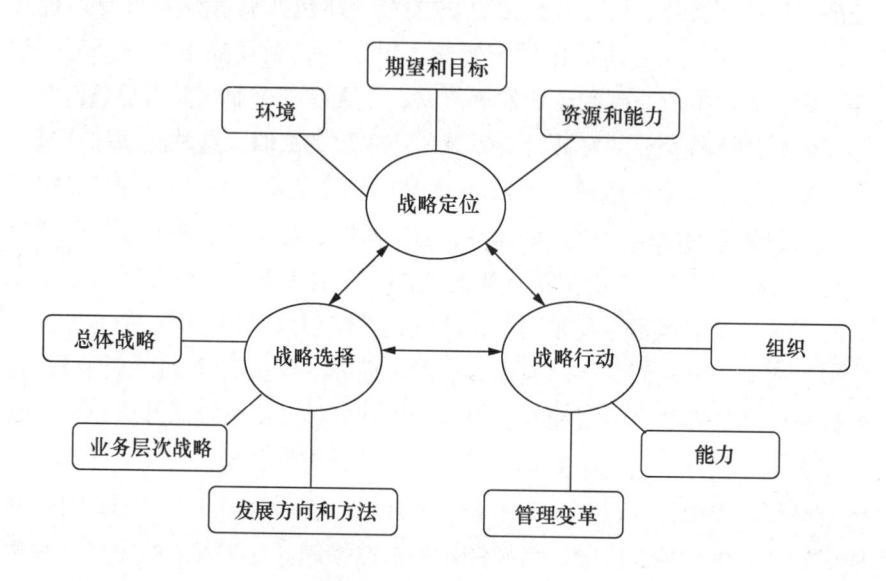

图 2-1 组织战略结构

组织战略结构可以为组织战略设计提出一种具有共性的分析思路。生态位战略就是一种典型的组织发展战略，根据对生态位基本思想和战略内涵的理解，结合图 2-1 的内容，生态位战略可以表述为这样一种战略：它以生态位理论为基础，兼顾满足生态个体发展需要和满足生态群落与整个生态系统协同发展的目标要求，着眼于自身生态因子的把握，注重通过生态位的移动和优化，不断地适应和改造生态环境，使自身得以在特定的生态环境中长期生存和发展。生态位战略的主要内容包括：

一　生态位泛化或特化战略

当生态个体可利用资源较少时，即生态位过窄的时候，虽然竞争程度较低，但生态个体的生态环境会受到威胁，这时应通过扩大可用资源的种类和数量，以增加竞争优势，从而有利于生态个体的生存和发展，这就是生态位泛化战略；当生态个体可利用资源较多时，即生态位过宽，却容易造成激烈竞争，这时应通过放弃劣质资源，减少生态位重叠，强化某一特殊功能，不断提高自身适应性，这就是所谓的生态位特化战略。

二 生态位分离战略

当两个或多个生态个体需求于同一环境资源时，就会产生生态位重叠现象。根据生态位的竞争排斥原理，其中有些生态个体必然根据环境或自身竞争能力选择退出，由此导致生态位重叠现象的消失，这就是生态位分离战略。可见，生态位分离战略的基础是确定利用同一资源的生态个体的生态位重叠状况以及自身的优劣势。一般来说，生态位分离战略包括时间维度的分离战略、空间维度的分离战略以及目标维度的分离战略。生态位分离战略是生态多样化和生态差异化的基础。

三 生态位移动战略

生态位移动战略是物种在生态系统演化条件下实现生态个体成长的重要战略，包含生态位扩充战略和生态位压缩战略。由于生态个体和资源环境的变化，任何生态个体都有增长的潜力，这类生态单元的无限增长通常表现为生态位扩充或生态位扩展，即生态位扩充战略。生态位扩充反映了生物进化过程，也是推动生态系统演化的动力机制。当然，生态个体的生态位扩充，必然构成同一生态位的其他物种的生态位入侵，由此引发竞争，当竞争处于劣势一方时，该物种的可用资源空间就会受到限制和压缩，不得不采取压缩自身生态位的做法，即采取生态位压缩战略。

四 生态位强化战略

它是指生态个体在与环境的相互作用中需要不断调整自身结构、功能和行为，以达到与环境的高度适应性，主要是着眼于生态个体生存力、发展力和竞争力的生态位强度的调整。比如，相同或相近的生态位个体始终处于竞争之中，尤其是在一些重要的生态位维度上，有必要采取一定的战略安排，保护和发展这些生态位的良好发展"态势"，控制其恶性压缩，否则，生态个体很容易失去竞争力，更严重者，还可能危及生存空间。因此，实施生态位强化战略对生态个体的生存发展极其重要。

五 关键生态位战略

生态个体的生态位体现出多种资源利用的集合状态，彰显出多维性。由于每一生态个体涉及的资源纷繁复杂，要想全面掌握某个生态个体生态位的所有维度十分困难。一般来说，生态个体的生态位是由一些关键生态因子和少数资源维度控制的，可以通过了解和掌握生态个体生态位的某些关键因子或关键维度，并根据关键因子和关键维度发掘有利的生态空间，从而找出生态个体快速成长的有效途径。因此，要提升生态个体的发展力和竞争力，必须对其生态位的关键因子和关键维度进行分析，并根据实际需要进行调整和优化。

六 生态位协同共生战略

生态位协同共生战略实质是生态位的可持续发展战略。任何生态个体的生态位其实是一种超体积集合，它们与其他生态个体或与其他生态群落共同构成多位生态位变量。每种生态个体只有保持自身的生态位维度与其他生态个体或其他生态群落的相互依靠、相互补充、相互协调以及相互和谐的状态，才能对生态个体起到正面推动作用。因此，只有实施生态个体生态位的协调共生战略，才能最终实现生态个体的可持续成长和可持续发展。

总之，生态位战略不仅是从一种全新的角度对生态个体的成长和发展进行科学描述和系统阐释，而且对生态个体或组织的战略制定和运行提供了一种新的设计思路。这种生态位的战略思想和战略模式在企业组织中已经得以广泛应用。随着知识经济的深入发展，企业生态位对生态资源的占有方式正在发生深刻变化，企业间的竞争不再仅仅是争夺有形资源，更重要的是对知识、信息等资源的争夺与获取能力，这种虚拟的生态位拓展了生态空间，不仅符合生态位拓展战略，也与关键生态位战略精神相吻合。如在同一个省（区域）内，城市与城市之间的发展理念与发展模式是不同的，假如其中一个城市对另一城市实行经济对口支援，而后者则向前者优先提供农牧产品或其他原材料资源，由此形成的良性循环机制促进了该区域的经济与社会发展，这实质上是发挥了生态位分离战略与生态位协同共生战略的作用体现。可见，生态位战略对组织发展战略的设计和选择具有强大的指导力。

需要指出的是，社会生态系统与自然生态系统不同，具有其自身的特征。比如，在自然生命系统的竞争中，自然生命是不能创造其自身需要的资源空间的，而在社会生态系统中，企业可以对其现有生态空间中的生态位选择和生态空间进行创新选择。这就是说，诸如企业、政府等特殊社会组织"物种"不能完全等同于生物个体，不能按照生态位的概念和框架来进行简单移植和类比，必须进行有选择的创造性转化，赋予社会性生态位战略以全新内涵。无论是政府组织、市场组织还是其他社会组织，它们都是具有人类社会活动特点的行为主体，运用生态位战略于这些社会组织时，必须强调生态位理论的社会研究方法与自然研究方法的有机统一，必须重视生态位理论的价值理性与工具理性的有机统一，针对不同的具体应用对象建立符合其内在特性的分析框架。

第五节 大学生态位战略：概念要义及其研究范式

虽然有很多种大学战略，但基本属性都是相同的，都是对大学整体性、长期性、基本性问题的一种谋略。例如，大学竞争战略是对大学竞争的谋略，大学品牌战略是对大学实施品牌发展的一种谋略，大学特色战略则是对大学创建特色的一种谋略等。尽管这些战略都是为大学发展服务的，但它们的着眼点与大学发展战略不同，大学发展战略不仅具有大学战略的一般特征，而且还具有发展性这个本质特征。大学生态位战略既是大学战略的一种，也是一种大学发展战略，因为其暗含了大学发展战略的本质特征——发展性。基于图 2-1 组织战略结构的逻辑，大学生态位战略为大学战略提供了一种新的研究思路及研究范式。

一 作为大学战略定位的一种新理念

战略定位产生于 20 世纪 80 年代，最早是来自企业战略定位理论，以迈克尔·E. 波特（Michael E. Porter）为代表的定位学派曾经是企业战略理论的主流观点，其主要观点为：战略定位是企业竞争战略的核心内容，一个企业的战略目标就在于使企业在产业内部获得最佳位置，并通过影响和作用于各种市场竞争力量来保护这一位置[1]。概言之，波特战略定位理论的核心是企业受制于经营环境的条件，寻找并确定适合于企业生存和发展的理想位置。然而纵观企业战略理论的发展过程，近 30 年来，企业战略定位理论的研究几乎都是围绕安德鲁斯的 SWOT 分析框架[2]进行的，它已经成为企业战略定位分析的一个基本工具。后来，这种 SWOT 分析框架被逐渐运用在社会其他组织，对大学定位的研究就是一个典型。陈厚丰教授将大学定位的目的归纳为四个方面：一是为了明确自身的基础、优势

---

[1] Michael E. Porter, *Competitive Strategy* [M]. New York: Free Press, 1980.
[2] SWOT 分析框架中，S 是指企业的强项（Strength），W 是指企业的弱项（Weakness），O 是指环境提供的机会（Opportunity），T 是指环境造成的威胁（Threat）。

和不足；二是为了全面了解国内外高等学校，特别是在区域高等学校的发展状况，找准自己在同行中的位置，明确自身的特色；三是为了更好地适应外部环境的变化，抓住每一个发展机遇，不断拓展学校生存和发展的空间；四是为了在高等学校内部形成不同类型、不同层次的合理分工，防止重复办学、盲目攀比和恶性竞争。① 显而易见，这种大学战略定位思路就是一种典型的 SWOT 分析框架。尽管该框架强调了大学的匹配性，也着眼于自身的不同发展目标并确定自己的位置，但是它对内部条件和外部环境的分析方式颇显滞后，尤其表现很难确定什么是大学的强项和弱项，这就是该框架内著名的"内部空白"。② 而且，SWOT 分析框架强调大学适应的外部环境是已经结构化了的环境，这可能致使大学只能被动地适应环境。所不同的是，生态位战略将环境与战略看成是相互影响的重要因素。大学生态位战略不仅强调大学对环境的适应，也注重大学对环境的改造。换言之，生态位视域中的大学战略定位是在一定的外部环境下，立足自身的各种优势，不断通过大学变革和战略调整，营造并利用有利于大学自身生存、发展和竞争的生态环境，在保证大学在整个高等教育市场中占有一定位置前提下，不断优化并获取更高的生态位。

二　作为大学战略选择的一种新框架

一般而言，组织战略选择是为了发挥组织内部各种资源、能力以及文化等优势来适应外部环境的变化，以求战胜竞争对手并获得持续发展的竞争优势。③ 就大学组织来说，外部环境的机遇与威胁以及与其他大学的战略竞争构成大学战略选择的外在动力，大学内部的资源、人才、能力以及文化等因素成为大学战略选择的内在约束条件。只有与大学内在因素相匹配的战略才能适应外部环境的变化，才能使大学获得可持续的竞争力和发展力。但是，由于外界环境多变性以及资源总量的有限性，而且不同的大学对资源的获取能力和吸纳能力有所不同，面对不同大学的战略竞争，大学战略的实施并不能完全取得预期的效果。因此，对竞争的考虑往往成为大学调整和优化战略以不断适应环境的直接动因。

---

① 陈厚丰：《中国高等学校分类与定位问题研究》，湖南大学出版社 2004 年版，第 199 页。

② J. B. Barney, Looking Inside for Competitive Advantage [J]. *Academy of Management Executive*, Vol. 9, No. 4, 1995.

③ D. J. Teece, Dynamic Capabilities and Strategic Management [J]. *Strategic Management Journal*, 1997 (18).

根据对大学生态位的理解，大学的成长实质是一个对外部生态环境中生态因子的吸纳以及对生态空间的利用和占有过程。尽管每所大学在经历这种"双向过程"中，都希望获得最好、最大的资源输入，并输出最多、最优的资源。但实际上，由于优质生态因子和高度适合生态空间的特定性与稀缺性，每所大学只能占据高等学校生态空间的一部分，而且不同大学之间也会为了占据更多的生态因子和生态空间展开更激烈的竞争。从本质上说，大学之间的竞争实际上是源于大学生态位的重叠。反之，如果能够有效把握大学生态位的维度，科学计算大学生态位的测度，并对大学生态位作出合理的评价，以大学生态位的移动优化来不断创新大学生态位的维度，从而保证和适应大学竞争的战略要求。因而，大学的最优战略是一个随着大学生态位的变动和大学生态位维度的优化而不断适应内外环境的动态过程（如图2-2中的虚线部分）。

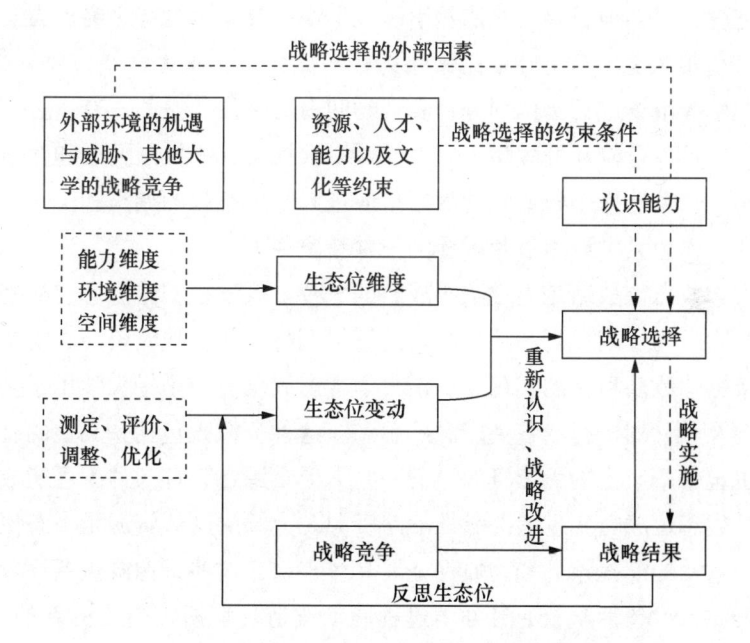

图2-2 生态位变动、生态位维度与大学战略选择逻辑框架

三 作为大学战略行动的一种新设计

按照战略管理理论的观点，战略行动实际上就是战略实施。战略实施往往是战略管理过程中最困难的阶段。大学是一个典型的利益相关者组织，也就是说大学是一个有多个利益组织或利益个体构成的相互影响、相互作用的复杂有机体。这既对大学的能力和空间作了特定要求，也对大学战略规划提出了相应规定。为了适应和保证大学战略的有效实施，大学就必须对内部结构层面的教师、经费、教学、科研、学科等生态位进行合理准确的定位，从大学内部结构与外部环境的协同演化出发，有计划地对大学生态位进行调整和优化。同时，由于大学战略管理是一个动态过程，大学生态位也是一个"相对的位置"，即动态的概念。这说明每所大学出于对最优生态位的追求而可能对生态因子和生态空间的交叉部分进行激烈的争夺。对于处在劣势的大学来讲，如果没有更高更优层次的战略设计，大学就会因为缺少生态因子而发展滞缓；如果竞争环境的负向影响强度过大，大学协同发展的功能就会受到破坏，甚至会产生大学生态失衡的危险。例如，近来有报道称，高考生源的连续减少以及高校录取比例的大幅提升，部分高校的倒闭将不可避免。① 可见，要不断拓展和升级大学生态位的宽度，就必须找寻一些能够消除大学生存和竞争劣势、突出大学特色专长、夯实大学生态位维度的策略途径。比如，实施大学错位发展战略，对大学生源市场进行错位划分，实现时间占有错位、空间占有错位；与其他大学进行生态位互补战略等。大学可以根据自身的发展情况和竞争环境的现实，合理选择一种或几种战略来促进大学生态位的调整和优化。

四 作为大学战略资源配置的一种新属性

大学生态位战略是大学生态战略的一种。大学在实施生态位战略前的准备，除了用计划推行和适应战略的组织调整之外，战略资源的配置优劣将直接影响战略目标的实现。所谓大学生态战略资源是指大学用于生态战略行动及其计划推行的各类资源的总和。这种资源既包括狭义上的有形资源，也包括广义上的无形资源。而一些无形资源在某种条件下可能成为影响大学生态位战略实现的关键性战略资源。大学的这些资源是生态位战略转化为行动的前提条件和物质保证。具体来讲，这些资源既包括环境中现有的资源，也包括学校通过办学过程能动改造环境所创造出的新的资源，可称之为环境、空间中的无形资源或通过挖掘能力释放的新资源。可见，大学生态中的战略资源实际上是和大学生态位的维度紧密相关的，大学生态战略资源的流动方向和流动速度取决于大学的生态位维度，其资源总量

---

① 《数据称高考生源持续下降部分高校面临生存挑战》，http://news.sina.com.cn/c/2011-05-03/-/042322395028.shtml。

和结构具有不确定性。同时由于大学生态战略资源的实施周期长,其资源的可替代性程度较高。尤其是一些无形的生态位维度的影响程度难以精确预测(比如大学的信誉资源对大学获取公众支持、政府帮助会产生很大的影响)。所以,大学生态战略资源的配置必须符合大学生态的本质属性,把握了这个前提,才能从更宽阔的视阈理解和推行大学生态位战略的实施。大学生态的本质属性包括以下内容[①]:

(一)遗传与变异——大学生态理念的基本向度

遗传和变异,是基于大学生态系统中的某些现象和活动与生物学有类比性而提出的。遗传强调按照事物本身的"基因"及其固有的发展逻辑去认识分析大学生态的各种现象和问题。也就是说,遗传带有强烈的继承性,即大学的各生态要素在时间流程上前后顺延、在结构功能上如出一辙。显而易见,这种继承性又蕴含着大学各组成要素的传承、复制和再生。比如,蔡元培先生所倡导的大学灵魂:"教授治校、学术自由、兼容并包、大学自治",这些理念已经成为大学保持自身形成特色的一种传统。如果说遗传是具有继承性含义的话,那么变异则是适应和超越。大学生态中的变异是指根据各种变化来适应新的发展,并用新的观点和标准去认识、分析大学生态系统中的各种现象和问题。阿什比曾指出:"有机界中与大学中一些新形态的出现,都要经过更新或杂交的过程。"[②]

换言之,任何大学作为一种生态主体,首先不断加强对周围环境的适应性,既包括大学通过改变环境而使环境利于自身生存的层面,也包括大学通过改变自身结构、功能机制来适应环境条件的层面。其次是要在适应过程中不断超越。适应和超越是同一事物发展的两个不可分割的属性。适应是超越的前提和基础,超越是适应的发展和提升。比如,一所大学由于办学规模的扩大,原有办学空间已难以适应办学要求,它就可以选择单校区办学模式向多校区办学模式的转变;又如,大学扩招后,不仅生源数量增加,生源个体也变得复杂多样,呈现出教育对象个体的生态多样性,必然要求教学理念和教学模式突破传统的做法。概言之,大学生态理念既要保持自身独特的"物种"风格和特性,以区别其他社会活动和现象;又要不断推陈出新,进行"基因"重组,以寻求预期的大学"变异"。可

---

① 谢凌凌:《大学生态:本原特性、现实观照与治理要义》,《教育发展研究》2011年第11期。

② [英]阿什比:《科技发达时代的大学教育》,人民教育出版社1983年版,第7页。

见，遗传和变异成为大学教育传承和大学教育创新的两个基本向度。

（二）平衡与失衡——大学生态管理的内在要求

生态学概念中的平衡是指生态系统的结构与功能，物质、能量与信息的输入和输出均处于相对稳定状态。由于"平衡有平衡关系和平衡状态两种含义，平衡关系一般用数量关系来表示，而平衡状态则包含平衡关系，是以平衡关系为内容的系统稳定状态"。[1] 因此可以将生态系统中的物质、能量和信息等要素用数量关系即平衡关系来表示，其结构和功能等要素可以视为平衡状态。大学生态的平衡是指大学各种要素之间的关系及其与所处环境之间的关系呈现平衡且协调的状态。如在大学教育过程中，起初是输入较低智力水平的学生，通过大学内部和外部各种资源的转换及配置对他们进行"系统科学的输入"，培养成为社会所需的各种专门人才，从而实现预期的输出，保证大学生态与社会生态的协调发展。

任何平衡都是相对的、暂时的、动态的。对于大学来说，其生态稳定和生态平衡也是基于某种历史条件或发展阶段的，大学的生态结构必然随着各种因素的变化而变化。特别是当社会中的一些物质、能量和信息输入大学肌体后，超过了大学自身的调节能力时，就会引起大学生态结构和功能的失调，即大学生态失衡。失衡并不总是消极的，失衡本身或许就孕育着新的教育变革（教育进化）的契机。当初的高校扩招以及高等教育改革，便是最好的例证。在社会发展水平较低的时期，大学的精英教育阶段可基本维持社会生态与大学生态的系统平衡，但到了经济的快速发展时期，公众对高等教育提出了新的要求，而且随着产业结构的调整，社会对各类人才的需求也提出了新的标准，相应地，不仅高等教育生态系统有了新的变换：普通高等教育、高等职业技术教育、成人教育等按照合理比例关系进行科学配置，促进了高等教育生态系统与社会生态系统新的动态平衡，大学生态系统内部的各种要素也随着外部环境的变化而努力维持新的生态平衡，如增设社会需求的专业，强化校企、校地的紧密合作等。可以看出，平衡和失衡是生态运动过程中的两个前后继继、彼此相连的阶段，大学生态系统的平衡和协调是相对且短暂的。所以，大学生态管理的目的就是要不断消除大学内部及其与外部环境的冲突、失衡和矛盾，并且通过相应措施，在控制各种冲突、失衡和矛盾范围以及强度的同时，促进大学

---

[1] 王宏波：《论社会发展的协调范畴及其意义》，《中国社会科学》1994年第1期。

生态系统的进化。

（三）共生与竞争——大学生态和谐的价值皈依

大学共生与竞争主要涉及不同的大学生态主体之间的相互关系，这种关系也是在大学生态主体与环境的相互作用过程中产生的。生态系统中的共生意指不同生态子系统之间任何形式的共同生活。社会系统同样也是由复杂的子系统构成。社会能不能和谐，不仅取决于每个子系统的和谐，还取决于诸子系统之间的共生状况。[1] 高等教育作为社会的子系统，其共生关系就突出表现在不同类别和层次的大学间的相互关系上，比如一些专科学校向本科院校提供优秀生源，普通本科院校向重点院校提供攻读研究生的优秀生源。反过来，较高层次的大学向较低层次的教育提供合格师资。可见，互利共生是两个相互作用物种最强和有利的作用方式[2]，也是增强其适合度的有效途径，这种共生关系往往表现出纵向垂直的依赖特征。

如果从大学组织横向平行的共生关系来看，它们之间更多地表现为竞争。对于处在同一区域内的普通高校，它们在办学经费、师资引进、生源争夺等方面存在着严酷的竞争，在制度化教育之外，比如民办院校、独立院校、远程大学、虚拟大学、函授（夜大）等各种非制度化的高等教育又对传统大学教育带来新的挑战，尤其是争夺各种教育资源（如师资等）。此外，共生和竞争"不仅存在于作为生态主体的教育组织之间，更存在于教育组织内部的各成员之间，如教师之间、管理人员之间、学生之间"。[3] 这在大学可能表现得更为激烈或更为复杂，比如具有同一学科背景的两个教授竞争同一领导岗位，或学者与学校管理者在对学校发展规划的参与决策程度上产生争议，由此引发的学术权力与行政权力的交锋，等等。

从总体上看，不管是大学组织之间的竞争，还是大学内部的竞争，所谋求的都是"自身"生态位的不断优化。换言之，大学生态中各主体利益虽然存在差异，但整体利益是一致的。而且合理有效的竞争还有利于促进教育资源的充分利用，有利于形成大学生态的多样性。对大学组织来说，不断优化内部结构，提高自身竞争力就是提高适应力的重要途径。从长远来看，互利共生和良性竞争也是优化大学生态环境、促进大学生态和

---

[1] 胡守钧：《社会共生论》，复旦大学出版社2006年版，第69页。
[2] [美] 奥德姆：《生态学基础》，人民教育出版社1981年版，第206页。
[3] 范国睿：《教育生态系统发展的哲学思考》，《教育评论》1997年第6期。

谐、获得大学生态可持续发展的重要价值指向，这些都是大学推行生态位战略及其资源配置过程中所应遵循的基本规律和本质属性。

五　作为大学战略评价的一种新模式

大学生态位战略管理的实质可以理解为大学根据对自身生态位的认识以及对客观条件、环境的把握，通过采用相关战略协调自身与客观环境的关系，进而选择、扩大和跃迁自身的基础生态位，促使自身现实生态位不断接近基础生态位的动态过程。可见，大学生态位战略实施的前提就在于要了解自身的生态位及其对环境的准确把握，同时大学又要考虑自身的能力辐射范围以及大学组织系统的动态演化。此外，由于大学自身发展水平和外界环境状况的变化，大学又必须以寻求新的生态位目标来整合大学的各种资源和能力，从而实现生态位的跃迁。如果以一句话来概括大学生态位战略的核心，那就是大学要确立自身在高等教育生态系统中的地位并不断实现生态位的跃迁。所以，大学生态位战略的实施前提就是要具备相应的大学生态位维度，这与大学生态位的宽度评价高度相关；而在资源利用过程中，每所大学都希望获得最好、最大的资源输入，获取最优、最有效的资源输出，这就涉及如何测量生态位重叠问题；要完成生态位的选择和跃迁过程，必须对大学生态位的"态"、"势"两种属性进行比较，以了解其状态和影响力。从这些角度看，生态位的宽度、生态位重叠以及生态位的态势是描述大学生态位以及大学生态位关系的重要数量指标，同时它们也构成了确立大学生态位战略以及实施大学生态位战略的重要影响因素。因此，对大学生态位战略的评价，至少应该包含三个基本要素：

（一）对大学生态位宽度的评价

这涉及大学生态位战略的基础，也是大学生态位战略得以成立的理由。大学生态位战略得以成立的这些理由是大学组织在认真分析大学内外部关键战略因素的基础上，按照抓住机会、避免威胁、发挥长处和克服短处原则得到的。实际上也是拓展大学生态位宽度的过程。但是，在大学生态位战略实施期间，大学内外部环境并不是静止不变的。如果这些变化是关键性的，动摇了大学生态位战略得以成立的根据或基础，大学就必须及时进行战略评估，以便及时做出调整。换言之，这充分说明了评价大学生态位宽度在大学生态位战略实施中的必要性和重要性。由于生态位宽度通常是衡量生态位的大小以及生态元能够利用多少（包括种类、数量及其均匀度）的一个指标。① 所以，对大学生态位宽度的评价一般是测量所有可能的资源、生存能力、时间、空间和环境等变量因子维度上的距离，即测量所有变量因子维度的加权平均距离和综合加权平均距离。

莱文斯（Levins）的生态位宽度的计算公式中的辛普森（Simpson）指数公式：

$$B_i = \frac{1}{\sum_{j=1}^{R} P_{ij}^2} = \frac{\left[\sum_{j=1}^{R} N_{ij}\right]^2}{\sum_{j=1}^{R} N_{ij}^2} = \frac{Y_i^2}{\sum_{j=1}^{R} N_{ij}^2} \qquad (2-1)$$

莱文斯公式中的香农—威纳（Shannon – Wiener）指数的表达公式：

$$B_i = -\sum_{j=1}^{R} P_{xj} \lg P_{yj} \qquad (2-2)$$

式中，B_i 代表大学生态位的宽度，P_{xj} 代表一种资源集合中的第 x 个大学在利用资源状态 j 的比例，而 P_{yj} 则表示第 y 个集群大学利用资源状态 j 的个体占该类集群大学总数的比例。

（二）对大学生态位重叠的测量

鉴于资源利用以及生存能力、生存空间以及时间上的相似度，即大学之间很可能存在各变量因子维度的重叠情况，反映在外部就是大学直接利益冲突的频率。如果将生态位宽度值视为大学生存力状况，那么从某个方面来说生态位重叠值则可视为大学多样性存在的理论基础，实际上，这也是生态位宽度较宽的体现。但是，由于生态位重叠又反映了大学间的竞争强度，因此大学生态位战略的目的不仅要考虑拓展生态位宽度，同时也要控制生态位重叠的结构、范围和程度。换言之，对大学生态位重叠测量的目的是保持大学多样性和生态位重叠适当性的有机统一。

依据麦克阿瑟（MacAthur）公式，即：

$$U_{xy} = \frac{\sum_{j=1}^{R}(P_{xj}P_{yj})}{\sum_{j=1}^{R} P_{xj}^2} = B_i \sum_{j=1}^{R} P_{xj}P_{yj} \qquad (2-3)$$

根据对称 α 法 Pinaka 公式：

---

① 王子龙、谭清美、许箫迪：《基于生态位的集群企业协同进化模型研究》，《科学管理研究》2005 年第 5 期。

$$U_{xy} = \sum_{j=1}^{R} P_{xj}P_{yj} \Big/ \sqrt{\sum_{j=1}^{R} P_{xj}^2 * \sum_{j=1}^{R} P_{yj}^2} \qquad (2-4)$$

式中，U_{xy} 表示大学 x 对大学 y 的生态位重叠。P_{xj}、P_{yj} 分别代表大学 x 和 y 对资源 j 的利用部分。

（三）对大学生态位态势的比较

由于大学生态位可以界定为"在一定社会经济环境下，高校以其拥有的各种资源为支撑，通过高校内部战略管理、创新管理、质量管理等办学过程能动地与环境及其他高校相互作用而获取高校生存、发展、竞争的能力"。[1] 这实际是对大学生态位战略的评价提供了一个新的思路，即静态中的生态位的"态"的评价和动态中的生态位的"势"的评价相结合。结合生态位的态势理论，具体来看，一方面，对大学生态位战略的评价要包含大学的生存发展状态，即大学的规模、文化、理念等生物量以及资源占有、适应能力、管理水平及其与环境的相互作用；另一方面，大学单元对环境的影响力和支配力的评价，比如占有新生境的能力、学习创新力等。通过对大学生态位态势的比较，可以反映大学生态位战略实施中的大学所具有的功能、地位、作用及其环境的优劣势，大学生态位的态势比较是大学生态位战略的核心要素。

根据在 n 个大学单元中大学单元 x 的生态位的表示公式：

$$N_x = \frac{M_x + A_x P_x}{\sum_{x=1}^{n}(M_y + A_y P_y)} \qquad (2-5)$$

式中，$x, y = 1, 2, \cdots, n$，N_x 为大学单元 x 的生态位，M_x 为大学单元 x 的态，P_x 为大学单元 x 的势，M_y 为大学单元 y 的态，P_y 为大学单元 y 的势，A_x 和 A_y 是量纲转换系数，$M_x + A_x P_x$ 为绝对生态位。

结合生态学中常用的 S 形曲线——莱文斯曲线[2]，推导大学生态位态势比较公式：

$$\frac{dN}{dt} = r\left(\frac{K-N}{K}\right)N \qquad (2-6)$$

其中，K 代表环境容量，N 代表生物单元生存发展指标（如数量能量

---

[1] 纪秋颖、林健：《高校生态位及其评价方法研究》，《科学学与科学技术管理》2006 年第 8 期。

[2] Levins, R., Evolution in Changing Environments [J]. Princeton University Press, New Jersey, USA. 1968.

资源等），即生物单元态的度量指标，r 代表增长率，t 表示时间。

六 作为大学战略控制的一种新路径

如果说对大学生态位战略的评估更多是立足在定量判断基础上，那么大学生态位战略控制则更多的是基于定性行为分析。因为战略控制既要保持一定的度，在控制和灵活之间寻求一种平衡，又要在满足良好的实施要求的同时满足随环境变化调整和更新战略的要求。① 所以，对大学生态位战略控制的描述，需要引入一种"截面生态位"或"共时生态位"的分析框架，重点探讨和分析大学的关系生态位②，才能全面实现大学生态位战略控制的目的，促进大学生态位战略的有效实施。基于此，我们从以下三方面对此作进一步论述：

（一）大学生态位战略控制动因：大学—政府—社会关系现实生态位形态调整的需要

政府—大学生态位关系的"越位"与"缺位"致使大学出现严重的生态风险。由于当前政府与大学的"严重侵袭"和"全面渗透"，导致政府生态位逐渐扩充，而大学生态位逐渐压缩，政府日渐"淹没"了本该属于大学的生态位，在现实中主要表现为大学生态中出现了严重的"行政化"和"官僚化"倾向，政府"越位"现象严重破坏了学府生态平衡。此外，政府教育职能本应是宏观调控与法律监督，但这些手段或职能却颇显"缺位"，导致大学过于强调"市场资源配置"，功利化的价值行为取向充斥整个校园，大学的文化价值和社会责任无法得到有效释放。可见，从规避生态失衡风险角度看，必须调整和纠正政府与大学间的"缺位"状况。

大学—社会生态位关系的"断链"与"错位"阻滞了大学生态位发育

---

① 李玉刚：《战略管理行为》，中国市场出版社2006年版，第160页。
② 关系生态位是指一个组织的关系要素及其性质的集合，它是对组织—公众—环境关系的某种定性或定量的表述。关系生态位不仅包括空间概念，而且包括时间概念，它反映了一个组织对关系管理的适宜程度和对公众的吸引力程度。（参见陈先红《公共关系生态论》华中科技大学出版社2006年版，第363—364页）大学生态位是大学在高等教育生态系统中的特定时空位置。由于现实生态位与基础生态位之间存在差别，一方面，大学总是想法寻求、占据和竞争更好的生态位，进而能动地改造环境；另一方面，也总是在适应环境并调节自身的基础生态位，以实现大学组织与环境的和谐发展。所以，关系生态位不仅反映大学组织与公众及环境关系管理的价值，也反映其关系管理的结果。可见，良好的关系生态位可能成为大学有效实施生态位战略的重要保证。换言之，大学生态位战略控制的核心可理解为如何调控相应的关系生态位。从当前中国大学的现实生态看，大学、政府、社会的关系生态位调控是一个理想的切入点。

和成长。一方面，政府生态位对大学生态位的侵占导致大学的"政府化运行"，致使大学无法按照高等教育的规律来寻求成长和发展，这是造成大学自主生态位薄弱的一个重要原因。比如，我们所研究的新建本科院校就是在政府的"政策拉动"下应运而生，比起高水平或综合性的老牌大学来说，这类院校无法与市场生态位做到有效衔接与整合，颇似一种"断链"的状态。另一方面，现代的大学呈现一种准公共组织，大学的产品和服务又呈现一种准公共产品，表现最为突出的是无法摆脱政府的统摄，但又必须去市场和社会中寻求资源支持，致使很多大学庸俗化、学术本位缺失，既看不到大学自主生态位的地位与功能，又无法彰显大学的社会价值。显然，这种"错位"特征都反映了大学社会生态位的发育不良，进而影响了大学社会职能的实现。因此，对大学—社会生态位关系的调整已是现实之需。

（二）大学生态位战略控制目标：大学组织属性与政府、社会两种生态因子的良好匹配

大学—政府—社会关系生态位的存在标识着现代大学已经跨越了大学组织、政府组织以及市场、社会等多维空间场域，俨然已构成一种特定的生态系统。但是在这个特定的生态系统空间中，每一种社会有机体及其生态因子都有各自的活动场域，它们各自体现出适度开放的特征状态，换言之，它们各自活动的独特性也决定其活动范围的有限性。作为大学，如果处于一种封闭的状态，它就会逐渐失去自身的生态位维度，进而会丧失存在的合法性；相反，假如大学完全开放，与外界生态因子完全融为一体，那么大学也就不复存在。因此，大学—政府—社会关系生态位的确立和选择，就是如何使大学从原来与社会环境的分离到以自身的能量维持的系统演变成一个类似于混沌系统逐渐与外界环境相互协调相对有序的结构状态。[①] 这也符合生态位原理中的耐受性定律，其上限和下限分别为大学与政府、大学与社会这两种生态因子的匹配关系，它的合理限度是要求政府社会两种生态因子对大学的影响必须契合大学的组织属性及其社会责任，它们与大学的互动必须保持在一定适宜区域内。显然，政府对大学的干预要在一定的上限范围内，而大学对社会的服务则要坚守一定的下限，不能超越大学的价值观和社会责任。这可以作为三者关系生态位的调整方向和目标。因此，大学—政府—社会关系生态位的调整目标就是必须考虑政府

---

① 刘洪：《经济系统预测的混沌理论原理与方法》，科学出版社2003年版，第89页。

和社会这两种生态因子对大学的影响程度,也就是这两种生态位维度对大学生态位维度的分割与契合程度,比如,对维度间生态失衡风险的调控,营造大学生态位发展及优化的生态环境,进而保持大学自主生态位的生长空间,由此形成大学—政府—社会生态位关系的良性整合。

(三) 大学生态位战略控制机制:制度框架下的大学—政府—社会责权利合理分配

既然大学生态位战略控制的目标是实现大学—政府—社会生态位关系保持在一定限度内的适宜整合,就必然需要建立一种调控机制来完成。这种调控机制可以使大学—政府—社会生态位中的各生态位维度相互依存并产生良好互动。显然,不能仅靠某一简单的体制或某一生态位空间侵占另一生态位空间来构成该调控机制,应该按照互惠共生的要求,在充分认识三方利益主体的诉求、生态位的不同宽度以及各自存在合理性基础上,确立一种约束三方利益及行为边界的制度安排,使各方的生态位维度有序并存。基于此,这种制度安排必须具有超脱性和约束性,必须能够引领大学、政府和社会等生态因子的并存和发展,能够包容它们之间生态位维度的差异与冲突,从而实现大学—政府—社会关系生态位在其生态框架内的和谐与共生。从当前中国大学的现实生态而言,现代大学制度的真正建立恐怕才能引导大学—政府—社会关系生态位的良性发展。理想中现代大学制度的一项重要功能就是要保持大学—政府—社会关系生态位的良好布局,这需要通过各方生态位适宜生态位宽度和梯度的分布展现出来,质言之,尤其体现在政府和社会的责任及权利的合理分配上,这就需要宏观政策引导以及法律体系保证的"双重作用"。而现代大学制度作为一种优化三方关系的路径选择,既体现了一种具体手段,也彰显一种引导政策,它不仅可以充分调整大学—政府—社会关系生态位的运行状态,也是实现中国社会宏观系统与中国大学之间良性互动的重要管理方式。[1] 这些均可视为对大学生态位战略控制引导机制的理论认识基础。

以上三个方面主要是从宏观视角探讨大学生态位战略控制的基本内容,从大学微观个体来讲,由于大学生态位会随着环境及功能的变化而变化,因此,大学生态位战略控制的内容还包括对大学生态位维度的调整,如对生态位宽度、重叠度的调控等。

---

[1] 王长乐:《教育机制论》,吉林人民出版社2001年版,第64页。

第三章 新建本科院校发展战略研究的生态位视角：一个分析框架

随着生态位视野逐步从生态学领域向经济学、社会学等领域拓展，生态位理论已成为社会科学界广泛关注的焦点。当前，企业发展领域、城市规划领域、技术进步领域、人类社会领域等越来越多的领域引入了"生态位"话题，并借助生态位理论进行相关讨论和解释。

上一章剖析了生态位理论的基本原理，并在探讨其普适性的基础上设计生态位战略的具体内容，同时详细诠释了大学生态位战略的概念要义及其研究范式，那么，生态位理论可以用于指导新建本科院校的发展战略吗？具体又是怎么作用、怎样解释的？本章将对上述问题进行解答。

第一节 生态位理论在大学发展战略研究中的应用

第一章文献综述对生态位理论在高等教育问题研究中的应用作了梳理和回顾。综观已有的成果，尽管在研究范围上比较零散，如应用在大学定位和大学办学特色的分析，探讨与大学竞争、大学科技创新的关系等，但仔细推敲这些研究内容不难发现，这些成果不仅标识着生态位理论在高等教育问题研究中的微观运用，而且其研究路向实际已经触及大学发展战略的具体问题。这表明，随着大学生态研究的拓展与深入，生态位理论已经成为大学生态个体研究中的常用分析工具和研究方法。

近年来，伴随大学生态环境的变化以及大学校群间竞争程度的加大，越来越多的大学都在关注自身在高等教育"场域"中的定位问题，并将学校获得持续、健康发展的切入点聚焦在如何追求最佳生态位上。现实的需求引发了学术界对拓展生态位理论应用于大学发展战略问题研究的广泛兴趣。当前，一些学者对这一问题的关注逐步从以往微观具体角度转向宏观整体视阈。比如，有研究者认为，地方高校的持续发展必须找到一种良好的生态位战略，其本质就在于促进地方高校发展的生态平衡。[1] 这种生态位的战略有三种实现路径：

一是保持大学整体的平衡和谐。包括地方高校在适应环境过程中的自我整合、自我优化，以制度创新促进地方高校外部生态环境的优化以及高校内部因子的平衡和优化。

二是实现大学生态位的分离和扩充。大学生态位的分离战略主要指通过大学生态位的错位来寻求大学的特色发展；大学生态位的扩充战略是指通过计算大学各种要素的生态位宽度，适当拓展大学生态空间，从而提升大学生态位的效能。

三是生态因子互动策略。主要通过大学外部和内部生态因子的互动与合作促进大学生态的可持续发展。实际上，这提出了一种大学可持续发展战略的基本框架，为地方高校可持续发展提供了一条新的思路。这反映了生态位理论对大学发展战略的认识在深化，也反映了外部生态环境对大学发展的影响。

大学发展战略选择是一个典型的大学组织行为问题，生态位理论作为一种分析组织行为与环境相关性的方法，可以为构建大学发展战略内容体系提供可资借鉴的新视角。刘志峰等人认为[2]，这种生态位视阈中的大学发展战略内容体系应包括：对大学发展生态空间的整体把握，能够明确发展资源取向，构建政府、教育主管部门和大学的三级联动机制，走整合校内外资源的内涵发展道路，并在错位发展中增强学校的竞争优势，实现定位、和谐与发展的三位一体。这种研究是生态位理论在大学发展战略问题上的实践应用，但对企业生态位战略的移植痕迹较重。大学组织发展战略背后所蕴含的文化、历史、精神等因素不能完全套用企业组织的分析范式，对大学发展战略的认识需要更综合的工具。

总之，现有的研究既反映生态位理论对大学发展战略研究的良好解释力，也反映了这种研究需要更综合、更细致的视角。

---

[1] 陈娟娟：《地方高校可持续发展的生态位战略研究》，硕士学位论文，武汉理工大学，2007年，第98页

[2] 刘志峰、李景春：《高校发展战略选择的生态位视域》，《煤炭高等教育》2006年第3期。

第二节 适切性：研究对象具有"生态错位与生态位重叠"特征

运用生态位理论研究高等教育的发展战略，实则是研究高等教育生态系统的个体生态位问题。随着近年来国内学界运用生态学方法对大学组织的分析，不断深化了对大学组织战略和以大学发展战略为核心的大学现象的认识。按照传统的大学战略思路，主要包含大学战略的制定和实施，它的几个关键要素则涵盖战略分析、战略选择、战略实施和战略评价。如果结合对生态位原理以及理论应用的理解，不难发现，大学战略的分析实际上就是大学如何找准"生态位"的过程，而生态位的思想不仅可以成为大学的一种战略思想，生态位战略本身还可以成为大学发展战略的一种选择；生态位是动态的，因此，大学生态位的变动实际上正印证了大学发展战略调整和优化的可能性。

既然生态位理论对新建本科院校发展战略具有解释力。那么，到底新建本科院校发展中的哪些问题最适于生态位理论的解释范畴？或者说生态位理论对新建本科院校的哪些问题可以做出精准的描述？这些恰恰是论证新建本科院校可否实施生态位战略的基本点，也是开展本研究的现实意义所在。基于此，本书以广西新建本科院校作为案例分析对象，以"低位高攀"和"同位趋同"两种高等教育生态系统的"错位和重叠现象"来详细阐述生态位理论对新建本科院校现实问题的描述力。

一 低位高攀：新建本科院校"规模生态位"错位及其矫正

低位高攀，生态学中是指一种生物物种对高级别高层次生物物种的简单模仿。大学中的低位高攀是指低水平、低层次大学对高水平、高层次大学的模仿现象。尤其表现在大学的"升格"与"合并"。新建本科院校是在社会转型以及高等教育变革调整背景下应运而生，属于典型的新生事物。怎样办好新建本科院校，无经验可循。尽管升格后学校在属性上变成了本科教育，但是如何强化本科意识、树立本科办学理念绝非一日之功。新建本科院校在组建和办学之初，所能做的就是按照普通本科院校的办学标准迅速从"面上"达到本科的办学要求。在这一阶段，新建本科院校"求高"、"求大"、"求全"的发展模式带有明显的扩张性质和追赶取向。

(一) 从"求高"到适合：新建本科院校的愿景变化

新建本科院校的设置，无疑是对升格或合并学校发展的"脱胎换骨"之举。办成什么样的本科院校成为任何一所新建本科院校面临的首要问题，这就涉及学校的顶层设计。一般来说，学校的规划设计必须立足学校现实，这必然就要联系到学校的建校基础。新建本科院校的"前身"到底是什么性质的学校？以广西新建本科院校为例，从表3-1可以看出，新建本科院校主要有三种形成路径：一是由高职高专独立或合并升格；二是由师专或其他类型专科院校升格；三是由成人高校向普通高校转制。显而易见，新建本科院校都是由办学层次和办学水平相对较低的中等教育体系的学校"华丽转身"而成。试想，低层次学校在升格为高一级别层次学校后，最兴奋并且最期待的就是勾勒学校发展的宏伟蓝图或是谋划学校的发展目标，展望将来与老牌本科院校甚至是名牌院校平起平坐，尤其是在一些欠发达地区，本科院校的增加，有利于扩大地方高等教育毛入学率，对这些学校、对地区发展无疑都是好事，这在西部地区、民族地区以及边疆地区体现尤为明显。如表3-2所示反映出广西新建本科院校占本科院校数的比例大大高出全国平均水平，这一方面说明广西的本科教育规模和水平还比较落后，另一方面也彰显广西对加快发展高层次本科教育的渴望以及该地区新建本科院校发展的积极姿态。

表3-1　　　　　　　　广西新建本科院校设置情况

学校名称	设置时间	学校地点	建校基础
玉林师范学院	2000年	玉林市	玉林师范专科学校、玉林市教育学院、玉林市高等职业技术学院、广西广播电视大学玉林分校
河池学院	2003年	宜州市	河池师范高等专科学校
广西财经学院	2004年	南宁市	广西财政高等专科学校、广西商业高等专科学校
梧州学院	2006年	梧州市	广西大学梧州分校
贺州学院	2006年	贺州市	梧州师范高等专科学校
钦州学院	2006年	钦州市	钦州师范高等专科学校
百色学院	2006年	百色市	广西右江民族师范高等专科学校
广西民族师范学院	2009年	崇左市	南宁师范高等专科学校

资料来源：根据各校主页"学校简介"整理而得。

表3-2　　　　　　　广西与全国的新建本科院校数量对比

	新建本科院校数量（所）	本科院校数量（所）	新建本科院校占本科院校的比例（%）
广西	8	20	40
全国	262	770	34

资料来源：《中国教育统计年鉴》（2010）。

新建本科院校要提升其在本科教育中的地位，就必须走出一条超出常规的道路。到底是沿袭老牌本科院校的常规发展之路？还是另辟蹊径、探寻新路？很明显，新建本科院校无法承受走老路发展的风险和成本。其实对任何一所高校来说，发展方式和发展道路的选择，必然要有发展理念的指导。那么，新建本科院校又是以怎样的"特殊理念"来指导超越常规的发展道路呢？简单地说，大学的办学理念就是办成什么样的大学，其主要涵盖办学层次和发展目标。办学层次主要指高校是以专科教育，还是本科教育，或是研究生教育为主；而发展目标主要指学校发展成单科性、多科性还是综合性院校，以及学校服务指向等。

从办学层次和发展目标来看，任何学校都有攀升的倾向和欲望。新建本科院校的办学过程则表现出一种非渐进式的"高调"发展理念。这主要体现在办学层次和发展目标的盲目"求高"上。从全国范围来看，很多新建本科院校组建之初，大力推崇"高水平"、"综合性"、"研究型"和"国际化"，有的学校甚至在规划上明确"升硕"、"升博"的时间表，进入"211"、"985"高校的日程，还有一些新建本科院校则不切实际地提出几年就能服务全省、几年可以面向全国。"上不着天、下不着地、中间混战"，成为相当长时间新建本科院校群体的真实生存状态与共同发展困境。然而，也许由于受到自身禀赋、资源供给以及社会需求等多重因素制约，很多新建本科院校逐渐意识到盲目"求高"不仅易于导致内耗，而且并不能带来办学效益的明显提升。稍微考察近几年新建本科院校的发展历程，就会发现，这类院校已经由组建之初的"盲目攀高"到"务实进取"。最明显的变化是相当一部分新建本科院校在寻求适合自身的发展方向，不断摒弃"虚高"的发展姿态，从表3-3对广西新建本科院校办学服务面向和发展目标的描述可见，这类院校几乎都是将目标定位在办成教学应用型高校或教学服务型高校，强调与地方、与区域的紧密结合，体现出稳步的发展目标取向。

表3-3　　　　广西新建本科院校的办学服务面向及发展目标

学校名称	办学服务面向	发展目标
玉林师范学院	立足玉林、面向广西、服务基层的办学宗旨	形成自身的办学传统和鲜明的办学特色,为民族地区教育文化事业和经济发展提供强有力的人才和智力支持
河池学院	立足河池、服务地方、面向基层	为社会培养具有创新精神和实践能力的应用型高级专门人才,把学院建设成为一所特色鲜明的多科性地方本科院校
广西财经学院	立足广西、面向基层、服务社会、辐射东盟	紧紧围绕人才培养这个根本任务,把学院建设成为经济管理学科优势突出,应用型人才培养结构合理,办学特色鲜明,在中国—东盟自由贸易区具有较大影响的财经类普通本科院校
梧州学院	立足梧州、服务广西、辐射周边	为实现广西的新发展培养更多创新应用型人才,努力使学院成为广西与粤港澳科技文化教育交流与合作的桥梁,把学院办成一所适应梧州市和泛珠三角经济区、中国—东盟自由贸易区支柱产业发展需要,特色和优势鲜明、充满活力的综合性、实用性本科院校
贺州学院	立足贺州、服务周边、面向全国、奉献社会	培养基础教育师资和地方经济社会发展需要的应用型人才
钦州学院	立足北部湾、服务广西、面向全国、辐射东盟	培养地方经济发展需要的创新型应用人才,努力打造"地方性、海洋性和国际性"办学特色,为北部湾经济区的开放开发提供坚强的智力支撑和人才保障
百色学院	立足广西、面向全国、对接东盟	成为广西、云南、贵州三省交界的多学科、区域性中心本科院校
广西民族师范学院	立足桂西南、面向广西	把学校建设成在广西区内具有一定影响力的富有地方特色、民族特色的多科性教学型普通本科院校

资料来源：根据各校主页"学校简介"整理而得。

（二）从"求大"到适度：新建本科院校的现实选择

为了满足扩招的需求,新建本科院校最初是依靠规模膨胀来求得生存和发展。狭义上的办学规模主要表现在学生数量和学校面积两个指标。

从学生数量来看，全国普通本科院校招生数和在校生人数都在持续增加。如表3-4所示，仅以2007年为例，广西7所新建本科院校的在校平均人数为8898人，最高11235人，最低6912人，而同年广西普通本科高校校均规模为8729人，全国普通本科高校为8571人，显然，广西新建本科院校的平均办学规模已经超过了广西以及全国本科院校的平均水平。

表3-4 广西新建本科院与广西区以及全国普通本科高校校均规模

单位：人

学校名称	指标	2007年
玉林师范学院	招生人数	2612
	在校人数	9521
河池学院	招生人数	2725
	在校人数	7824
广西财经学院	招生人数	3742
	在校人数	11235
梧州学院	招生人数	2542
	在校人数	6912
贺州学院	招生人数	2456
	在校人数	8956
钦州学院	招生人数	3120
	在校人数	7153
百色学院	招生人数	2860
	在校人数	10688
广西民族师范学院	招生人数	—
	在校人数	—
广西新建本科院校	校均规模	8898
广西普通本科高校	招生人数	49460
	在校人数	165857
	校均规模	8729
全国普通本科高校	招生人数	5659200
	在校人数	18849000
	校均规模	8571

注：—表示该校当时还未组建。

资料来源：《中国教育统计年鉴》（2010）、《广西教育统计年鉴》（2010）。

其实，办学规模大不仅体现在新建本科院校，随着我国高等教育大众化进程的加快，相当一部分老牌本科院校为了把"学院"的称谓更名"大学"，规模上早已步入"巨型"大学行列。即便如此，它们仍然执着追求扩大规模的发展目标。因为在很多办学者看来，在校人数就是学校规模的重要表现，而学校的规模和学校形象、地位乃至学校效益密切相关。更何况对于资源获取能力较低的新建本科院校，因此这些地方高校更看重扩大规模对提高办学效益的直接效应。从根本上说，这种认为"谁的学校规模大、人数多，谁就可以获取更多的教育资源"的错误理解，导致一些学校不顾自身师资和教学设施等制约条件以及社会实际需求，盲目设置专业和扩大招生，带来了教育投资分散、资源利用率低、规模效益差等不良后果。[①]

办学规模求大的另一个表现则是急速扩大校园面积。新建本科院校的出现是顺应高等教育大众化进程的要求，满足日益扩大的高等教育需求，尤其是地方生源的需要。大批学生进校后，首当其冲的是学校软、硬办学条件的同步跟进。作为建立在专科建制基础上新建本科院校，却面临着办学设备老化、图书实验仪器陈旧，而且师资数量不足、师生的后勤服务无法同步跟上等棘手难题，这一切则需要建立更多教学、科研物质及场所，拓宽校区、增加校园面积成为众多新建本科院校承载大学管理和大学正常运行的唯一选择，因此，一场轰轰烈烈的"圈地运动"、"扩建运动"如火如荼。短短几年间，新建本科院校连年扩招的同时，建设新校区也成为这类院校的"时髦之举"，具有2—3个校区的学校均属正常，有的新建本科院校甚至有多达四五个校区，办学空间的迅速拓展成为近年来新建本科院校办学规模急剧膨胀的真实写照。以广西新建本科院校为例（见表3-5），几乎每所学校都扩大校区面积或建设新校区。

客观来看，新建本科院校规模的扩大也并非"无休无止"，因为并不是所有新建本科院校都能承受超负荷运转的成本。比如，有些新建本科院校由于所处地级市政府支持力度有限，自身收入以及融资渠道比较单一，既要面临新校区建设的巨额债务，又要关注学校的日常运行开支。在经历

[①] 温艳、彭兰：《我国高等教育资源配置对高校办学行为的影响》，《大学教育科学》2006年第3期。

表 3-5　　　广西新建本科院校在建、扩建（新）校区情况

学校名称	在建、扩建（新）校区
玉林师范学院	东、西2个校区，校园面积约1800亩，校舍总建筑面积29.22万平方米。东校区扩建工程（二期）场址位于学院东校区内、现有建成校区西侧，主要的建设内容包括：综合教学楼、实验室及附属用房、图书馆、风雨操场、国际教育交流中心、学生公寓、学生食堂、幼儿园、后勤附属用房、专家公寓及研究生公寓，及田径场、篮球场、排球场、网球场等，总建设面积288800平方米，总用地面积750亩，总投资为62800万元
河池学院	占地面积600多亩，校舍建筑面积22万平方米。东校区扩建工程
广西财经学院	北校区、南校区和相思湖校区三个校区。校园面积925800平方米（1388亩），校舍建筑总面积316951.6平方米。相思湖新校区建设工程
梧州学院	近800亩，校舍面积23万多平方米（扩建后学院占地面积将达1652亩，校舍面积将达46万平方米，发展预留用地1119亩）
贺州学院	分东、西两个校区，校园占地总面积781亩，校舍建筑总面积22万余平方米，2004年以来新扩建校园451亩
钦州学院	现有东、西两个校区，占地面积800多亩。北部湾大学主校区建工作，目前，一期投资7亿元人民币（整个工程12亿元）的学校扩建工程，包括西校区征地300亩和新校区（茅尾海滨海新城内）征地1700亩
百色学院	占地面积1915亩，分东合、澄碧两个校区，校舍面积15万多平方米。澄碧校区扩建工程正式启动。项目总投资概算约5亿元，总建筑面积为20.29万平方米。项目分两期建设，一期建设项目116230平方米，包括图书馆、学生公寓、学生食堂、公共教学中心、公共实验中心等及室外体育运动设施。二期建设项目86670平方米，包括图书馆、学生公寓、学生食堂及室外体育运动设施等
广西民族师范学院	崇左校区、龙州校区2个校区，校园占地面积1043.93亩，另有预留发展用地750亩。校舍建筑总面积25万平方米

资料来源：根据各校主页"学校简介"整理而得。

几年的办学过程后，它们不得不思考学校应当采取适合自身的发展模式。一般来说，高等教育发展模式大致可分为要素投入的外延式发展和资源利用率提高的内涵式发展两种，而新建本科院校组建之初积极拓展办学空间、加强基础设施建设、扩大规模等，就是典型的外延式发展模式，这是符合高等教育发展规律的。然而伴随学校内外环境的变化后，任何高校一般都会"自发式"的在规模、结构、质量上及时适应与调整，期待更好

的办学效益。从当前情况看，相当多的新建本科院校已经通过实施优化结构、提高效率、构建特色来推动内涵式的提升。

(三) 从"求全"到适宜：新建本科院校的竞争诉求

大学办学类型体现了大学的学科特点。学科是一所大学发展的灵魂，任何高校都在追求学科门类的不断增加，目前我国大学学科"求全"之势日趋明显。学界通常按照本科专业覆盖的学科门类[①]将大学分为单科性、多科性以及综合性三种，一般而言，单科性院校覆盖1—2个学科门类，多科性院校覆盖3—5个学科门类，而综合性院校覆盖6个及6个以上的学科门类。[②] 从我国大学发展趋势看，许多单科性院校都欲求发展成多科性院校，而多科性院校又想进一步发展为综合性院校。这对于办学层次较低的地方本科院校来说，尤其是新建本科院校更为明显。新建本科院校在升格前，一些专科学校的专业颇具特色和优势，但是能够形成较强竞争力的学科却不多见。转型为本科院校后，由于招生面向和服务面向不断扩大，对学科建设的要求不断提高，而原有的学科则显示出单一不全、分布狭窄的弊端，拓宽学科门类成为加快学校类型跃迁的首要选择。这时，一大批新建本科院校在学校发展"求高"、"求大"理念指引下，盲目拓宽学科门类，不顾实际地申请各种专业，不仅做到"人无我有"，而且是"人有我赶"。几年下来，一些新建本科院校出现了严重的"升本后却忘本"行为：原来有较好基础的学科专业停滞不前，却发展了毫不相关的学科专业。有些新建本科院校则忽略自身特性，完全照搬老牌本科院校的建设思路，催生了许多"多科性"、"综合性"新建本科院校的产生。表2-3就凸显出新建本科院校的这种发展倾向。

另一个值得关注的现象就是新建本科院校非类专业的迅速递增（即原来单科性院校学科领域本身没有涵盖的专业），尤其是以拓展文科和管理类居多。从表3-6可以看出，广西新建本科院校中，大多以师专建制为基础，在短短几年间几乎都增加了人文社科的学科大类，而且学科门类不断向广西老牌本科院校"看齐"，有的甚至已经超过了老牌本科院校涵盖的学科门类，大有发展成综合性院校之势。

---

① 我国于1998年颁布的本科专业目录中，将本科高等教育的学科门类划分为哲学、经济学、法学、教育学、文学、历史学、理学、工学、农学、医学、管理学11个学科门类（研究生教育还有军事学门类）。

② 张爱龙：《我国高等学校的一种分类法》，《中国高等教育》2001年第3期。

表3-6　广西新建本科院校与广西部分老牌本科院校学科门类一览　　单位:%

广西新建本科院校		
学校名称	现有学科门类	占学科门类总数比例
玉林师范学院	经济学、法学、教育学、文学、历史学、理学、工学、管理学	73
河池学院	文学、理学、工学、教育学、管理学、法学、历史学、经济学	73
广西财经学院	经济学、管理学、文学、法学、理学、工学	55
梧州学院	经济学、管理学、工学、文学、法学、理学、教育学	64
贺州学院	经济学、教育学、文学、理学、工学、管理学、哲学、法学、农学、历史学	91
钦州学院	文学、经济学、教育学、理学、管理学、工学	55
百色学院	文学、经济学、教育学、理学、管理学、工学	55
广西民族师范学院	文学、理学、工学、管理学	36
广西部分老牌本科院校		
学校名称	现有学科门类	占学科门类总数比例
广西大学	哲学、经济学、法学、文学、理学、工学、农学、管理学、教育学	82
广西师范大学	哲学、经济学、法学、教育学、文学、历史学、理学、工学、农学、管理学	91
广西民族大学	哲学、历史学、法学、教育学、文学、管理学、理学、工学、经济学	82
广西医科大学	医学、理学、工学、文学、管理学、法学	55
广西师范学院	哲学、经济学、法学、教育学、文学、历史学、理学、工学、管理学	82

资料来源：根据各校主页"学校简介"或"招生计划"整理而得。

相当多新建本科院校在"求全"学科建设思路引领下，遇到了学校办学定位、社会需求、资源投入、专业的建设与发展、师资队伍建设、实验室及基地建设等因素的限制与制约，一部分新建本科院校已经开始深思与老牌本科院校以及同类院校之间的学科发展差异，培育适合自身特点的学科生长点已经成为相当多新建本科院校增强学科内涵建设、提升竞争力的有效途径。

(四) 新建本科院校追赶发展的理性省思

客观来看，新建本科院校的"求高"、"求大"、"求全"发展状态正是对目前我国高校非常强调"格次"的强烈回应，因为格次已经成为高校获取资源的重要砝码之一，这也许就是每所新建本科院校追求自己"生态位"上永远是强者的原因。不容置疑的是，这种追赶发展行为符合新建本科院校的利益需要，尤其是在学校组建之初，对增强全校师生员工信心、增强凝聚力有着特殊的功效。而且从高等教育系统来看，作为子系统的新建本科院校的快速发展，对优化高等教育结构具有正向功能，是增强高等教育活力的良方。事实上，新建本科院校追赶发展取向所带来的高等教育竞争秩序的变化，不仅是对传统"府校关系"制度樊篱的批判和挑战，而且有利于坚定高校办学自主权的发展方向。此外，从社会范畴来看，随着国家产业结构的优化、升级，对高层次人才的需求越来越大，高等教育的整体升级无法回避，新建本科院校的追赶发展趋势也必将长期存在。概言之，新建本科院校的追赶发展态势，既有"摸着石头过河"的勇气和信心，又存在着"初生牛犊不怕虎"的豪气，但更多的是"应然思路上的理性"与"实然行为上的困惑"并存。

二 同位趋同：新建本科院校"结构生态位"的同质化倾向

同位趋同，生态学中主要指同一生态位上物种的重复性。大学中的同位趋同主要表现为类型、层次和水平相似的大学之间的差别不大，属缺乏特色的重复建设。美国高等教育专家马丁·特罗曾在论述高等教育三个发展阶段时指出，随着高等教育规模的扩大，高等教育系统必然发生质的变化，实现高等教育大众化的途径是高等教育多样化。[①] 的确，高等教育的大众化过程促使不同层次、不同类型的大学组织相继产生，比如地方院校、高职院校、行业特色型院校、民办院校等。但是综观我国两百多所新建本科院校，这类院校的多样化特征并没有明显体现。相反，"百校雷同"、"千校一面"的大学特色缺失问题却越发严重。从上面的分析可知，新建本科院校的"求高"、"求大"、"求全"发展取向已经使"巨型大学"、"科层复杂的大学"完美地刻画在这类院校身上，这是典型的模仿老牌本科院校的发展路径。另一方面，一些设置稍晚的新建本科院校，出

---

① Martin Trow, Problem in the Transition from Elite to Mass Higher Education, Conference on Future Structures of Pos – secondary Education, Paris26th – 29th june, 1973, 63.

于短期内迅速提升办学效率和办学效益的目的，对同类院校的办学行为进行全盘"移植"，有的学校在办学定位、发展目标、学科专业设置，甚至校名上都几无差别。总体来看，很多新建本科院校的高度趋同现象俨然就是完美的"克隆行为"。正如马丁·特罗所指出的那样，"高等教育竞争一方面越来越导致多样化，另一方面又越来越导致同一性，这确实有些自相矛盾"。[①] 那么，新建本科院校的组织趋同发展到底表现在什么方面呢？组织目标、组织结构和组织行为是构成组织的三个基本要素，因此，有关新建本科院校的趋同发展现象的分析也将集中在这三个方面。

（一）组织目标的趋同

大学组织目标主要指大学组织在一定时期内经过建设与发展所达到的预想状态。由于大学组织内外部因素的差异，体现大学组织目标的办学类型、办学层次、办学水平、服务面向以及办学特色应该互有不同。从高等教育系统的生态范畴来看，每所大学都应在目标定位上体现各自的多样性，即便是类型相同、层次相同、水平相当的大学也应体现出独特的办学个性，这样才有利于高等教育的健康发展。但事实上，我国大学似乎都在朝着同一目标迈进：综合化、高水平、研究型，如图3-1所示。

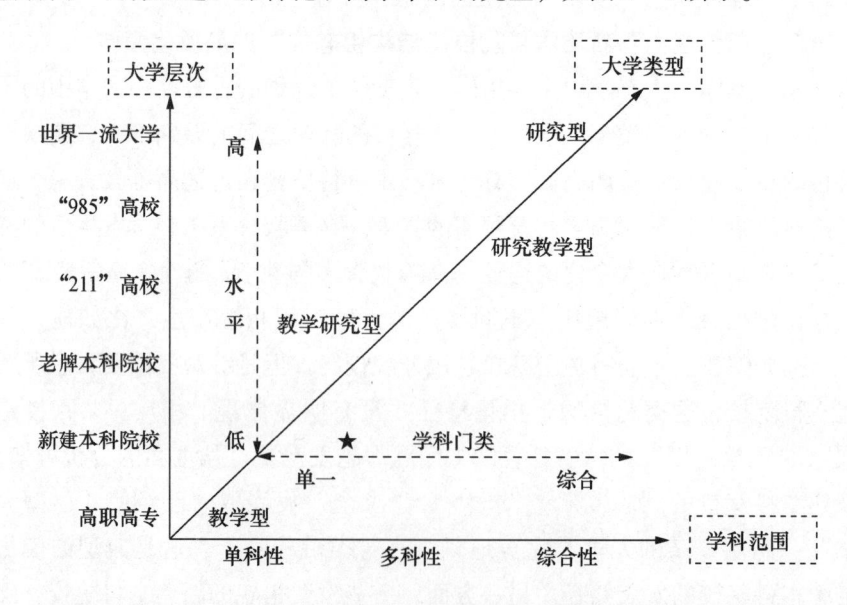

图3-1　高校办学目标取向及位置示意（★表示新建本科院校目前所处位置）

[①] 伯顿·克拉克：《高等教育新论》，王承绪等译．浙江教育出版社2001年版，第145页。

从图 3-1 可以看出，新建本科院校处于典型的本科"初级阶段"，这个时期的新建本科院校大多属于单科性院校，办学类型属于典型的教学型院校。刚刚由专科院校升格，办学层次较低，办学规模偏小，资源难以共享，为了追求规模效应以及获取更多的办学资源，"向上看齐、向前看齐"成为它们最原始的发展诉求。以表 3-1 为例，广西八所新建本科院校中，有六所是师专属性的建校基础，然而在学校更名后，其中五所都提出了要办成多科性，甚至要成为综合性本科院校，在称谓上仅有玉林师范学院和广西民族师范学院还保留着"师范性学院模式"，广西财经学院保留着"行业性学院模式"。可见，在组建初期，"综合性模式"取向是绝大多数新建本科院校的发展主流，区域一流、省内一流成为它们共同的奋斗目标。近年来，当大部分新建本科院校满足了"规模升本"的要素要求后，这类院校逐渐进入内涵发展阶段。高校内涵的一个重要表征就在于切实履行人才培养、科学研究以及社会服务功能。短期内，新建本科院校在"功能升本"的强烈诉求下，纷纷将办学类型进行"描述性转变"，规划升级为教学研究型、研究教学型，甚至想成为研究型的新建本科院校不在少数。在这个阶段，"提请申硕"或"规划申硕"几乎成为所有新建本科院校试图攀升办学类型的重要举措。通常办学类型本应是通过提高质量、优化结构，从全面提高办学水平和办学效益的渐进过程"外显出来"，但是由于办学类型与大学层次以及学科类别之间互为提升的关系（见图 3-1）。因此，就更容易理解新建本科院校"求高"、"求大"、"求全"的大学组织目标趋同特征。

总的来看，在外界客观环境的影响下，新建本科院校由于形态特征以及变化特征的相似，从而决定了它们发展目标的趋同。而这种大学组织目标的趋同，又决定了新建本科院校组织结构以及组织行为的趋同。

（二）组织结构的趋同

有关组织结构的定义历来多有纷争。具有代表性的是以下三位人物的观点，亨利·明茨伯格认为，组织结构是指"劳动被划分成任务以及任务之间获得协调方式的总和"[1]，斯蒂芬·罗宾斯把组织结构定义为"规定任务如何分配，谁向谁报告，正式的协调机制与相互关系的

---

[1] Henry Mintzberg, *Structuring of Organization.* Prentice - Hall Inc., *Englewood* Cliffs, New Jersey, 1979, p. 2.

模式"①，而卡斯特和罗森茨韦克则强调组织结构是"由多种要素组织并带有某种持久性关系的模式"。②虽然这些组织理论学家对组织结构的看法各异，但对于组织结构是由组织内部各要素相互排列组织和相互联系而成的框架是一致的。一般来说，组织结构包括基本架构和运行机制两个方面。基本架构通常是固定结构，运作机制则主要是涵盖制度体系以及控制程序来保证基本架构目标的实现。组织结构也可以理解成一种组织形式，它是由责权关系、沟通向度、分工协作等构成的有机统一整体。组织结构是由组织职能决定的，组织结构又决定着组织功能。下面分别从组织的整体架构和组织结构中的基本要素——专业设置来分别剖析组织结构的趋同问题。

从组织整体架构看，大学的组织结构应体现其教学、科研与社会服务职能，从个体上看，每所大学的组织结构都应有其独特之处。对于新建本科院校来讲，由于组建之后规模迅速膨胀，管理事务的复杂要求管理人员和管理机构随之增加，为适应大学职能的需要，拓展组织结构势在必行。然而，与很多老牌本科院校相似的是，新建本科院校的组织机构设置也表现了强烈的趋同政府现象，如组织部、宣传部、纪检监察等与政府职能几乎没有差异，而一些行政机构，比如人事处、学工处、财务处等也与教育行政部门（教育厅）形成了一一对应关系。

现代政府的运行标识着等级分明、效率优先、命令服从的显著特性。我们可以以此来分析新建本科院校的趋同表现。从学校级别看，这类院校大多属于厅级建制的学校。相应的校—院（系）—处室就以厅—处—科的级别顺序自上而下排列，对应级别的职能部门领导，如校长（书记）、处长或院长（系主任）同样实行首长负责制，开会、布置任务、下达指令等，学校中的这种"命令服从"工作模式与政府的运行程序并无本质区别。其实，对于新建本科院校来说，一般都是省管或市管，它们所需要的办学资源绝大多数集中在省级教育行政部门，每所学校都应该与之建立密切关系，那么，组织与组织之间、人与人之间的交往密集度越来越高，自然受到教育行政部门影响越来越大。因此，受制于资源获取渠道以及资源

---

① Stenhen P. Robbins, *Organization Theory, Structure, Design and Application*. Prentice - Hall Inc., Englewood Cliffs, New Jersey, 1987, p.4.

② 弗里蒙特·E. 卡斯特、詹姆斯·E. 罗森茨韦克：《组织与管理——系统方法与权变方法》，付严译，中国社会科学出版社1985年版，第232页。

分配方式原因，造就了学校之间机构设置的"高仿"行为。这种过度科层化的机构设置现象成为学校模仿学校、学校趋同政府的普遍反映。

大学与政府机构的趋同，不但表现在组织的基本设置上，更重要的是体现在组织的运行机制上。以新建本科院校为例，由于大多数新建本科院校都处于建立制度体系和完善管理流程的阶段，所以，追求行政效率成为这类院校各种职能机构和管理人员专业化发展趋势以及组织制度化的必然过程，命令服从的典型直线职能模式在新建本科院校群体中体现得淋漓尽致。即使在一些新建本科院校中刚成立不久的本应该以教学科研为目的的学术性机构，如研究所等，纷纷将行政级别作为学术水平的评判标准。对于学术氛围还较为淡化的新建本科院校来说，就进一步增强了它们的"趋权"取向。从另一个角度看，由于新建本科院校发展方向的不确定性，它们就极容易以其他组织作为参照对象，从而建立颇为相似的组织结构，也直接导致了组织行为的趋同，本质上，这都是"为在高校等级制的圈层中谋求更高的权力进而获取更多的资源"。[①]

从组织结构要素中的专业设置结构来看，广西的新建本科院校专业设置趋同现象严重（见表3-7），8所新建本科院校开设最多的有英语、计算机科学与技术等8个专业，近一半的学校都没有独家的本科专业。高校作为一个资源依赖型组织，资源提供者的激励方式必然左右着高校的发展。在这种机制下，来自政府的偏好被大多数高校遵从，模仿成为一个主要的竞争策略，而不顾及自身所在地方的需求、大学的传承及其内在的优

表3-7　广西新建本科院校开设最多的8大本科专业一览

专业名称	开设院校数	开设院校占院校总数比（%）
英语	7	87.5
计算机科学与技术	7	87.5
法学	6	75
市场营销	6	75
旅游管理	6	75
经济学	5	62.5
信息管理与信息系统	5	62.5
工商管理	4	50

资料来源：根据各校主页"招生就业或专业培养"栏目整理而得。

---

① 谢凌凌、张琼：《我国高校趋权性及规权初探》，《江苏高教》2009年第3期。

势。① 这对于成长中的新建本科院校而言，专业设置结构趋同很可能加剧生源的竞争，进而造成在同一区域内高等教育资源的过度重复配置。

（三）组织行为的趋同

简单来说，组织行为就是组织为实现目标的过程。大学组织行为也可以定义为实现大学目标，大学组织对外界所作出的各种反应以及采取行动和获得效果的过程。新建本科院校作为起步发展的本科院校，由于在大学组织目标的设计和大学组织结构的设置有高度趋同表现，因而在组织行为上趋同或缺乏特色已成不争的事实。从教育部本科教育评估标准中的"办学特色"项目一栏看出，很多新建本科院校在办学行为上普遍存在趋同现象。我们仅以人才培养模式作简要阐述。

大学的人才培养模式涉及培养什么样的人和怎样培养人的问题，主要包括人才培养目标、人才培养内容和方法以及人才培养过程等。

从培养目标看，新建本科院校在培养什么样的专业人才的表述上具有很大的相似性。新建本科院校本属于同一层次、同一类型的院校，更应该强调各自的差异存在，但几乎所有新建本科院校都在人才培养目标上强调"高层次、高水平、复合型"等。以广西高校中普遍开设的旅游管理专业为例（见表3-8），可以看出，其人才培养目标的表述都有"具备……适应……掌握……能从事"的格式化字样，无论是对于层次类型相同的新建本科院校，还是老牌本科院校来说，似乎均无本质差异。

表3-8　　　　　广西部分高校旅游管理专业人才培养目标

学校性质	学校名称	人才培养目标
新建本科院校	玉林师范学院	本专业主要培养既有扎实的理论基础，又有较强的专业技能，适应面宽的旅游行政管理酒店和旅行社等企业经营管理、导游实务等方面的管理、服务人才（专科）。
	河池学院	培养具有旅游管理专业知识与技能，能在各级旅游行政管理部门、旅游企事业单位从事导游及管理工作的应用型专门人才（专科）。
	广西财经学院	培养适应中国—东盟自由贸易区旅游业发展需要，系统掌握旅游企业管理的基础理论，熟悉东盟国家国情和旅游市场行情，能熟练开展旅游管理经营与策划，具有较强的实践能力、创造能力、就业能力和创业能力的高级旅游管理人才（本科）。

---

① 毛亚庆、吴合文：《论我国大学竞争的知识逻辑》，《高等教育研究》2007年第12期。

续表

学校性质	学校名称	人才培养目标
新建本科院校	梧州学院	培养德智体全面发展的，适应市场经济和旅游业不断发展需要的，能从事旅行社一线服务与管理等工作的应用型专门人才（专科）。
	贺州学院	培养学生掌握旅游专业和相关专业管理知识和能力；具有较强的组织、协调和管理的能力；具有较强的外语表达能力，通晓国际市场旅游行业营销与管理的惯例和规则；具备创造性与开拓性思维，形成卓越的分析、判断和执行能力。力争经过四年的学习，使学生成为现代模式下的旅游管理专业方面的高层次应用型管理人才（本科）。
	钦州学院	主要培养具有丰富的旅游知识、文化历史知识和较高的文化素养，能熟练从事导游、旅行社、酒店、旅游策划与规划等工作的高级应用型专业人才，从事旅游教育研究和教育管理及其相关工作的高级专门人才（本科）。
	百色学院	主要培养能从事旅行社导游、景区景点讲解、旅游规划、旅游策划、旅游营销、旅游咨询、旅游接待、酒店管理等工作的下得去、留得住、用得上、干得好、能发展的，心里有思考技能、眼睛有观察技能和手上有做事技能的应用型旅游管理人才（本科）。
	广西民族师范学院	具有管理科学理论素养和旅游企业现代管理专业知识，熟悉旅游资源开发、规划、旅游景区的开发、保护与管理，可以在旅游行政管理部门、各类旅游景区及相关规划设计单位从事旅游资源开发规划，旅游企事业单位从事经营管理的复合型、应用型高级专门人才（本科）。
省属老牌本科院校	广西大学	培养从事旅游管理和旅游资源开发的高级专门人才。该专业以旅游学为基础，结合经济学和现代管理学，要求学生扎实掌握旅游管理的基本理论，基础知识和现代方法。培养学生具备熟练的英语读写、会话能力，具备较强的旅游经营管理与旅游资源开发的能力，安排到高星级酒店、旅行社、旅游局、大型景区实习锻炼（本科）。
	广西师范大学	主要培养具有旅游管理基本理论和基本知识，能在国内外各级旅游、行政管理部门、旅游企事业单位从事旅游管理工作的高级应用型、国际型人才（本科）。
专科院校	桂林旅游高等专科学校	培养具有旅游休闲企事业机构（如大型度假区、星级酒店、旅行社、会所俱乐部及相关行政管理机构）相应岗位必备的服务与管理能力，多元文化沟通技巧、外语与计算机应用能力。能胜任旅游休闲企事业单位基层管理岗位的高素质技术应用型专门人才（专科）。

资料来源：根据各校主页"招生栏目"的专业介绍整理而得。

从人才培养内容看，由于目前大多数新建本科院校都强调应用型人才的培养目标，因此，在人才培养方案和课程体系的设计上特别强调以职业岗位为导向的知识和技能的掌握。一些新建本科院校纷纷开发新课程、使用新教材，强调实践教学，主张产学研结合等。从本质上看，很多新建本科院校并没有对人才培养目标作科学分析，以至于对新建本科院校所培养的应用人才和老牌院校以及高职院校培养的应用人才没有明确的区分，尤其对这几类院校人才培养所需要的知识结构、能力结构和素质结构没有进行细化，这使得很多新建本科院校之间、与其他院校间在人才培养内容设置上呈现出趋同趋势。

其实，相对于研究型高校培养的应用型人才来说，新建本科院校培养的应用型人才应属于"专才"行列，而相对于高职院校培养的应用型人才来说，新建本科院校培养的应用型人才则应属于"通才"行列，也就是说，新建本科院校培养的人才应具有一般的人文、社会及自然科学知识，具备两个及其以上学科的知识和技能，有较强的适应力以及发展创新力，有比通才上手更快的优势，比专才发展后劲更强的长处。相反的是，这类院校却将更多精力放在如何提高层次上，设置适合自身的人才培养内容被不断弱化，"千校一面"的人才培养内容无不与之相关。

从培养方法和培养过程来看，新建本科院校也存在着很多趋同。近年来，很多新建本科院校的人才培养目标逐渐趋于理性：它们不断摒弃追求培养研究型、综合型人才的目标，转而强调培养应用型人才。按照一般的理解，应用型人才的培养模式应体现学术、技术以及职业的高度融合，强化从实践教学中增强应用能力和应用研究。但是对于大多数新建本科院校来说，由于招生规模逐年扩大，许多学校不顾自身历史与现实条件，纷纷增设短线专业、热门专业，使得同一专业重复设置数量过多，专业培养规模急剧膨胀。以广西八所新建本科院校为例，几乎全部开设了英语、计算机、法学、旅游管理等热门专业。不仅高校之间的专业设置差异越来越淡化，而且同一层级的专业都采用了几近相同的教学计划和课程标准，使得人才培养模式出现了严重同质化。我们知道，人才培养模式不是唯一的，建立培养模式的思想或理论不同，就会有不同的人才培养模式。即使人才培养在统一思想和理论指导下，因地域、学校条件和合作单位的不同，模式的基本性质一致，在具体形式呈多样化。① 但是，很多新建本科院校却不顾自身特点，高度模仿老牌本科院校进行产学研联盟，比如安排学生长期到生产一线顶岗工作，盲目增加实践教学比例，挖空心思拓展实习、实践资源等，以致特色不明，培养模式高度趋同。诸多新建本科院校目前的共同状态是：单纯强调应用型的理念，人才培养方法和培养过程过分重视应用技术的学习、操作，弱化了理论教育的培养成分。

不难发现，尽管本书只选取"低位高攀"和"同位相类"两种错位角度来剖析新建本科院校发展模式中的问题，但已经把新建本科院校在对拓展其生态位宽度诉求下所发生的生态位重叠、生态位移动等现象展现得一览无余，这充分说明生态位原理对本研究的适切性。因此，选择生态位理论作为本研究的分析工具是恰当的。

第三节 本书分析框架

制度经济学出现以前，理论、模型、框架等概念经常被混用，以至于什么是分析框架？它的作用是什么？一直没有得到清晰的认识。新制度经济学出现后，尤其是在研究制度的多样性、制度系统与资源系统相互协调等领域，产生了很多著名的分析框架，实际上，框架上的差别就体现出来了。比如，美国印第安纳大学教授奥斯特罗姆·埃莉诺（Ostrom Elinor，2005）的制度分析与发展（简称 IAD 分析框架），德国洪堡大学教授康拉德·哈格多恩（Konrad Hagedorn，2002）的可持续制度分析框架（IAD）。仔细研究这些框架，可以发现，框架一般用来划定研究的范围，它可以帮助研究者分析各种基本元素及元素间的关系。同时，框架融合了分析问题的逻辑和为了分析所需要询问的一般性问题。框架提供了超出普通理论的语言来解释现有理论或比较不同理论，它包含所有理论共同需要包含的因素。② 因此，一个框架往往可以包含多个理论，一理论则包含多个模型。一个框架可为多个理论发展提供基础，同时一个理论也可为多个模型的构

---

① 池越、张楠、郭伟光：《新建本科院校人才培养目标、模式研究》，《河北工业大学成人教育学院学报》2009 年第 2 期。

② 谭荣：《农地非农化的效率：资源配置、治理结构与制度环境》，博士学位论文，南京农业大学，2008 年，第 32 页。

建提供基础。

构建本书的分析框架,首先要了解和把握一个基本前提。即在现代市场经济条件下,经济与社会发展对大学在人才与科技成果等方面的需求往往会通过市场这一中转环节反映出来,而大学通常是根据这些方面的市场需求来自主办学,以满足市场和社会的相关需求。尽管在现行制度条件下,我国的大学尚未完全、彻底地实现由"面向政府办学"到"面向社会办学"的转型,但这种转变却是我国大学系统改革和发展的必然走向。出于研究问题的便利,研究者假定我国的大学已完成了这种转变,基本实现了面向社会的自主办学。大学面向社会自主办学也就意味着,每所大学会根据自身条件及所处的特殊环境来确定适合自身地位、符合自身实际的办学战略,以求获得更多的资源,实现更好的发展,这也进一步解释了为何每所大学都在不断地优化自身的生态位维度并拓展生态位宽度。

因此,在本研究中,顺应多样化的办学需求、破解地方高校发展同质化的困境,迫切要求新建本科院校找准定位、制定切实可行的战略。然而,在找准定位与定制之间到底有种怎样的关系?从理论逻辑上看,大学的生态位定位是大学战略定位的基石,也就是说,只有确定了大学的生态位,才能进行正确的大学战略定位,进而才能制定符合大学发展规律的战略,从而办出大学特色。由此推理出亟待解决的理论命题是,如何实施新建本科院校的"生态位战略",即把找准大学生态位的过程视为一种制定大学战略的过程。一般来看,大学战略管理包含两个层次:一是对大学固有属性的契合;二是对大学对应生态位的匹配。大学固有属性的契合主要是对大学使命等目标层面的内容,即大学要在固有性质基础上确定合适大学的目标和使命,这一层面的内容具有相对稳定性;对大学生态位的匹配主要是大学战略方案的具体运行,这一层面的内容具有强烈的动态性。从理论上看,这两个层面的内容在大学战略管理过程中都是统一进行的。实际上这两个层面的内容可能是分离操作,以致造成大学运行与大学固有属性的背离。而大学的固有属性决定其基础生态位,如果大学的战略没有按这一固有属性去制定,则大学难以找寻适合自身的生态位,即会带来大学运行的风险。因此,一方面大学应该按照自身属性来制定战略,以便找到契合的生态位,并不断适应和发展;另一方面随着大学实力的变化或原有生态位的弱化与流逝,这时大学的战略就是随着在大学的能力范围内寻找新的生态位或替代生态位,促使大学固有性质的调整,以此实现大学生态位的跃迁和优化。基于此，就需要对新建本科院校生态位维度进行比较、评判，对新建本科院校的测度进行分析、评价，这就成为新建本科院校生态位战略制定的前提和基础，也是新建本科院校生态位战略实施以及评估和控制的理论基点。根据这个逻辑，本书建立了如图 3-2 所示新建本科院校"生态位战略"分析框架。

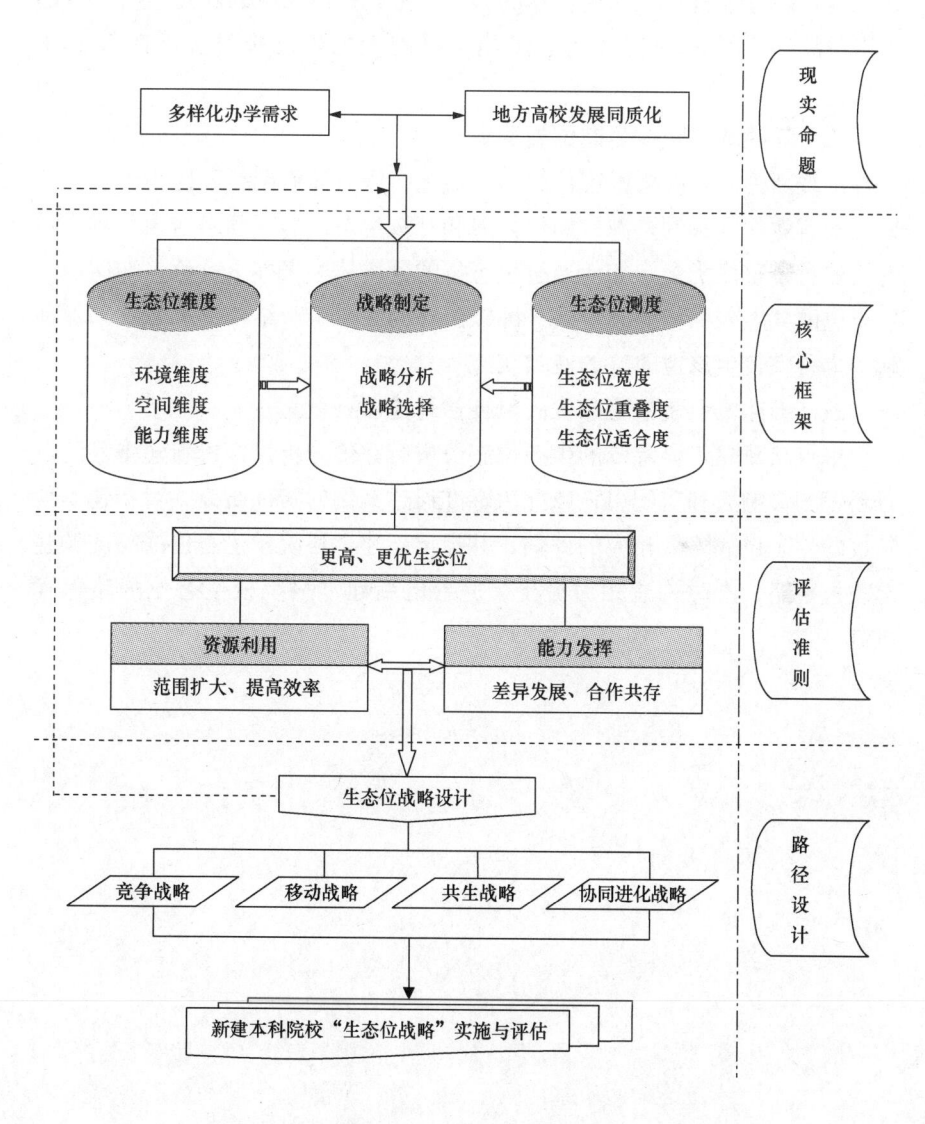

图 3-2 新建本科院校"生态位战略"分析框架

根据以上分析框架和研究思路，本书拟从以下三方面开展研究：

一　新建本科院校生态位战略制定的维度和测度分析

探讨新建本科院校生态位的能力维度、环境维度、空间维度，分析生态位的选择与适应性对新建本科院校生存与发展的影响；在对新建本科院校生态位维度分析基础上，着重考察生态位宽度、重叠度和适合度等生态位测度对新建本科院校战略选择的影响。由此提出相应的新建本科院校的生态位战略设计方向，并确定新建本科院校的生态位目标战略及其子战略。

二　新建本科院校生态位战略实施

围绕新建本科院校生态位战略的目标，探讨如何创新和优化生态位的维度来有效配置各种资源，如何拓展和升级生态位的宽度来增强新建本科院校的竞争整体优势，如何通过生态位的分离战略来办出特色，如何通过生态位的共生来保持协同发展，即以怎样的大学组织结构变革方式来保证新建本科院校生态位战略的有效实施。

三　新建本科院校生态位战略评估与控制

重点从新建本科院校的生态位态势进行评价分析，探讨新建本科院校对环境的影响力和支配力，以此为标准通过案例的实证研究，对新建本科院校的生态位战略做相应的评估，并提出新建本科院校生态位战略的调整与改进策略，同时构建相对健全、完善的新建本科院校生态位战略保障机制。

第四章　新建本科院校生态位战略选择与制定

一般而言，战略制定的阶段主要包括战略的形成、发展、确立及规划等过程。战略制定要解决的问题是大学想要做什么，能够做什么？如何确立一个战略？通常这一过程是通过确立大学的使命和愿景来构建战略目标体系，以及分析大学外部机会和威胁、内部优势与弱势来实现的。根据对生态位理论的阐释，对大学生态位维度的分析实际是大学战略分析的基础，而对大学生态位测度的探讨也为大学战略的选择提供了一个基本依据。因此，本章对新建本科院校"生态位战略"制定的研究，将按照战略目标（使命与愿景）→战略分析（生态位维度）→战略选择（生态位测度）→战略设计的顺序来展开。

第一节　使命与愿景

对大学实施战略管理，首先要明确大学的战略目标。而大学的战略目标又取决于大学的使命和愿景。大学使命决定大学愿景，大学愿景又决定了大学的战略目标。因此，大学的愿景是以大学的使命为基础的，有了愿景，才有大学的战略。所以，要了解新建本科院校生态位战略目标，先要从新建本科院校的使命和愿景谈起。

一　新建本科院校使命

使命是人们对组织必须承担的社会责任的一种认定，也是人们对组织内在价值的一种判断和要求。大学使命是大学理念的具体和外在形式，实际是回答大学的责任和任务。从本质上看，大学使命说明的是大学的根本性质与存在理由，诠释的是大学的宗旨、信念和原则。进一步看，大学使命的陈述，是根据大学战略管理的要求，无论大学追求怎样的功能，通过使命表达来明确大学的功能和任务非常重要。大学的贡献就在于大学使命所表达的、满足利益相关者的各种利益诉求。任何一所大学通过使命陈述不仅明确彰显着大学存在的意义、大学的自我表达、大学的基本原则与大学的核心价值，同时也明确昭示大学作为一种学术组织，传承和创新知识以及探索真理的学术责任，以及引领社会发展进步的社会责任。

确立大学使命的意义在于按照对大学使命本质的理解，明确使命对于一所大学的价值至少包括以下几个方面：首先，它可以规定大学的根本组织属性，是大学道德取向、价值准则、学术追求及大学理想的反映；其次，大学使命有助于明确自己在高等教育系统中的位置以及发展方向；再次，可以提供一个办学治校的框架，是大学培育核心竞争力的指南；最后，大学使命能够增强组织凝聚力和责任感，可以增进大学各利益相关者对大学改革和发展的共同理解。

由于新建本科院校是顺应我国高等教育大众化需要应运而生的，并且大多院校都建立在中心城市以外的地级市，具有地方化的显著特征。因此，对于这类院校使命的研究，不仅要立足大学使命本质和意义的探讨，而且有必要分析借鉴国内外具有类似形成背景的"地方性"大学的使命特性，无论是从内容和形式上讲，不同学校的使命都有各自特点，它们不但反映出大学普遍意义上的教学、科研和社会服务职能，而且也体现了这些大学在高等教育大众化历程中为实现各自使命所采取的不同方式以及自身的特色。比如，美国的社区学院和日本的短期大学都具有鲜明的地方性，它们不仅都是采用灵活的招生方式吸引学生入学，甚至可以被称为"当地人民的大学"，二者都承担着转学教育、职业技术教育、职业技术培训、社区教育等任务，普遍在重视全日制学生教育的同时，注意把教育设施和教育资源向当地社区居民开放，帮助社区居民在终身学习的过程中不断更新观念，增长才干，提高生活质量。二者的"使命"都把为当地经济建设和社会发展培养人才、开展社区服务作为学校办学的宗旨，都注重根据当地经济建设和社会发展需要及时调整专业设置，更新课程内容，选用灵活多样的教学方式进行教学，重视实验性教学环节，不断提高人才质量，通过多种途径为当地社区居民提供更多及时有效的服务，以便赢得当地政府、企业和社区居民更多的财政支持。① 值得指出的是，在日本，由于私立大学自成立之日起，便主要以学生缴纳的学费来维持运转，导致其总是以扩大学校规模、增加学生数量为目标，从而使其常常开风气之先，能够敏锐地感触到民众的升学需求与社会的发展要求。② 这就造就了私立大学在整个日本高等教育体系中具有不可替代的地位，从而使其成为实现高等教育大众化与普及化的主力军。而欧洲的大学则体现了两个鲜明的特点：其一，非大学的高等教育机构正在使自己的供应多样化，设立了一些专业化和职业性不太强的专业，并试图延长学制，比如多科技术学院准备开展科学研究，德国准备允许高水平的高等专科学校开设第三阶段，法国的大学技术学院已有3年制的课程，并授予相应文凭，短期高等教育的毕业生还可以到大学继续学习。其二，大学越来越被要求不能局限于普通文化教育，应使教学职业化。例如，法国大学第一阶段设立了科技方向和文凭，第二阶段的文凭更加多样化，除传统专业外还涉及科技、管理信息学、应用于社会科学的数学、外语、经济与社会行政等，西班牙和意大利也正沿着这条路加速前进。③ 在20世纪80年代以后，英国在高等教育大众化过程中，曾出现高等教育双重制（将高等教育分为"自治部门"和"公共部门"两部分）。④ 政府企图通过这两种不同类型的学校来满足高等教育大众化需求，但多数学院却为了获得升级的机会，不惜以牺牲教学质量为代价，双轨制的运行脱离了政府预设的渠道，因此，1992年英国高等教育改革的最大特点就是宣告双轨制走向终结。随后，34所多科技术学院及一些其他学院脱离地方教育当局管辖，升格为大学（又称英国"92"大学）。这些不同背景、不同类别的大学都面临一个重新审视自身服务方向和办学定位的问题，于是许多大学开始将眼光投向地方、区域，希望在服务地方和区域的同时获得学校发展的新契机。⑤ 回顾世界高等教育大众化进程中的一些节点，很明显，无论是美国社区学院、日本短期大学与私立大学、法国大学技术学院以及英

---

① 续润华：《美国社区学院与日本短期大学的比较研究》，《河北师范大学学报》（教育科学版）2004年第4期。
② 王幡：《简论日本私立大学的发展及其特质》，《日本学刊》2010年第3期。
③ 邢克超：《欧洲的大学——变化中的高等教育》（一），《比较教育研究》1993年第5期。
④ 柳清秀、付光槐：《英国高等教育大众化对我国的启示》，《教育学术月刊》2011年第3期。
⑤ 连莲、许明：《近年来英国高等教育促进区域经济和社会发展的政策与实践》，《比较教育研究》2009年第11期。

国"92"大学,都昭示了在高等办学主体多元化、高等教育层次结构变革以及高等教育需求转型的背景下,大学使命的变迁及表达,且凸显了"接地气"的大学使命特性。这对于承载我国高等教育大众化进程的新建本科院校的使命追求具有重要的启示。

从国内来看,二级学院则是许多老牌大学、综合性大学展现"地方性"使命的现实写照,二级学院是高等教育改革的产物,虽然其产生的历史不长,但目前看,其数量可谓庞大,而且属性不一。有国有民办的,也有合资合作办学的,其中原依附于公办普通高校的为主,影响也相对较大,它们属于国有民办的二级学院。在开办之初,他们都依托公办的重点院校的学科专业、师资队伍、教学实验设施和教学环境,办学水平起点高,教学质量有保证。它们依附于公办大学又不完全等同于大学中其他下属成分,许多大学下设院、系、部,那是学校的有机单元,归大学统一管理。二级学院虽由公办大学设立,但以民办机制进行运作和管理,其经营管理模式介于公立大学和民办大学之间,有别于学校下设的学院。从办学实践看,它集公办与民办两种体制于一体,既体现了政府办学的规范性,又有较大的办学自主权,同时吸引了社会对教育的投资,使办学真正走上产业化之路,使学校的办学规模及办学质量有一个较快发展,是一种充满生机与活力的办学体制。[①] 换言之,它同时具有某些大学二级学院和独立高等学校的共性,又同时具有不同于大学二级学院和独立高等学校的个性。这些共性和个性的有机结合,形成了公有民办二级学院的特性。这些特性必然会反映到办学的各个方面并引发和推动这些院校使命的变革。

可以看出,大学就是这样一种必须具备明确的使命并且在使命驱使下理性采取各种行动的社会组织。大学使命强烈标志着几个明显的特征:其一,大学使命包含了大学的职能,既体现大学的办学传统理念,又体现大学的战略性构想;其二,大学使命陈述的表达高度凝练,具有鼓动性和感染力;其三,大学使命宣言是本土行动和国际视野的高度结合,是人类价值和人文关怀的有机统一。尽管大学的使命是伴随大学的创建与生俱来的,但它随着大学及其发展规律的认识深化而逐渐完善,进而引导着大学不断自我丰富和自我调整、自我完善。[②]

---

① 周庆元:《公有民办二级学院管理体制研究》,《华北工学院学报》(社会科学版)2004年第2期。
② 眭依凡:《大学的使命及其守护》,《教育研究》2011年第1期。

我们还可以通过对世界上一些大学使命宣言的陈述,进一步认识大学使命的深刻内涵。例如,密歇根大学认为,大学使命非常复杂,同时也在不断变化,但其使命是集中到学习这一核心活动的,为州、国家和世界服务[1];衣阿华州立大学的使命宣言则是:创造、分享和运用知识,使衣阿华和世界因此变得更美好[2];香港科技大学的使命宣言更是明确了在世界、国家和地区等不同层面的目标及责任:以教学研究促进学习、追求知识,注重科学技术、工程、管理和商业课程,并协助香港经济和社会的发展。[3] 可以看出,这些大学的使命宣言既彰显了大学使命的内涵与特征,也反映了学校的独特性。因此,不同类型、不同层次、不同规模以及不同性质的大学,其使命宣言应该是有所区别的。比如,地方大学对于所在城市的经济、文化、社会生活等起到的独特作用和贡献,在其使命宣言中不仅表达出对各利益相关者的关照,而且还需要体现大学与区域的紧密联系。

新建本科院校属典型的地方大学,它们的出现先天就带有很强的"政策痕迹",因为新建本科院校的产生和发展是在现代大学的使命发生了根本变化这一特定背景下,国家为顺应高等教育发展的新形势而做出的"政策决定"。而国家对大学使命变化的把握主要是基于对现代大学已经从社会边缘走向社会中心的深刻认识,相应地在大学人才培养和科学研究的基础上就需要更多的社会服务。而新建本科院校大多立足地方,所以满足高校与地方共生发展的需要,为地方政府、市场、社会、个人提供服务,寻找与地方共同发展的生长点,发挥高校在地方经济社会发展中先导性、全局性和基础性的重要地位和独特作用,应该成为新建本科院校的重要使命。因此,按照大学组织对大学使命陈述的基本要求以及新建本科院校的根本特性,新建本科院校的使命宣言可以表达为:主动适应地方社会需要,与地方经济社会紧密结合,立足地方、依托地方,突出办学特色,强调应用型人才培养,引领、支撑、服务地方经济社会发展,在互动过程中实现学校与地方共生发展。

---

[1] [美]詹姆斯·杜德斯达:《21世纪的大学》,刘彤等译,北京大学出版社2005年版,第221页。

[2] Iowa State University Proposed 2005 - 2010 Strategic Plan, 2004 - 11 - 17.

[3] 香港科技大学2005—2020发展规划,http://www.ust.hk/strategy/c_1.html。

二 新建本科院校愿景

愿景是任何一种组织对未来意象的一种渴望。组织愿景的制定描绘出组织的未来图像，引导组织资源投入的方向，促使组织成员能够全力面对挑战和产生实践的原动力。[①] 大学作为一种社会组织，大学的愿景是根据大学使命，是在汇聚全校师生基础上形成的共同心愿的美好愿景，它使大学的任何一个成员都渴望能够归属这项事业和任务，是大学战略的重要组成部分。它实际上解答的是要成为什么样的大学，即如何做才能实现大学的使命。

大学愿景的功能在于为大学战略层面树立核心理念，寻求破除办学资源困境并形成超越同类高校的上升力量，能够使大学在成长和发展过程中整合各利益相关者的利益，使大学各利益相关者在各自层次上寻求共同点，对大学的发展具有强大的驱动作用。具体来看，其一，大学愿景与大学战略的形成和执行具有内在的一致性。因为学校的战略规划必然要以学校愿景为基础，愿景涵盖了大学战略资源的基本框架，它突破了传统的大学职能的管理范畴，是从长远发展角度推动大学各利益相关者实现大学的组织目标。其二，大学愿景明确了阶段性目标，为大学的战略规划指明了方向。其三，大学愿景属于一种典型的"共同愿景"。共同愿景强调组织成员的认同和支持，是以组织中大部分成员的接受为基础的。大学是一种知识共同体，大学的组织成员易于沟通、交流、协同工作，容易产生亲切感和信任感，大学的愿景容易增强成员的组织认同感，从而体现出一种共同愿景的状态。

按照对大学愿景的理论分析，可以对新建本科院校愿景作如下诠释：

第一，破除"同质化"发展困境是新建本科院校的愿景之一。众所周知，当前新建本科院校层次和区位劣势明显，如何凸显办学特色，走出与传统或老牌大学以及高职院校的不同发展道路，是新建本科院校的重大战略选择问题。这类院校当前的首要愿景就是要走出"同质化"的发展倾向。

第二，成为有特色、高质量（高水平）地方大学是新建本科院校的愿景之一。既然新建本科院校的使命是"立足地方、依托地方和服务地方"，那么建设成为地方经济社会发展所需要的"咨询库"、"智囊团"、

---

① 陈瑞贵：《愿景管理之研究》，博士学位论文，复旦大学，2005年，第19页。

"合作者"、"智力源",应该是这一类高校的共同愿景。

第三,多层次人才培养和多形式服务是新建本科院校未来发展的重要愿景。新建本科院校的产生和发展主要是顺应高等教育大众化,而这种高等教育发展趋势的最大特点就是多样化的需求,因此,人才培养层次以及人才培养方式的多样化必将是新建本科院校适应地方经济社会发展在人才支撑方面的主要发展方向,同时,伴随地方经济结构调整和转型升级,新建本科院校必须在多元化服务中才能真正实现其大学使命。

可以看出,大学的使命宣言与愿景描述面向未来,高于现实,内化在大学成员意识中,成为共同语言,甚至成为潜意识,指挥和控制着大学的行动。[①] 通过对新建本科院校使命与愿景的表达,目的在于培养全体成员对这类院校发展方向的认识,并视其为一种精神纽带将师生凝聚在一起,使每个利益相关者都主动关心学校的改革与发展,并为学校实现发展战略目标作出贡献。从另一个层面看,正由于新建本科院校是高等教育系统中的年轻群体,它们不仅需要明确学校的核心价值和战略定位,还需要打造学校的特色和文化品位,它们更需要大学制度的不断创新,以此才能更加主动适应高等教育及其环境的发展变化。而新建本科院校使命和愿景的陈述,恰恰可以弥补、吻合这类院校的现实之需,同时也可以发展其在新建本科院校战略规划与管理中的积极作用。

三 新建本科院校生态位战略目标

大学战略目标是指大学在特定期限内,考虑其内外环境条件的可能,在实现其使命与愿景中需要达到的程度和要求取得的成效。[②] 大学战略目标的表达是大学使命和愿景的具体化体现。制定一个科学合理的大学战略目标并不是一件容易的事情,如果目标太高、不切实际,没有充分考虑办学条件,虽经努力也可能成为空中楼阁;而目标定得过低,易于实现,又很有可能耽误学校发展的各种有利契机。因此,制定一个令人鼓舞且切实可行的战略目标是大学战略规划编制中的重要问题。

大学战略目标是一段时期内大学发展的方向,对大学发展具有引领作用。大学战略目标的制定,在价值理念层面必须体现大学的使命和愿景,在技术层面必须注重可操作性、前瞻性、可测量性和可接受性。大学战略

---

① 赵文华、周巧玲:《大学战略规划中使命与愿景的内涵与价值》,《教育发展研究》2006年第7A期。
② 刘向兵、李立国:《大学战略管理导论》,中国人民大学出版社2006年版,第79页。

目标的确定是以准确的学校定位为基础的，不同类型的大学在高等教育体系中的分工不同，必须根据大学的人才培养、科学研究和社会服务三大职能的有关指标及其未来发展趋势来确定。无论任何类型或层次的大学，只要能够制定科学的战略目标，选择适当的战略举措，坚持实施，不断完善，最终都能取得发展和进步。大学战略目标，既可以按照时间界限来划分，如远期目标、中期目标、近期目标；也可以按大学内部结构来分，如教学院系以及行政单位的不同子目标。无论怎样划分，大学的不同发展目标间需要具有一致性，即保证大学目标体系的协调和完整，绝不能使战略目标间产生矛盾或对立的状况。值得说明的是，大学的战略目标是相对稳定的，即便是大学的发展会遇到诸多不确定因素，但大学的战略目标不能频繁改变。因为战略目标的频繁变动引起大学战略规划迷失方向，可能会导致大学无所适从。当然，在大学确实遇到内外环境发生重大变化的情况下，大学就必须对战略目标进行调整，否则将会出现严重的后果，对大学发展不利。因此，在大学战略目标考虑价值理念层面和技术层面的同时，也要兼顾稳定性和灵活性的统一。比如，在远期目标的设置时，应多考虑灵活性的内容，而在近期目标方面，应更突出稳定性。因此，大学战略目标体系的设置强调"刚柔相济"，既在时间设置和不同领域体现目标刚性，又适度表现目标灵活性。比如，一般大学的战略目标往往包括总目标和许多分目标，这些分目标往往是在总体战略指导下形成的，而总目标的实现却有赖于这些分目标的协调程度，如此才能更好地配置大学的各种资源，进而更有效地完成各种任务。

我们知道，大学战略规划的过程包括大学使命和愿景的陈述以及实现战略目标的保障措施。一个完整的大学战略目标体系包括大学各个层面（比如纵向上的院系和行政层面，横向上的教育、服务、研究等）的支持。要实现大学的战略目标，必须考虑不同层面要素间的融合与合作。按照对大学战略目标的理解，新建本科院校生态位战略目标应是其总战略目标的一部分，是典型的分目标战略。新建本科院校生态位战略目标，可以通过以下三个方面作进一步理解和阐释：

其一，新建本科院校生态位战略目标应统一它的使命和愿景。任何大学战略目标的制定，其前提都是要找准自己的定位。大学的战略目标必须考虑自身特点和优劣势，同时也要考虑国家和社会发展的需要以及世界高等教育的发展趋势。根据对大学使命和愿景的阐释，大学的战略目标必须以大学的使命和愿景为根本依据与基准范本。换言之，就新建本科院校来说，其生态位战略目标也必须体现这类院校的使命和愿景。实际上，新建本科院校的使命和愿景强调与地方的互动，强调在地方服务中找准自己的位置、办出自己的特色。这恰恰符合生态位的基本内涵，即找准自己在生态群落中的独特位置，并发挥相应的作用和功能。从这个角度看，新建本科院校的生态位战略目标可以表述为：找准自身在高等教育群体中的独特地位，不断地有效利用各种资源和空间以获得可持续发展能力，进而不断增强自身的生态竞争能力，从而实现学校和地方经济社会的良性互动发展。这可以看作新建本科院校生态位战略的总目标。

其二，新建本科院校的生态位战略目标应具有纵向一致性。一般而言，大学战略管理的目的强调大学整体绩效的最大化。大学绩效的优化来源于大学的分工与合作并朝着共同的战略方向行动。这就是说，大学某一项战略的制定有赖于大学各单位、各部门是否形成合力，有赖于组织结构的设置以及资源的分配状况，它的实施、评价和控制还有赖于基层单位的执行力度。所以，如果将生态位战略视为新建本科院校的一种整体发展战略目标，除了要统一在学校层面的整体发展规划外，还必须体现在学校整体发展战略中的位置和贡献，同时还要明确这种战略在学校整体规划中的定位。从这点来看，新建本科院校生态位战略总目标指引下的子目标应该是通过实施生态位的竞争战略、移动战略、共生战略以及协同进化战略，从而实现新建本科院校的生态位战略总目标。当然，大学的任何一种战略都是具有动态性的，尤其是对于新建本科院校来说，它属于一种成长型的高校，而且带有强烈的"政策痕迹"，因此，不单是生态位战略目标，其他战略目标也一样，很有可能会随时变化调整，但它们必须在内涵上与学校的总体目标战略相一致。

其三，新建本科院校的生态位战略目标应体现横向协调性。从前一章的分析可知，新建本科院校通常是两所或多所学校的合并而组建，因此，要实现这类学校的战略目标，一般需要加强大学内部各个部分的深度融合及合作，尤其是要注重在大学教学、科研、服务三大职能间的协同增效以及资源有效分配。因为这类院校在组建初期，很容易在某些部分发生变化，这样就会使其他部分也相应发生变化。换言之，许多单一的活动都可能关系到重要的战略变化。比如，新建本科院校的师资力量通常比较薄弱，为了吸引更优秀的人才充实学校的力量，学校会设立特别的资助政策来提供额外支持，相应地就会限制对原来某些投入领域的投入，即有可能打破原有的平衡。因此，新建本科院校的生态位战略目标应注意内部的横向协调性，既保护原有的关键生态因子，又考虑生态位的移动与拓展，实现生态位的创新，促进二者的有机结合。此外，新建本科院校的生态位战略目标还体现在外部的横向协调性，即这类院校不仅要在各自的差异化战略中求得错位发展，更要与高等教育群体中尤其是在同类院校群体中促进协同共生，以求得可持续成长和发展。

基于以上分析，新建本科院校生态位战略目标可以表述为：在明确和把握学校自身使命和愿景的基础上，根据自身的实力变化、发展状况以及对所处生态位的认识和把握，运用各种战略协调自身与环节间的关系，从而不断选择、拓展自身的基础生态位，以促进自身的现实生态位不断接近基础生态位，并能通过促进生态位的跃迁来实现学校的持续成长和发展。

第二节 生态位维度

在战略管理过程中，战略分析是战略制定的重要环节。有些学术著作中将战略分析置于战略目标设置之前，因为它们考虑战略目标体系的建立也应考虑内外环节条件的可能及变化。本书将战略分析环节置于使命、愿景及战略目标之后，主要是考虑大学组织与企业组织在组织属性上具有一定的差异。这种特殊性主要体现在大学是历史上影响最深、最持久且保持基本特征不变的一种社会组织，它追求、传播真理以及创造、传播知识的本质属性，构成了世界各国大学的共性，即大学具有同一性，这种同一性也是多样性的世界各国大学所具有共同的本质属性，并以此区别于其他社会组织。有学者还将大学组织的特征表现归纳为以下方面：性质的非营利性、产权的利益相关性、目标的模糊性、权力的二元性、人员中的教师"双重忠于"特征、制度的趋同性、产品的连带性、管理的复杂性和多样性以及技术的非进步性与成本最大化。[①] 由此可见，大学组织具有与企业组织不同的特点，相应的，大学组织的战略分析也应该具有自身的特征。这种特征尤其体现在大学战略分析的生态整体性上。

---

① 刘向兵、李立国：《大学战略管理导论》，中国人民大学出版社2006年版，第44页。

一般而言,大学战略分析指的是对大学内外条件的综合调整、评价和预测。无论何种层次、何种类型的大学,为了实现自己的使命和长远发展,都必须与外部建立良好的互动关系,以此做出自身的战略选择。因此,每所大学只有充分掌握自身条件以及竞争对手和环境的信息,才能更好地谋划自身的发展战略。大学作为一个成长和发展的生命体,它独特的组织特征要求大学必须按照自己的成长规律来办学;相反,当前大学战略管理的主旨却掺杂了太多的功利思想和行政化倾向,以至于大学战略管理的合法性不断受到质疑。比如,大学作为一种典型的利益相关者组织,大学的战略规划本应吸取广泛利益相关者的意见,但现实中往往是行政权力的泛化并"控权",而其他权力却是虚化、弱化,甚至完全缺位。[1] 大学战略规划的扭曲还远远不只体现在大学的内部,今天的大学战略管理仍然缺乏主动性和自觉性,更多地受政府及教育行政部门的指导或干预,大学无法脱离其赖以生存的生态环境,实际上这也是导致大学战略趋同的一个重要原因。

之所以要作以上的简单讨论,主要是说明一所大学的生存发展始终离不开大学的生态环境,大学的战略规划也必须充分关注大学各利益相关者的关系及其变化趋势。换言之,对于地方新建本科院校来说,它的战略规划不仅要具有全局性的战略目标体系,而且还必须是一种能够"扎根"实践的具有成长与发展的"生存逻辑"。相对于其他类型的院校来说,这类院校的战略规划不仅要考虑大学组织的特殊属性,而且还必须充分把握自身的独特"生境",因为这不仅是构成及影响学校生态位的重要基础,也是任意大学集群[2]产生和发展的关键资源。因此,如果参照对大学集群发展维度的设计,大学生态位可以概括为三个维度:环境维度、空间维度和能力维度。而这三个维度恰恰与大学战略分析中的外部环境、内部环境、自身资源与能力等战略要素具有高度的契合性。从这个角度看,对大学生态位维度的分析,不仅符合大学生态系统的整体性、综合性分析思

---

[1] 谢凌凌、张琼:《共治视阈下大学权力的生成、表征及协调机制研究》,《国家教育行政学院学报》2010年第11期。

[2] 大学集群是指由于对资源的共同需求,大学间相互吸引、相互交流而形成的种间关系。与生物集群不同的是,大学集群体现着强烈的社会性行为。比如,大学的创办、合并等受制于政府的行政干预。群体密度的增加有利于集群的生存和发展;但密度过高,会由于空间及资源的缺乏而导致拥挤效应。

路，也可能突破传统上大学战略规划中的"点状或线状"的战略分析模式。

一 环境维度

自然界中的环境通常是指生物物种的生存空间内能够与该物种有机体产生反应的系统，并能直接影响有机体生命活动的物质、信息和能量的总和。环境也会随着其所作用的主体不同而不同，随着其作用主体的变化而变化。同时，环境的存在和变化也会影响作用主体。比如，天气变化对生物和对人类的影响就不同，大学的办学环境和中小学也不一样等。总的来看，不管哪种作用主体，其周围环境都存在着相互影响、相互依存的关系。以大学为例，大学也与生物物种一样，总是存在于一定的环境之中，由各种政治、经济、文化、科技等因素所构成的社会环境以及各种自然环境，就是大学的环境梯度。任何大学几乎是不可能控制环境的变化，一般都只能不断地适应环境，并主动利用环境以适当改变环境，使之有利于大学的生存和发展。这种能对大学的性质、状态、发展造成影响的环境维度主要包括宏观环境和微观环境。宏观环境主要指一些重要的社会力量，如经济、政治、法律、文化、科技、人口、自然等因素；微观环境主要指直接影响大学的各种因素，比如政府、社会公众、大学的竞争者以及大学内部环境等。

所以，大学生态系统看作是大学赖以生存和发展的所有利益相关者群体以及与外部环境形成的一种复杂生态系统。这里涵盖了大学的一系列微观关系，既包括体现垂直关系的大学核心生态系统，如管理者、教师、学生等；又包括体现大学利益相关者的扩展生态系统，比如校友、产学研合作者、公众等；同时也包含影响大学生存和发展的宏观因素，比如政治、经济、科技、社会、世界的环境等（见图4-1）。[①] 大学为了长期的生存和发展，除了需要不断调控自身的运行及其与宏观环境发生相互作用外，还必须与其他大学组织竞争有限的办学资源，而这种资源的稀缺性可能为一所大学带来竞争动力，同时也可能构成另一所大学的竞争阻力。但不可否认的是，正是这种平衡与失衡、竞争与共生的往复循环状态的持续存在，才能不断为我们深刻认识高等教育生态群落的内在关系以及促进大学生态的健康发展提供不竭的动力。

---

① 谢凌凌：《大学生态：本原特性、现实观照与治理要义》，《教育发展研究》2011年第11期。

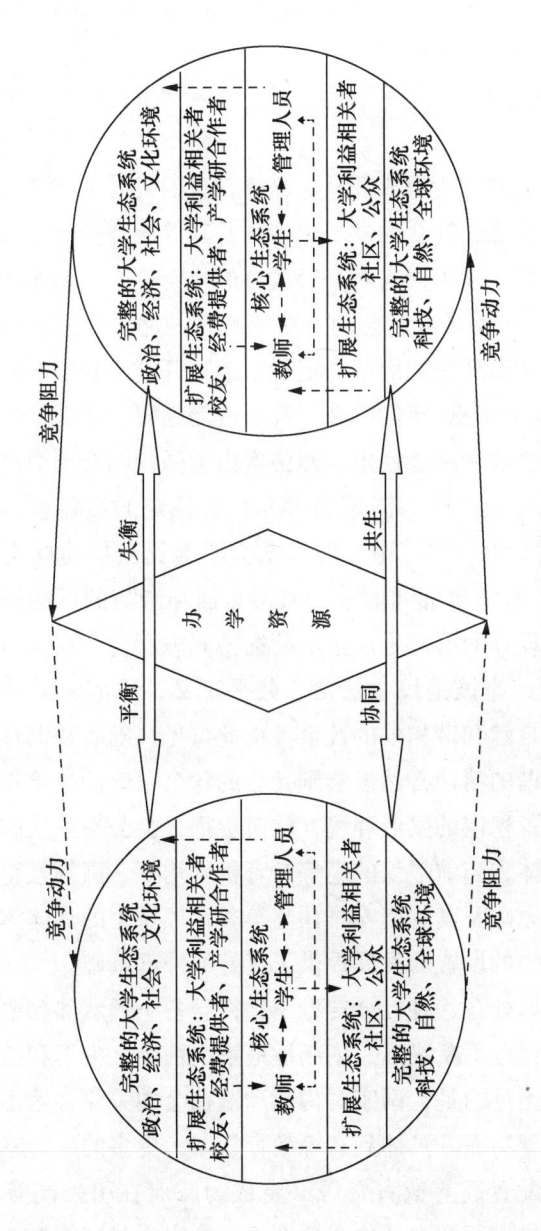

图 4-1 大学生态系统基本架构及运行

大学生态中的环境维度实际更多强调的是大学发展过程中对环境的把握，因此，我们可以将新建本科院校的内外部环境归结为发展环境，并以把握发展环境中的"危"与"机"来认识新建本科院校发展的环境维度。

（一）新建本科院校环境维度中的机遇

1. 政治生态位因子中的社会和谐稳定：新建本科院校发展的根本保证

高等教育作为社会的重要组成部分，高等教育的发展必然要与社会发展相适应、相协调。反之，社会的发展进步则是高等教育健康发展的决定性因素。其实，综观百年来中国人对高等教育的执着追求，新中国成立后"大跃进"运动及文化大革命这场浩劫对高等教育的冲击，无不证明我国高等教育发展对社会和谐环境的渴望与期待。改革开放给我国各领域带来质的变化，尤其是20世纪90年代以来，我国政治领域和社会领域呈现出前所未有的良好局面，政治局势稳定，经济实力增强，综合国力提升，社会主义制度的完善与扎根，成为国家强大和社会稳定的重要基石。进入21世纪，中共十六大及十六届三中、四中全会明确提出构建社会主义和谐社会的战略任务，"社会更加和谐"、"社会全面和谐"的议题进一步突出地摆在了国家顶层设计的层面上。正如胡锦涛同志所言，我们所要建设的社会主义和谐社会，应该是民主法治、公平正义、诚信友爱、充满活力、安定有序、人与自然和谐相处的社会。由此可见，随着和谐社会在中国的唱响与延伸，和谐的精神必然渗透到社会的各个角落。这给作为高等教育载体的高校营造了稳定的发展环境，同时也把社会公平正义的标尺裁量到了高等教育的肌体，当前热议的高等教育机会均等、高等教育均衡发展正是社会公平正义原则及其制度安排在高等教育领域中的具体体现，显然这也为新建本科院校的设置和发展提供了良好的外部基础。

中国正处在或长期处在一种社会转型期，社会各个领域都需要不断改革和调整，这种改革也是不断瞄准、创新性地解决社会之中不和谐、不公平的因素，因此可以预见的是，国家对构建和谐社会的关注必然逐步提升到解决民生实惠的制度层面。具体到高等教育领域，更多的人共享高等教育机会、更加合理地配置高等教育资源必将成为政府在引领高等教育发展，构建教育公平的焦点所在。从这个角度看，作为承载高等教育大众化主体力量的新建本科院校必将在国家构建和谐社会价值观的指引下获得长期动力和保证。

2. 经济生态因子中的教育持续投入：新建本科院校发展的物质基础

教育的发展必然来自于经费的投入，对于任何高等学校而言，政府拨款、学费收入、社会服务收入以及社会捐赠等是其主要经费来源。然而就新建本科院校来说，它们大多地处地级市，科研转化为生产力的需求不高，欲求通过科研来促进社会服务的优势并不是很明显，进而也影响了新建本科院校的社会服务收入。同时，这类院校正处于"新建"期，其社会声誉、社会知名度完全不可能与老牌本科院校相媲美，因此，所吸纳到的社会捐赠亦是非常有限。在这种背景下，政府投入仍然是新建本科院校的主要收入来源。

从现实来看新建本科院校政府投入方式主要有两种：一种是省（区）市共建，以市为主，这主要针对发达地区；另一种是在经济欠发达地区，其管理体制上主要采取省（区）市共建，以省（区）为主。换言之，在这些地区的新建本科院校主要依赖省级政府的财政支持。其实，无论是省级财政支持还是市级财政支持，地方新建本科院校都会"紧贴"地方政府的各类需求，并努力成为地方政府推动经济社会发展的"重要引擎"。作为公共职能部门，地方政府对于地方高校来说则扮演了管理者、投资者以及促进者等多重角色，在社会转型、体制转轨的背景下，尽管他们的投资受到人才市场化和政府绩效的双重约束，在做出投资行为的时候也越来越"理性"，即什么收益最优，就会得到更多的投入。然而迫于当前高等教育制度及政策的导向，如《高等教育法》的规定及高等教育均衡发展政策设计等，再加上地方政府的地域管辖限制，它们也期待从与属地高校的更多互动中获得"双赢"。因此，在一个相当长时间内，地方政府仍然成为地方新建本科院校经费来源的主渠道，其投资行为可能相对缓慢，但投入量至少是递增的趋势，这必然是新建本科院校发展的最重要资源。

3. 制度生态位因子中的体制机制改革：新建本科院校发展的内在动力

新建本科院校的产生本身就是体制改革的产物。从以上分析可知，新建本科院校的出现来自高等教育管理体制的深化改革，而高等教育体制的改革又源自社会体制改革的新要求，追根溯源，这都是转型期适应经济社会发展所做的战略调整。管窥新建本科院校的演进路径，存在两个很明显的特征：一是改变区域高等教育格局。伴随国家管理体制改革，统筹规划省级区域的高校布局，地方为主的办学体制框架基本确定。高校设置向地级市延伸的政策不仅填补了有些地方没有本科院校的空白,更重要的是促进全国高校布局逐步向均衡态势迈进。二是明晰高校管理体制。在"共建、调整、合并、合作"政策出台之前,新建本科院校的前身大多隶属国家部委或省直部门,设置重复、办学效益低等情况一直困扰着它们的发展,合并而成的新建本科院校则打破了条块分割的状态,实现了高等教育资源的整合与优化,最重要的贡献还在于使高等教育中心下移成为可能,从而为高校合理布局奠定良好的基础,并且充分调动了地方政府办学的积极性。

由此可见,体制机制改革是新建本科院校产生的重要助推力。首先,高等教育的生源总量逐年递增不容置疑。从高等教育资源存量来看,我国目前还有一批专科学校、职业大学以及成人高等教育资源,这种高等教育资源储备随时可以为国家根据地域或布局的需要进行结构调整或优化整合。而且以目前的实际情况来看,人们对接受高等教育的渴望与高等教育的实际供给之间还存在较大差距,即便是近几年有遏制高校规模扩张之势,但是建设创新型国家以及建设人力资源强国的需要仍然是当前及今后相当长时间内国家顶层设计思路的主流,从这点来看,新建本科院校在高等教育强国的背景中面临难得的历史机遇。其次,目前新建本科院校在"省市共建"后到底是"以省为主"还是"以市为主"的责权利关系还有待进一步理顺,而且从学校的内部运作机制来看,新建本科院校更多的是对"内涵升本"的诉求,因此,社会转型背景下的新建本科院校同样也在谋求自身的转型。可以看出,内外体制机制的变革,为新建本科院校的发展转型提供了不竭的动力。

(二) 新建本科院校环境维度中的威胁

如同其他类型的高校一样,新建本科院校发展环境中的挑战也必然来自经济社会的影响和高等教育自身的作用。客观、全面地分析新建本科院校发展环境中的挑战,更有助于促进这类高等教育新生群体转"危"为"机",不断寻求自身的可持续发展。

1. 大学整体生态环境因子的影响

新建本科院校作为高等教育生态系统的重要组成部分,不仅对高等教育生态环境具有强烈的依赖性,也同样暗含了高等教育生态系统中所有子系统的共同特征。因此,对高等教育生态系统现实境况的把握,有助于全方位了解新建本科院校生态系统的环境维度。当前,作为社会子系统的教育尤其是高等教育生态系统所赖以生存和发展的自然以及社会环境正日益发生巨大的变化，尤其自第二次世界大战以来，高等教育的生态系统不断遭受宗教习俗、社会运动、科技发展、入学变化、经费削减、质量下滑、人才外流等各种生态因素的威胁或考验，这成为世界各国高等教育生态系统的发展隐忧，或称为高等教育的生态危机。为此，从大学宏观生态和大学微观生态两个视角，并根据大学生态中的适应性、关联性以及遗传和变异、平衡与失衡、共生与竞争等本原特性的理解，深刻剖析当前大学整体生态环境恶化的现实观照[1]（见表4-1）。

表4-1　　　　　　　　　　大学生态的现实观照

基本场域	基本点	基本表征列举
大学宏观生态（大学外生态）	生态适应性或生态关联性	对自然环境、社会环境和规范环境变化的响应速度较慢，如实施科教兴国战略以来，很多大学未能有效调整人才培养模式，教育质量下滑，所培养的各类人才难以满足社会的需求，导致大学供给与社会需求丧失生态关联性，同时也表明大学教育对社会生态环境的适应程度较低
	遗传性与变异性	大学的"遗传基因"产生了"恶性变异"：从独立思想到趋炎附势（如大量聘请官员为兼职教授）、从学术自治到行政乱象、从社会服务到趋名逐利（以校企校地合作为名，"批发学位帽"来交换各种资源，严重践踏教育的公平性）、从文化传承和创造到政治表达与延伸
	生态平衡性	科技教育的强势与人文教育的虚位，大学教育的工具理性和价值理性难以耦合。又如，连年扩招，大学生态系统超过自身调节能力，为寻求新的平衡，增强办学条件、扩大办学空间，诞生"巨型大学"，同时又可能出现教育资源的闲置浪费，进而产生新的失衡
	生态共生性	大学间同质化发展，目标理念（都要办成高水平、综合性、研究型大学）、组织结构（教学、科研、管理、教辅等部门一应俱全）、行为模式（增设新校区、扩大学科门类、开设热门专业）、运行结果（人才技能的掌握、社会适应程度）等严重趋同，导致大学无法产生多样性

---

[1] 谢凌凌：《大学生态：本原特性、现实观照与治理要义》，《教育发展研究》2011年第11期。

续表

基本场域	基本点	基本表征列举
大学微观生态（大学内生态）	生态适应性或生态关联性	很多高校，尤其是地方高校在内部管理体制、收入分配制度上偏重于行政导向，致使教师开展教学科研的主动性和积极性不高，教师难以适应学校的制度环境。又如，教师和学生作为课堂生态的主体，许多教师由于教学观念陈旧、教法单一，内容脱离实际，学生无法提起兴趣且难以真正走向实践
	遗传性与变异性	大学机构设置"衙门化"，内部结构与政府部门"一一对应"；大学的委、办、部、处及院（系）领导都具有职务并设置相应的行政级别；教授不治学却去竞聘各类领导岗位，或者丢下教学科研本科工作去"捞外快"；又或经常发生校长、院长、教授学术抄袭，科研道德危机严重
	生态平衡性	行政权力独大，学术权力和学生权力严重缺失，比如教授委员会连学科建设决策权都没有，学生连校园文体设施建设的参与建议权都匮乏等，大学权力生态严重失衡；一些有综合性发展趋势的单科院校过于扶持原来重点或优势学科，如师范院校单纯重视教育、文学，财经院校重视经济、管理等，学科的资源导入难以平衡
	生态共生性	近年来，经常发生大学教师因不满学校政策待遇而选择"跳槽"，或由于学校不履行合约约定以及学校不授予学位而产生的教师、学生状告学校事件；教师体罚学生的情况也时有出现；同一级别或职称的管理人员或教师为竞争高一层次的岗位或职称而相互"揭短"、"诋毁"

2. 新建本科院校内部生态环境因子的挑战

尽管高等教育的生态环境影响着新建本科院校的生存与发展，只有正确地认识学校内部的生态特征，才能不断抓住外部环境的机遇，规避威胁，从而不断优化战略生态环境因子。

其一，思想观念的挑战。新建本科院校的前身大多是专科学校或是单科院校，这些学校往往规模小、发展缓慢、社会服务面向局限性大，对教职员工的总体要求不高。然而，当学校形式从专科向本科转变后，面对本科教学、管理、服务的新办学标准，短时间内很多合并或升格前的学校各层级领导及职工难以轻易改变长期形成的固定思维模式，直接影响这类院校的正常运行发展。尤其值得指出的是，很多新建本科院校是两所或多所院校合并组建，这就存在着一个"安置"和"人和"的问题。"安置"现象突出地表现在原来学校的校级、中层领导层面，首当其冲的就是各合并学校领导级别的变迁，这个过程无疑会牵涉各个方面的利益，而且这种障碍性因素根本无法在短时间内消除。"人和"的问题不仅反映在教职员工方面，对学生同样有所触动，原来的校名变了、原来的体制变了、原来熟悉的教学方式和管理方式也变了，更重要的是原来的人际关系和隶属关系打破了，严重淡化了他们对新学校的归属感。更甚的是，合并前的学校总有一方或多方觉得自己"亏了"或是"被吞并"，而另一方则抱以相反的态度，进而产生的思想波动或抵触情绪严重地制约了新建本科院校办学理念的更新。

其二，债务风险的挑战。毋庸置疑，长期的资金短缺成为新建本科院校的财务现状已成定局。从大多数情况来看，政府对新建本科院校的投入以及学费的收入仅够学校维持正常的办公和运转，对于学校规模扩张而要求的办学条件，却由于学校总体投入不足、融资渠道不畅、创业能力有限、社会捐赠微薄等各种因素的限制变得步履维艰，唯一的办法就是高额高息贷款，从目前的状况看，很多新建本科院校的还贷能力已远远超过了自身经济承受能力，有的学校甚至产生资不抵债、面临破产的风险。显然，巨额债务已成为许多新建本科院校最直接的挑战。

其三，内部科层体制的挑战。新建本科院校在组建升格前，由于专科规模小，内部结构简单，一般都是校系两级管理，呈现典型的直线职能模式，而升格为本科院校以后，管理层级增加，管理幅度扩展，管理结构日趋复杂，客观上就要求以往"重心在上"的行政管理要向"重心下移"的民主管理转变，在组织结构上也需相应地朝矩阵式模式变化。管理模式的转变深刻影响着新建本科院校的办学生机与活力。如上所言，长期的行政管理观念、科层管理模式严重阻滞了新建本科院校民主建制的进程，这无疑是对民主化缺乏的地方高校建立一套科学、合理管理方式和运行机制的巨大挑战。

对新建本科院校环境维度的分析，不仅有利于厘清其战略环境因子间的生态关系，而且有助于确立这类院校战略生态环境系统的框架，从而为有效制定和实施生态位战略提供现实依据。

二 空间维度

生态位的核心定义表明，生态位差异大的物种，彼此间的竞争比较小；

生态位差异小的物种，彼此间的竞争程度大。这就是说，一所大学只有通过不断创建自身的核心竞争力，并与竞争对手占据不同的生态位，找到自己的独特领域，才能长期占据较强的竞争优势。但是，一所大学不可能占据所有的竞争领域，只有在根据环境维度的前提下，在资源、时间、空间等方面给自己定好位，即充分了解学校的空间维度，才能真正做到生态办学。可见，空间维度也是生物有机体竞争的重要内容之一。按照这个逻辑，对于任何组织有机体来讲，空间维度可以理解为它的资源基础及其所处的特定位置状况。那么，大学的空间维度主要是度量大学的生存空间，即大学服务的深度和广度。比如大学的生源空间、资源获取空间、毕业生去向空间、学科设置空间等。据此，我们可以从资源生态因子、时间生态因子和空间生态因子三个方面来具体分析新建本科院校生态位的空间维度：

（一）资源生态因子

在自然生态中，每一个物种都有自己特殊的生境，物种为了生存，都必须找准自己的取食范围和部位，比如在同一生活区域内，有的动物以吃肉为主，有的动物以吃草为主，有的动物则吃树叶等，这样就避免了食物生态位的重叠。在高等教育生态系统中，每所大学也需要锁定自身的"资源性"目标与范围，以明确自己的招生生源、毕业生服务去向或是教师能力的发挥，从而打造自己的办学特色。就新建本科院校来说，这类院校一般处在省会城市以外的地级城市，相比较而言，它们大多分布在该省（区、市）的欠发达地区，绝大多数新建本科院校所能吸纳到的资源是相当有限的。显然，地域挑战凸显了新建本科院校发展的"基因缺陷"。如此，它们与"985"学校、"211"学校以及老牌本科院校就具有不同的资源吸纳能力和资源输出能力，例如，这类学院的生源一般以地方生源为主，生源来源单一，而且由于自身竞争力所导致的社会信誉等因素使其在生源质量获得上可能"又降一筹"；在对学生的培养上，受制于办学实力、师资水平等条件限制，客观造成新建本科院校学生总体质量不高，难以满足社会的预期效应。生源"输入"与学生"输出"的挑战使这类院校背负比其他类型院校更大的压力和责任。此外，以经费资源来看，尽管高等教育投入总量每年都有所递增，但仍然存在教育投入不能满足教育需求的问题，各级各类教育依然面临不同程度的经费短缺，即便是投入到地方院校的不太充裕的资金中，同一区域都无法"端平一碗水"，很多新建本科院校甚至很难分到"一杯羹"，教育资源短缺与教育资源分配不公成为当前新建本科院校发展的资源挑战之一。因此,在这种境况下,如何调整和维护好现有的资源生态因子、不断创新和拓展新的资源生态位因子是这类院校思考的重要问题。

(二) 时间生态因子

生态学中的物种在觅食的时候,具有不同的时间要求,有的出现在白天,而有的则在晚上出现,有的在早晨,有的却在黄昏。实际上,它们是选择不同的时间生态位,进而避免与其他物种在觅食上的竞争。很多大学开办的夜大,就是典型的利用时间生态位的优势并错开与全日制学校的竞争。作为新建本科院校来说,多是由具有专业色彩的专业学校合并而组建,组建前的学校一般带有很强的行业特色性,它们往往与地方或行业具有紧密的联系,因此,加强与行业的合作,比如利用地方行业发展规划的特殊时限要求,为地方和行业培训在职人员,这样不但充分地利用了资源和空间生态因子,而且还可以实现自身的时间生态位优势。又如,一些新建本科院校很早就给学生定了具体专业,但有调查显示,很多学生对高考填报志愿时的专业选取了解甚少,选择的依据主要是父母或别人的介绍。所以专业如果设置太早,就等于给学生过早定向,过早的专业定向则意味着学生了解其他专业的机会越少,从而自由选择专业的可能性就越小[①],进而就会影响学生的学习兴趣以及学生的培养质量。由此可见,时间生态因子对学校空间维度亦具有直接或间接的影响。

(三) 空间生态因子

生物生态学中,生物物种的觅食通常局限在一定的空间范围内,它在这个领域内占有特定的空间位置,从而利用独特的资源。空间范围一般包括水平空间和垂直空间。在高等教育生态系统中,每所大学也可以利用自己的条件,选择最有利于自己发展的生存空间。比如,有的大学可以在经济中心城市,有的则在政治中心或文化中心城市;有的大学可以在沿海城市,有的则在内陆城市;有的可以在民族地区,有的则在边疆地区,以充分利用高等教育生态系统的水平空间。有的学校只办成全日制学校,有的则可以办成远程、电大、夜大等;有的可以办成国际一流学校,有的则可以办成国内一流学校或区域性一流学校;有的可以办成普通本科院校,有的则可以兼顾办高职高专院校等,以充分利用高等教育生态系统的垂直空间。从高等教育系统的空间关系来看,作为合并或刚升格的地方性院校,

---

① 彭旭:《试析新建本科院校的专业设置模式问题》,《教育研究》2011年第5期。

新建本科院校产生于我国经济结构的战略调整和高等教育大众化的迈进，在起步阶段就不可避免地受到高等教育国际化、市场化的冲击和压力，尤其是在大学组织日趋社会化和高等教育资源配置日益市场化的今天，它们不仅面临一流高校和老牌本科院校的"挤"、"压"，同类院校的"争"、"抢"，而且受到民办高校和高职院校的"顶"、"赶"。所以，这批未完全站住脚跟的地方新建本科院校在成长和发展过程中还需要面对高等教育系统自身的压力和挑战。此外，从社会需求来看，新建本科院校由于还没有形成良好的社会声誉或品牌效应，它们的科研应用或社会服务空间非常有限，往往难以跟上或满足地方经济社会发展的现实需求，因此，地方在需要高校解决实际问题的时候，更愿意寻求与名牌院校或老牌本科院校合作，而新建本科院校自身实力的体现并不能在短时间内解决，显然，这类院校就很难充分吸纳现有的空间生态因子。可见，新建本科院校无论是水平空间还是垂直空间都面临着被挤压的风险或现实的威胁。

与环境维度一样，高等教育生态系统中的空间维度直接影响和制约着大学的生存和发展。在变化的大学生态环境维度中，新建本科院校只有充分认识和利用有限的资源因子，适时、适度地拓展和扩大时间和空间生态因子，才能不断促进自身空间维度的优化和创新。

三 能力维度

生物生态学中，每种物种都处于一种竞争常态，它们在竞争中都有一个适合自己的时空位置，即生态位。与自然界中的生物生态位一样，大学生态位既反映了其所占据的空间位置，也反映了它在高等教育生态环境中各种生态因子梯度上的位置。如果这所大学所占据的梯度越多，就说明它的竞争力越强；如果对资源和环境因子的适应度越强，也说明竞争力越强。因此，每所大学都希望通过与竞争者的生态位分离来谋求生存和发展，而在资源因子有限的情况下，大学只有不断增强和扩展自身生态位的能力维度，才能获取更高、更优的生态位。所以，也有一些观点将高校生态位界定为"在一定社会经济环境下，高校以其拥有的各种资源为支撑，通过高校内部战略管理、创新管理、质量管理等办学过程能动地与环境及其他高校相互作用而获取高校生存、发展、竞争的能力"。[①] 可见，大学

---

① 纪秋颖、林健：《高校生态位及其评价方法研究》，《科学学与科学技术管理》2006年第8期。

生态位的本质体现了大学核心能力的构成，而且大学的核心能力则是构成大学占据较高生态位、其他竞争者无法模仿的能力，是大学构成自身生态位的关键能力。一般来说，大学生态位的能力维度可以分为生态位占有能力、生态位适应能力和生态位提升能力三类。

（一）生存力：生态位占有能力

顾名思义，大学生态位占有能力是指大学占有的资源和环境空间的能力。它是构成大学核心能力的重要组成部分，反映了大学内部构成的基本要素的完备性及其功能的完整性，其描述的是大学的生存力。大学占有性的核心生态因子包括教学科研能力、资源获取能力和社会服务能力。一般而言，不同的区域、不同的法规政策、不同的隶属关系等会影响大学占有资源和环境空间的能力。就新建本科院校来说，通过对环境维度和空间维度的考察，可以发现，这类院校的生存力受到极大的挑战：它们不仅面临同类院校生态位之间的竞争，而且还要面对不同高校由于生态位移动而引起的竞争，其结果是导致这类院校占有性生态位因子的匮乏，尤其是体现在学校教育教学、科学研究、满足社会需求等能力的弱化，以及资源获取能力以及树立品牌和知名度能力受到的严重冲击。

（二）发展力：生态位适应能力

大学生态位适应能力是指处在某一生态位的大学适应其占有资源和空间的能力，其强弱取决于适应内外部资源的状态。它反映的是大学内部各要素之间的相互协调性，描述的是大学的发展力。大学适应性核心生态因子包括战略管理能力、资源配置整合能力以及大学文化能力。从对新建本科院校环境维度中的机遇分析可知，当前这类院校占有一定的资源和空间，也就是说它们具有一定的生态位占有能力，但从其发展状态来看，一些学校的领导缺乏战略预见以及优化配置战略资源的能力，比如对未能合并学校的相关优势学科，致使学科缺乏长远发展规划；又如在对新建本科院校内部生态环境剖析的那样，这种合并性的院校原本都有各自的理念和制度，成立后的院校往往在资源的配置和整合能力方面颇为滞后，使得无法充分应用所占有的资源或空间，体现出对现有资源或空间的适应性不强的状态。比如，有的地方新建本科院校地处边疆或民族地区，本来占据了独特的区位优势，应该可以发挥其特殊的社会服务优势，但这些学校由于未能整合好内部要素（师资、学生、专业学科优势）与外部要素（地方环境、信息、市场），导致学校生态位适应能力明显偏弱。

(三) 竞争力：生态位提升能力

大学生态位提升能力是指大学通过拓展其生态位来保持和提高竞争的能力。它是大学对环境的主动适应性以及大学进化能力的体现，同时也反映了一所大学与环境空间进行物质、能量和信息的交换状态。大学生态位提升能力的核心生态因子一般包括学习能力和创新能力。一般来说，一所大学作为一个组织整体必然与周围环境相互学习、共享信息以致不断提高知识创新的能力，同时也要不断提升对市场和社会各种信息的响应能力；反之，如果一所大学的学习能力和创新能力不足，不仅难以获取更多的资源和环境空间因子，同时对原有的资源环境空间梯度，即现实生态位都会受到抑制和冲击。目前全国有两百多所新建本科院校，一些省份的每个地级市均设置有一所新建本科院校，从区域、省域的空间结构来看，这些院校几乎都处在同一生态位上，必然会引起激烈的"同位"竞争。除此之外，在同一领域范围内，处在不同生态位的大学，也可能由于生态位的移动引起新的竞争，比如专科院校、老牌本科院校对新建本科院校的生源争夺，以及教育政策的调整变化等等，这都会构成这类院校生态位的变化，从而引起更多的竞争。综合之前论述，当前新建本科院校在组织结构形态、基础条件以及文化状况等体现大学核心竞争力的生态因子方面仍体现出一种"劣势"状态，新建本科院校的生态位提升能力滞缓。

对新建本科院校能力维度的分析，有助于了解这类院校核心能力的构成要素。从另一个角度说，探讨核心能力维度，是对这类院校本身所具有的素质和条件及其与外部因素关系的基本审视，是为实现学校获取更高、更优生态位以及营造有利于这类院校生存、发展、竞争环境的重要基础。

这三个维度从环境格局、时空位置以及演化趋势反映了新建本科院校生态位的多维特征，它们共同构成了新建本科院校竞争的内容体系。充分挖掘这类院校在各维度层面的潜能，是提高学校整体竞争优势、进行有效战略选择的重要基础。可以看出，对新建本科院校生态位维度的分析，既探讨了这类院校的战略生态环境，又研究了这类院校如何立足自身条件、强化资源获取和利用能力，从而达到与环境动态适应和匹配，这种对大学生态位跃迁过程的研究进路实则是一种典型的大学战略分析过程。

第三节 生态位测度

如果说战略分析是为战略选择和战略规划提供依据的，那么战略选择就是要确定组织应采取的战略类型。战略选择作为大学的一项重大决策，是指大学决策者通过对制定的各种战略方案进行比较和优选，从中选择一种较满意战略方案的过程。这种战略选择的过程不仅要求领导者必须具有战略眼光和战略思维，还要求具备各种战略分析、比较、鉴别及择优的能力。[1] 一般来说，大学的战略选择作为学校未来战略的一种决策，并且是非程序化决策。这一过程往往需要进行数据分析或模型推演，而这种程序是为了能够做出更准确的判断、分析和决策。通过上一节的研究可知，对大学生态位维度的分析实际上是大学战略分析的过程，按照这个逻辑，结合生态位理论的基本原理，对大学生态位各维度变动状态的分析，即对大学生态位测度的研究，则可以视为大学生态位战略选择的基本依据。

按照对生态位概念的理解，大学生态位测度可以简单解释为对大学生态位维度中各生态因子的选择范围。从内容上说，大学生态位的测度是对大学生态位宽度、大学生态位重叠度、大学生态位态势、大学生态位分离以及大学生态位适宜度的测量。对大学生态位测度的研究，实际上是在研究大学生态位维度中每一种生态因子的生态位状况，比如对大学高层次人才生态位宽度和的研究，实际上是在考察大学对人才资源的利用情况，对这种生态位因子的具体测算，将影响一所大学在高等教育生态系统中的人才生态位；又如，对某所大学的学科专业生态位重叠度进行测算，比较与同类学校或不同类学校在该学科专业建设方面的优劣势，可以有效避免"同位竞争"。可见，对大学生态位测度的研究，不仅能够规避大学间的恶性竞争，实现大学间的共生，而且还可以促使各种资源利用最大化，这也是实现大学生态位战略目标的必由之路。因此，研究大学生态位测度，是有效实施大学生态位战略选择的关键环节。这对于包括新建本科院校在内的任何一所大学来说，均具有普适性。因此，借鉴生态位的基本原理，

---

[1] 刘向兵、李立国：《大学战略管理导论》，中国人民大学出版社2006年版，第156页。

本书尝试建立大学生态位的测度方法和模型。

一 生态位宽度分析及模型

第一章对生态位宽度的概念做了简单的解释。从理论上讲，生态位宽度不仅可以用来衡量生态位的大小和广度，而且还可以作为某个生态元在现有环境资源谱中所能利用的种类、数量及其均匀度的一个指标。[①] 大学生态位宽度可以定义为一所大学所有可能的资源、各种能力以及时空维度上的距离，即这些变量因子维度上的加权平均距离和综合平均距离。

一般来说，一所大学的生态位宽度越大，说明它对各类资源利用越广泛，相应效益就越大，竞争力也越强；反之，如果一所大学的生态位宽度越小，说明其在高等教育生态系统中的作用越小，竞争力越弱。就新建本科院校群体来说，在高等教育分类上属于同层次、类别的高校，从这个方面看，虽然它们具有相似的生态位，但它们一般都分布在不同的区域，这可以减弱区域资源的竞争。然而作为任何一所大学来讲，包括新建本科院校在内，它们的成长和发展同样需要吸纳更多的变量因子，即需要不断扩大自身的生态位宽度。那么，对生态位宽度的测量就显得极为重要。

大学生态位宽度可以表述为大学对各种资源利用的总和或多样化程度。定义 P_i 为集群大学 i 的生态位宽度，表示集群大学 i 对 N 个资源生态因子的适应与利用范围，则：

$$P_i = \frac{N_i}{N_1 + N_i + N_R} \qquad (4-1)$$

对于离散型资料，令 M 个集群大学为行，R 个资源状态为列的资源矩阵。其中，N_{ij} 为第 i 个集群大学利用资源状态 j 的个体数；$Y_j = \sum_{i=1}^{M} N_{ij}$ 是集群大学利用资源状态 j 的总体数，$P_{ij} = \frac{N_{ij}}{Y_j}$ 是第 i 个集群大学利用资源状态 j 所占的比例。

根据莱文斯[②]对生态位宽度的计算方法，其表达式公式为：

[①] 王子龙、谭清美、许箫迪：《基于生态位的集群企业协同进化模型研究》，《科学管理研究》2005 年第 5 期。

[②] Levins, R., Evolution in Changing Environments [J]. Princeton University Press, New Jersey, USA, 1968.

$$B_i = \frac{1}{\sum_{j=1}^{R} P_{ij}^2} = \frac{[\sum_{j=1}^{R} N_{ij}]^2}{\sum_{j=1}^{R} N_{ij}^2} = \frac{Y_i^2}{\sum_{j=1}^{R} N_{ij}^2} \qquad (4-2)$$

按照公式中的香农—威纳指数的表达，生态位宽度的测度方法可得以下公式：

$$B_i = -\sum_{j=1}^{R} P_{xj} \lg P_{yj} \qquad (4-3)$$

表4-2　　　　　　　　　集群大学利用资源状况

		资　源　状　态				
		1	2	……	j	……	R
集群大学	1	N_{11}	N_{12}	……	N_{1j}	……	N_{1R}
	2	N_{21}	N_{22}	……	N_{2j}	……	N_{2R}
	……	……	……	……	……		……
	i	N_{i1}	N_{i2}		N_{ij}		N_{iR}
	……	……	……		……		……
	M	N_{m1}	N_{S2}	……	N_{Sj}		N_{SR}
		Y_1	Y_2		Y_j		Y_R

式中，B_i 代表大学生态位宽度，P_{xj} 代表一种资源集合中的第 x 个大学在利用资源状态 j 的比例，而 P_{yj} 则表示第 y 个集群大学利用资源状态 j 的个体占该类集群大学总数比例。一般而言，大学生态位宽度 B_i 与大学竞争紧密相关。激烈的竞争容易造成集群大学出现生态位"特化"或"泛化"现象。特化是与其他大学的生态位重叠较小，能减少竞争；泛化虽然可以利用更多的资源，但容易发生竞争。[①] 换言之，当一所大学缺乏主要资源时，一般就会扩大资源获取的种类，这时资源趋向泛化，生态位也随之加宽；相反，如果资源比较丰富的时候，获取资源的种类可能减少，资源易于趋向特化，会造成生态位变窄。总的来看，一所大学的生态位越宽，表明其生存、适应和发展能力越强，影响面越广。

二　生态位重叠度分析及模型

在高等教育生态系统中，大学生态位重叠是指两个或多个大学在生态

[①] Thompson, K., Gaston, K. J., Range Size, Dispersal and Niche Breadth in the Herbaceous Flora of Central England [J]. *Ecology*, 1999 (87): 150-155.

相似程度上的度量，其包括对同一类资源的利用以及生存能力和时间空间相似度的度量，即在生态位各个维度上的度量。大学生态位表明大学与大学之间的相似性，大学与大学之间的竞争强度，也是大学生态多样性存在的理论基础。两所大学的生态位重叠程度越高，说明大学的相似程度越高，显然其竞争强度就越大；反之则相反。一个理想的大学群落结构，应当是保持大学间生态位的适当重叠，即适当控制大学的多样性，又保持必要的竞争，以促进效率、效应和效益的均衡。

当两所大学需要利用同一资源时，就会产生生态位的重叠，在资源缺乏时就会造成大学间的竞争。假使两所大学具有完全一样的生态位（同一省域内的几所新建本科院校就是典型的集群大学），根据高斯原理，集群大学生态位重叠部分必然要发生竞争排斥现象。根据 Pinaka 对生物生态位重叠的测算办法，可推导集群大学的生态位重叠公式：

$$U_{xy} = \sum_{j=1}^{R} P_{xj} P_{yj} \bigg/ \sqrt{\sum_{j=1}^{R} P_{xj}^2 \times \sum_{j=1}^{R} P_{yj}^2} \qquad (4-4)$$

式中，U_{xy} 表示大学 x 对大学 y 的生态位重叠。P_{xj}、P_{yj} 分别代表大学 x 和 y 对资源 j 的利用部分。其重叠程度取决于大学 x 和 y 获取同一资源的概率以及生态位的宽度。生态位重叠值的范围 $U_{xy} \in [0, 1]$，$U_{xy} = 0$ 表示集群大学生态位完全分离，$U_{xy} = 1$ 表示集群大学生态位完全重叠，(4-4) 式表明生态位重叠值 U_{xy} 与集群大学竞争强度呈正比关系，同时也反映了集群大学生态位重叠所带来的竞争压力。

三 生态位态势分析及模型

生态位理论认为，任何生物组织都具有"态"和"势"两方面的属性，"态"主要指组织的状态，这是生物组织成长发育以及与环境适应的结果；"势"主要指生物组织对环境的支配力或影响力，比如物质能量的交换速率、占有新生境的能力等。生物的生态位正是某个生物单元"态"和"势"两种属性的综合体现。在高等教育生态系统中，任何大学都在与其他大学相互作用并对各种环境产生影响，其地位和作用也是在与其他大学的相对比较中才显现出来。在测量大学单元的生态位时，不仅要测量它们的状态，还要测量它们对环境的支配力或影响力。在 n 个大学单元中大学单元 x 的生态位可表示为：

$$N_x = \frac{M_x + A_x P_x}{\sum_{x=1}^{n}(M_y + A_y P_y)} \qquad (4-5)$$

式中，x, y = 1, 2, …, n, N_x 为大学单元 x 的生态位，M_x 为大学单元 x 的态，P_x 为大学单元 x 的势，M_y 为大学单元 y 的态，P_y 为大学单元 y 的势，A_x 和 A_y 是量纲转换系数，$M_x + A_x P_x$ 为绝对生态位。

四 生态位分离分析及其模型

大学生态位分离是指大学为满足公众需要在适应环境变化以及在大学竞争中呈现的不同发展趋势与分化程度，任意两所大学在资源、能力、时空等维度细分一级指标上的分离 M_{ij} 公式可以表示为：

$$M_{ij} = M_{ji} = \frac{(1 - P_{ik})(1 - P_{jk})}{\sum_{x=1}^{n}(1 - P_{xk})} \quad (4-6)$$

式中，n 为大学群落中的大学个数。P_{xk} 为第 x 个大学在第 k 个维度细分一级指标的定量评价值，P_{ik} 为第 i 个大学在第 k 个维度细分一级指标的定量评价值，P_{jk} 为第 j 个大学在第 k 个维度细分一级指标的定量评价值。一般来说，在一个相对稳定的大学群落环境中，由于每所大学占据不同的生态位，即实现了生态位分离，从而避免了大学之间以及大学不同群落之间的激烈竞争，保持大学群落的稳定性。当集群大学生存于共同环境时，必定产生生态位分化现象，消除生态位重叠，实现集群大学生态位分离。集群大学生态位分离主要有以下几种形式：（1）不同集群大学消耗不同类型的资源要素；（2）不同类型大学进入同一集群区域时，专业设置、学科建设、时间不同；（3）集群大学在特定时间内分散占据不同的市场区域；（4）不同类型大学与其他大学合作已产生共生共存。正是由于资源要素被不同集群大学利用才使其具有不同的生态位。在生态位分化过程中，各集群大学在对大学群落的维度利用方面，都倾向于相互补充来代替竞争，从而使得由多个大学组成的大学群落能够更充分地利用各类资源，促使资源利用效率和效益的提升。

五 生态位适宜度分析及其模型

对于不同的大学，其成长和发展有着不同的影响因子，有些大学主要受经费的制约，有些大学则主要是师资的问题。假使在某所大学，教师是学校成长发展的主要生态因子，将教师在不同时段的数量值记为：x_1, x_2, H, x_n；各 x_i ($i = 1, 2, H, n$) 是与研究对象有关的生态因子，则生态位的函数可表示为：

$$N = F(X) = F(x_1, x_2, H, x_n), X \in E_N$$

其中，$X = (x_1, x_2, H, x_n)$，$E_N = \{X \mid F(X) > 0, X = (x_1, x_2, H, x_n)\}$。

上述各生态因子的每组量化值 $X = (x_1, x_2, H, x_n)$ 构成研究对象大学的教师生态位点，E_N 是其 N 维资源空间。如果在 E_N 中存在一点 $Xa = (x_{1a}, x_{2a}, H, x_{na})$，使得 $F(X) = \max\limits_{x \in E_n} \{F(X)\}$，则称 Xa 为该大学的最适合生态位点。可见，大学的教师生态位适宜度是其最适生态位点与大学的现实生态位点之间的接近程度的定量表征。由此可以建立以下模型：

$$y = \sum_{i=1}^{n} a_i \times \min(x_i/x_{ia}, x_{ia}/x_i)$$

$$y = \sqrt{\frac{1}{n} \sum_{i=1}^{n} (x_i/x_{ia})^2}$$

$$y = 1 - 0.5 \sum_{i=1}^{n} |p_i - q_i| \qquad (4-7)$$

式中，$p_i = x_i / \sum\limits_{i=1}^{n} x_i$，$q_i = x_{ia} / \sum\limits_{i=1}^{n} x_{ia}$。

$$y = \frac{1}{n} \sum_{i=1}^{n} \frac{a_i \times \min\{|x_i - x_{ia}|\} + a \times \max\{|x_i - x_{ia}|\}}{|x_i - x_{ia}| - a \times \max\{|x_i - x_{ia}|\}}, 0 \leq a \leq 1$$

$$(4-8)$$

式中，y 为教师生态位的适宜值，x_i 为第 i 年（$i = 1, 2, \cdots, n$）大学教师生态因子实际测验值，x_{ia} 为第 i 年大学教师生态因子最适度值，a_i 为第 i 年的权重因子，可根据实际观测的教师分布情况来做估算。

第四节　总体规划与一般选择

设计一所大学的战略内容，实际就是确定大学的战略发展类型，这是大学战略规划编制的重要内容，也是大学战略决策的充分体现。不同类型大学往往具有不同的发展战略选择。战略类型的选择是根据学校的使命和愿景，在内外环境分析的基础上，对发展模式、发展策略和发展路径的抉择与定位。① 一般而言，大学的发展战略类型分为竞争性战略和发展性战

---

① "大学战略规划与管理"课题组：《大学战略规划与管理》，高等教育出版社 2007 年版，第 163 页。

略。某所大学到底应该采取哪种战略还必须视具体情况而定。从目前高等教育系统实际状况来看，由于高等教育资源的有限性，不同类型、层次间的大学存在着非常激烈的竞争。一所大学要脱颖而出，就必须争取更多的资源和机会，并充分挖掘自身的优势和特色，这就需要规划大学的竞争性战略；如果大学集中在某方面发展、需要争取更大资源投入等，就需要制定发展性战略，以求得持续发展。因此，这种发展性的战略具备一些总体战略的性质，而这种竞争性的战略则是呈现出服务总体战略的一般性战略。基于上述认识，我们也将新建本科院校的生态位战略设计为总体战略和一般战略两方面，并展开以下详述。

一　新建本科院校生态位战略的总体规划①

组织的总体战略不仅具有全局性、长期性、竞争性等一般特点，而且还具有方向性、综合性和纲领性特征。总体战略一般以价值为取向，并以抽象的概念为基础，注重深远性和未来性，代表了组织的发展方向。按照对生态位基本原理以及生态位战略的理解，大学生态位总体战略②选择和制定如图4-2所示。

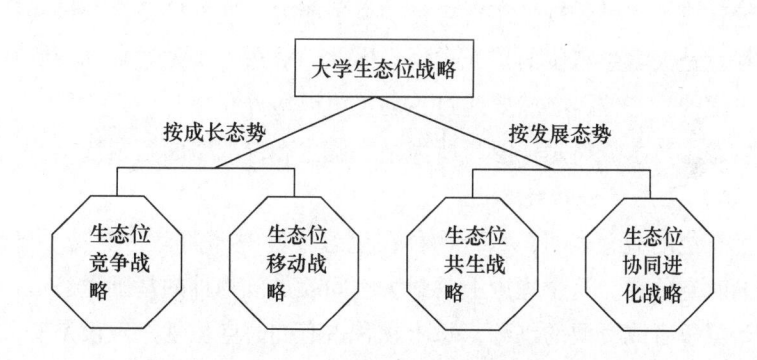

图4-2　大学生态位总体战略类型

（一）生态位竞争战略

大学生态位与自然界中的生物生态位一样，都是竞争的结果。不同的

---

① 龚怡祖、谢凌凌：《生态位战略：新建本科院校发展战略新选择》，《高教探索》2011年第6期。

② 值得说明的是，基于对组织总体战略的理解，这里所指的大学生态位总体战略具有一种导向性和普适性，其适用于包括新建本科院校在内的一般意义上的所有大学。故该部分在此不专门强调新建本科院校的生态位总体战略。

是，大学生态位是大学的主动选择和竞争行为决定的。一所大学在高等教育系统中的生态位是其竞争力的标志。随着高等教育改革的深入，当今的大学已经充分融入市场和社会的竞争，要想在竞争中求得生存和发展，就必须找准自己的生态位，打造自身的竞争强势。事实上，影响大学生态位的因素是非常复杂的，尤其是在当前我国高等教育体制趋向多样化复合性的生态环境下，大学的内外部关系发生了四种变化：其一，府校间的关系。政府对大学从微观干预转向宏观调控，大学在生存和发展上获取了更多的"自由权"。其二，校市间的关系。最典型的表现就是大学毕业生从以前的"卖方市场"转变为现在的"买方市场"，大学已经从主动地位转向为被动地接受市场选择。其三，校校间的关系。正由于前两种关系的变化，大学与大学的关系已由各自为政转为激烈竞争。其四，学校内部的关系。基于各种因素的渗透，大学的观念、办学模式、管理方略等也随之发生剧烈变化。因此，当前大学已经面临一个全新的生态环境，为了适应变化的环境以及提高竞争力，大学就必须不断地吸纳资源、扩充实力，实际上每所大学都在不断扩充资源梯度和纬度，比如新建本科院校就是通过专科院校升格为本科院校来实现自身的竞争能力，这种提高自身核心竞争力的过程就是大学生态位的扩充过程。因此，对每一所大学来说，要获取更高、更优的生态位，必然要通过主动竞争以培养和提升核心竞争力。换言之，生态位竞争战略是任意一所大学实施生态位战略的基本选择。

（二）生态位移动战略

生态位的概念表明，每个物种在生态环境中都拥有一个属于自己的、独特的时空位置。这个理论上的最大空间就是该物种的基础生态位，但往往由于竞争者或资源的制约，每个物种占有的时空位置一般仅是基础生态位的一部分，而且竞争者越多，对资源的竞争就越残酷，物种的实际生态位愈加受到威胁。所以，我们通常所指的每个物种具有自身独特的生态位，实际上是一个相对的生态位。因为每个物种都必须随着资源环境以及竞争者的变化而变化，否则该物种将有被淘汰的风险。这说明生态位的移动变化是物种成长和发展的一种常态。该原理同样适用于高等教育生态系统。在高等教育办学资源有限的情况下，任何一所大学一般都需要以生态位的移动来实现自身生态位的优化：一是以生态位的分离来实现共同生存。按照大学生态位的分离原理，同类或不同类大学为了避免生态位重叠，可以通过打造自身特色寻求与竞争对手的差异来避开残酷的竞争，从而实现在同一环境中共存。二是通过生态位的扩充来实现大学的可持续发展。事实上，大学之间实现生态位分离，就是要找到属于自身的发展空间。一般而言，这个过程实际上也是大学在扩大自身的生存和发展空间，比如新建本科院校的升格实现由低层次教育向高层次教育的转轨，学校在办学理念、教学、科研、制度等内涵上的转型等，这些都是在为扩展生态位奠定基础。可见，大学的进化过程不仅要巩固原有的生态位，而且更要不断寻找和创造新的生态位，因此，大学生态位的分离、扩充、强化等移动变化行为是大学生态位战略必不可少的组成部分。

（三）生态位共生战略

源于生物界的共生现象，其本义是指在自然环境中，两种物体由于不能单独生存而共同依附在一起，相互予取，共存共生。随着生态学的深入研究和拓展可以发现，尽管种间竞争非常普遍，但在一定条件下也存在合作或相依性，从而促进物种生态位的独特性和稳定性。相依性是指不同生活型的各种群之间的相互关系，这种关系具有两大特点：一是优先地位，即一个生活型通过与其他种的联合而单方面取得某种好处，如栖居于树枝上的各种动物、藤本植物、附生植物、在灌木丛中得到保护的肉质植物、在树荫下得到庇护的阴地植物等。二是互惠共生，即有关的生物相互协助而彼此获得某种利益，如森林内的松树层保护苔藓之类的地被层免遭日灼，从而减缓地被层过分强烈的蒸发蒸腾作用，同时，地被层又能保护林地使其不致过分干燥，从而有利于小松树的生长和森林的更新。实际上，这种相依性的关系就是典型的共生关系。就大学而言，生态位共生战略就是通过集群大学间的合作来实现资源和核心能力的互补融合，从而达到增强大学竞争力和获取新的竞争优势目的的一种战略行为。比如，大学的国际合作办学或大学联盟就是典型的大学生态位共生战略。大学的"共生"主要包含两个层面的意思：一是同质共生，指同类型、同层次大学间的互惠合作，避免彼此雷同、相克；二是异质共生，不同类型、不同层次大学间的互动与合作。生态位共生战略的作用主要体现在促进各个大学在高等教育生态系统中找准相对位置并形成互补型的关系，实施生态位共生战略的大学能对外部生态环境有一个全面系统的认识，能把握大学战略群体发展、演变的发展规律，相互合作，尽量采用避免与竞争对手直接对抗或模仿对手的战略，从而更好地挖掘各种机会，拓展大学的生存空间，达到"资源共享和优势互补"的共赢目的。

（四）生态位协同进化战略

与生物群落一样，大学集群的发展也具有两面性。大学在集群中发展有利于资源和信息的共享以及资源利用最大化，而且有助于提升大学的竞争能力。与此同时，集群大学的发展极易产生生态位重叠，并导致竞争的加剧。实际上，竞争行为的发生是大学进化的一个重要驱动力，每一所大学也正是在与竞争对手的相互竞争与合作中不断进化。因此，集群大学如果在竞争中选择适合自身的生态位，并与其他大学协同发展，从而提升整个集群的竞争力，保持集群的稳定性，这是每所大学都应思考的问题。协同进化是集群大学的一种演化方式，其主要是构建一种协同进化机制，以实现价值创新为导向，达到各价值主体（大学、竞争对手、社会公众等）共生共存、共同进化。比如，在互利合作下的协同进化强调大学间的配合，这说明集群内的大学都找到了各自的生态位，大学间能够相互协调、相互合作，实现优势互补、合作共赢，有利于推动集群大学的协同发展；在竞争下的协同进化则强调大学去寻找生态位分离的路径，如生态位的错位经营战略、生态位的泛化或特化战略、生态位的价值创新战略等，意指集群中的大学生态位不是固定不变的，而需要根据环境以及资源来调整生态位，从而促进集群大学的协调发展以及可持续发展。大学实施生态位协同进化战略，目的就是要保证集群大学的稳定。集群大学只有在协调、合作、互补、创新的基础上，不断调整和优化自身的生态位，才能构建一个稳定发展的集群。而且集群作为一种生物群落，它也有自己的生命周期，集群中的大学同样也具有嵌套在集群中的生命周期。换言之，生态位协同战略的最终目标是延长集群的生命周期，这也是延长自己的生命周期，这样才能寻求和谐与可持续发展。

二 新建本科院校生态位战略的一般选择

大学生态位的一般战略，是在大学生态位总体战略的指引下，探讨大学生态位重叠、分离、移动变化、关键因子控制、弱化、熟化、协同共生、非平衡发展、最优化及保护等大学生态位基本原理及其具体战略的选择和制定。这些生态位战略对于包括新建本科院校在内的大学的成长和可持续发展同样具有普适性。

（一）生态位错位：差异化战略

当两个或两个以上的学校利用同一资源或环境资源的时候，就会产生大学生态位的重叠现象。根据生态位的排他性原理，必定有某所大学会根据环境、自身能力及目标选择竞争或退出，随之可能出现大学生态位的变化和转移，进而导致大学生态位重叠现象的消失。这种变化和转移就是我们通常所说的生态位分离原理。如果大学生态位处于完全分离状态，则两所大学没有竞争关系。不同类型、不同层次的大学可以借助于空间和资源的分离把一种资源分离为不同的部分而分别占有。而统一类型或层次的大学（比如新建本科院校），也可以存在空间和资源利用分离的生态位。这就告诉我们，在安排竞争战略的时候首先要弄清竞争对手的生态位重叠状况及自身优势，生态位的差异化战略可以通过在主要生态位维度上的不同加以体现，例如因地制宜、因校制宜开展教学和科研活动，在服务区域、服务层次、服务内容以及服务对象上做到错位发展，以避免恶性竞争。

（二）生态位泛化：多元化战略

一所大学所能利用的各种资源的总和我们称为大学的生态位宽度。如果一所大学具有很宽的生态位，那么它可以以牺牲对狭窄范围内的环境资源利用率来换取更大范围内的资源利用能力，这就是大学生态位的泛化原理。如果资源本身不能保证或高等教育环境变化太快，作为一个竞争者，大学生态位的泛化将对大学的生存和发展具有重要意义。若一所大学的目标群体很小，那么大学的市场或社会容量就小，相应地，大学要得到成长和发展必须拓展生态位维度，进而占据更有利的环境、利用更多的资源。另外，从当前高等教育生态竞争的现实来看，为了有效规避风险，很多大学都会主动进行生态位泛化，拓展更多的教育产品，满足更多的教育服务需求。一般而言，生态位泛化对大学的能力维度要求较高，很多情况下为强势大学所采用（如高水平研究型的大学，"985"、"211"等院校）。对于众多的普通院校（如地方新建本科院校），除非对某些资源或社会服务面向有相当的驾驭能力，否则应该慎重采用这种战略，以免导致内耗。

（三）生态位特化：专业化战略

如果一所大学生态位较窄，这说明该校可能具有某些特定资源的适应能力，若这种资源适应能力能够得以持续，这可能成为学校的一种特别优势，即大学生态位的特化原理。这一原理启发我们，大学也可以在某些生态位维度上形成局部垄断优势，相应的，其他大学很难在短时间内占据或竞争该生态位维度，因此采取专业化战略对于一些地域或应用性特点的地方性大学（如新建本科院校）来说意义重大。当然，一些综合院校同样也可以采取生态位特化的方式来实现专业化的战略，比如专注于某一社会服务对象或专注于某一特殊行业等。现实中就有许多大学生态位特化的实例,长沙民政职业技术学院、中国民航大学等,又如上海工会管理职业学院就开设了"社区管理与服务"专业,就是培养专业化的"小巷总理"(即社区工作人员);这些学校专业特色鲜明、优势突出,其专注于特定领域或专业技能,从而取得了巨大的成功。

(四) 生态位保护:价值维持战略

在当今的高等教育生态系统中,每所大学的生态位都面临着激烈的竞争,因此,不管什么类型或什么层次的大学,一般都会为维护生态位的状态而投入巨大的成本,尤其是在一些重要的生态位维度上。如果不采取相应措施保护既有生态位,那么一些生态位维度将会因为其他竞争者的挤占而失去竞争力,这就是大学生态位的保护原理。该原理告诉我们,不论是哪所大学都应该至少对一些主要的生态位维度进行保护,以防止在某些生态位维度上的大学价值流失。大学生态位的保护既是一种战略安排,同时也需支付一定的成本,但目的都是提升社会和公众对大学的感知、提高大学的知名度,从巩固生态位中维护大学的品牌价值。比如,有些大学的学科或专业有着几十年甚至上百年的积淀,它的社会和公众认可度对该大学来说就是最重要的无形资产,对这种学科生态位进行保护和发展,必将对维持和提升大学的品牌价值意义深远。

(五) 生态位增值:关键因子控制战略

一般而言,无论什么大学,它的生态位状况总是被少数维度或关键因子所支配,其区别仅在于不同类型、层次、水平的大学生态位存在着不同的生态位维度及关键控制原则。掌握了大学生态位的关键因子可使大学发现并占据有利的资源及空间,并能快速找准提升办学效益的有效途径。从宏观方面来看,大学生态位的维度主要由环境维度、资源维度和能力维度构成。而对于地方院校来说,尽管其生态位维度也是由这些要素组合而成,但不同的要素对学校的成长和发展的作用是不同的。有的是经费要素决定了生态位的状态,有的则是取决于师资的综合素质,有的又是受限于学校的整体发展规划思路,还有的在很大程度上依赖于地方经济社会的认同和需求。因此,与综合院校和名牌院校相比,地方院校更需要关注自身的关键生态位因子,并适时进行调整和优化,才能不断地确保生态位的增值效能。

(六) 生态位多维重叠弱化：地方院校成长战略

大学生态位通常都具有多个维度，因此顺延两个或两个以上生态位维度的变化，各个大学的生态位重叠情况会逐渐减弱，这就是大学生态位多维重叠弱化原理。若两所大学在一个生态位维度上重叠较多，但在别的生态位维度上就可能重叠较少；反之则相反。因此，大学生态位多维重叠弱化原理使得大学生态位重叠趋向弱化。根据这个原理，对于许多地方院校来说，只要做与竞争对手在某些生态位维度上的差别布局，完全可能创造出地方院校的局部竞争优势，以便得到快速发展。比如有的地方新建本科院校与老牌本科院校具有相同的专业生态位宽度，但其可以在区域维度上区别开来，甚至可以完全分离。有的地方院校与综合院校在生源生态位上有相似性，但可能在毕业生生态位上存在很大差异。这些情况均可导致大学竞争的弱化，故而地方院校存在着特有的生存空间。

(七) 生态位非平衡性：大学跨越式发展战略

大学的组织进化过程，实质是大学基础生态位的选择、扩展和跃迁，同时也是自身实际生态位不断接近基础生态位的动态过程。在这个过程中，大学生态位往往呈现出非均衡发展态势。一般而言，大学生态位的非平衡可能体现为不同生态位维度间的不平衡，也可能表现为一些主要或关键生态位维度的移动变化，甚至还有可能是生态位整体的突变等。如果大学生态位的构成状态发生了非规则性的变化，则大学必然出现非规则的发展态势。对于任何一所大学来说，要实现学校的跨越式发展，必须使大学的生态位得到快速健康的变化，并产生正向的"多米诺"骨牌效应。比如，尽管可能受限于经费、生源等生态位维度，但地方新建本科院校实施"校地全面深度合作"等，可有效弥补生态位维度发展的非均衡劣势，并可能使学校产生跨越式成长效应。因此，对于一些地方院校来说，分析规划大学生态位的非平衡变化点及其变化机制，既能有效预防"多米诺"危机，又能对学校的跨越式发展起到推波助澜的作用。

尽管当前国内外关于企业生态位及生态位理论的研究取得了一定的成果，但是企业生态位战略的研究仍处于一个初期的阶段，而对于大学生态位战略的研究，更是处于起步时期，本部分尝试提出的一些大学生态位战略，不一定精准、完整，还有赖于后续章节的分析阐释。

第五章　新建本科院校生态位战略组织与实施

战略实施就是要执行达到战略目标的战略计划或战略方案，这是将战略付诸实际行动的过程，即战略构想到行动的转化。如何转化或转化是否能够顺利进行，除了战略本身的适宜性与可行性外，还必须寻求有效资源配置、组织结构调整及目标执行体系、组织制度以及组织文化的支持。如此才能保证组织战略实施的成效。大学实施生态位战略同此道理。

本章要关注的问题是，如何将生态位战略计划转化为大学办学绩效以保证大学生态位战略的成功，采取怎样的措施保证新建本科院校生态位战略得以执行。分析可能导致新建本科院校生态位战略计划有效性缺乏的原因，以及挖掘影响其生态位战略实施的各种因素等。

第一节　资源配置

资源配置是战略实施的重要内容。一般而言，组织在实施战略过程中，必须对所属资源进行优化配置，才能充分保证战略的实现。对大学来说，它们的生存和发展不仅取决于自身的历史传统、现有基础，更重要的是大学灵活应对外部环境的变化的能力，特别是如何充分有效地利用有限的办学资源问题。而这些资源既包括内部资源的有效利用，又包括外部资源的获取和拓展，同时还包括如何实现内部资源与外部资源的有效匹配问题[1]。质言之，资源依赖和资源获取能力不仅是大学进行竞争的基础，也构成大学的生态位基础。从这个意义上讲，大学生态位战略的本身实质就

---

[1] "大学战略规划与管理"课题组：《大学战略规划与管理》，高等教育出版社2007年版，第177页。

是根据学校的战略目标,对各种资源进行合理规划、优化配置,以期最大限度利用资源,并在优化大学生态位的基础上创造学校的整体竞争优势。

一 大学生态位战略与资源的关系

(一) 资源对大学生态位战略的基础性配置作用

对任何组织而言,战略与资源的适应关系是组织战略实施过程中的最基本关系之一。必要的资源保证是成功实施战略的关键所在。根据对资源理论的理解,大学生态位是大学对外部环境中各种资源选择和利用的能力,而这些能力主要体现在大学能动地与环境及其他大学进行物质循环、能量转换和信息流动的交互作用过程中形成的生存力、发展力和竞争力。对于多数大学来说,采取最优资源利用策略,获得最优最宽的资源空间幅度,是不同发展时期大学生态位关注的焦点。同一环境中的生态因子并不是平均分布在各个大学资源维度上,而是倾向于向具有聚集效应的维度集中,大学生态位竞争的日渐激烈加速了生态资源的空间移动,尤其是对稀有生态资源的竞争,不断扩充和改变大学对所依存环境中自然资源、社会资源、经济资源的利用幅度。可见,资源始终是大学生态位战略实施的根本保证。值得指出的是,现实中有一些大学具有生态位战略的思维,却没有意识到资源的保证作用,究其原因,往往是由于战略制定者思考程序上的缺陷,易于制定"空中楼阁"战略或是对资源的预测出现偏差,致使出现缺乏资源保证的战略;还有一些情况,是没有把握好本学校的资源、尤其是无形资源而出现错误,造成无法预料的损失。

(二) 大学生态位战略可以促使资源维度的有效利用

从组织资源利用角度来看,即便拥有充足的资源,组织也不能为所欲为。因为过度滥用组织资源,不仅会使组织丧失既得利益,还会使组织丧失应该得到更多利益的机会。作为大学组织来说,由于构成大学生态环境空间的资源因子始终处于从"质"的优劣互变到"量"的增加减少的变化状态,因此大学生态位获得并利用的资源空间只能是一个相对概念,这就要求在对某一层次或类型的大学生态位进行具体研究时,必须将大学的资源维度纳入特定时空条件下,以便把握大学生态位的现实发展强度和竞争力水平。事实上,通过前一章对大学生态位战略的探讨可知,实施大学生态位战略的基点与核心就在于促进大学生态位维度的拓展与优化;反之,无论是环境维度、空间维度还是能力维度,它们又构成了大学生态位战略分析和战略选择的基本依据,而资源维度实际上又是这三种维度交错的核心。可见，大学采取正确的战略，可以使资源得到有效的利用，而大学实施生态位战略实质上意在充分挖掘各种资源维度的潜力，尤其是这三种维度上不一定直接或马上体现出来的无形资源或间接资源等。

（三）大学生态位战略可以促使资源维度的有效储备

一般而言，无论什么组织，其资源总是动态变化的，因此在组织实施战略过程中，通过对现有资源的良好组合，可以在变化态势中创造出新资源，从而为组织储备了资源。所谓有效储备，一般是指使必要的资源以低成本、快速度、在适宜时机进行储备。组织战略往往是通过两种方式来实现这一目的，一是强调战略推行的结果可附带产生新的资源；二是这种新资源可以成为其他战略必要的资源而被经常及时使用。事实上，上面我们探讨大学生态位战略中三种维度融合而生成的资源，就是一种典型的新资源。大学生态位战略可以促使这些资源维度的有效储备，尤其是可以促使这些新资源为大学的其他战略所使用。比如人才培养生态位所显现的学校社会信誉度，实际上就可以视为大学品牌战略的评判标准，为大学实施品牌战略乃至大学实施名牌战略储备了有效的资源。从另一个角度看，由于大学生态位战略强调共生和协同进化，其核心在于资源共享与合作发展，换言之，这两种特质不仅适用于大学与大学间的关系，同样适用于大学各类战略之间的关系，因为只有各类战略的高度融合，才能推进大学的和谐可持续发展。基于这些认识，大学生态位战略的核心特质不仅能够促使资源维度的有效利用，而且能够促使资源维度有效储备，以发挥更大的效能。

二 大学生态位战略资源配置的"历时性"与"共时性"

大学组织的进化实际上是通过自身生态位的优化与跃迁使实际生态位接近基础生态位的动态过程。大学生态位战略管理就产生了两个任务或过程：一是大学的历时生态位，即大学在进化期上的某个时点上，与环境的相互作用、匹配，从而正确地选择生态位并巩固生态位的过程；二是大学的共时生态位，即大学在进化过程中不断适应、改变环境并创造新的生态位的过程。因此，大学的生态位战略资源配置必须经历和处理"历时性"和"共时性"的双重过程。

大学生态位战略资源配置的"历时性"，实际上是指大学生命周期中的不同战略导向。在大学的初创期，大学的战略重点一般是设计学校的使命与愿景，重视学校文化与特色的培育。在这一时期，大学生态位战略的作用主要在于如何吸取大学生存所需要的各种因子，营造有利于大学成长的资源和环境条件；在大学的成长期，大学规模不断扩大，组织结构不断完善，大学对资源的驾驭力也不断增强，在这一时期，大学已经呈现出对环境的主动适应性，大学的生态位战略选择主要表现在对有利生态资源的争夺。这种争夺不仅仅是一种竞争过程，而且还是一种优化过程，尤其是体现在大学通过营造特色来逐步抢占"高位"的生态位，包括大学的协同共生、战略联盟等，从而不断丰富自己的生态资源。这实际上也是大学优化期的基本表征。这一时期的大学生态位战略往往是基于大学能对外部环境产生较强的影响力和辐射力，以挖掘资源深层潜力和提升竞争优势为大学提供新的内部条件，从而占据愈加有利的生态位。但是由于大学环境的复杂性和不确定性的存在，大学的影响力往往具有时间和范围的限度，且会随着大学生态位的衰退而逐渐显现。如果大学能及时调整战略，寻求蜕变，或许能淡化大学生命周期，从而获得持续成长和发展；否则，大学就会进入典型的衰退期。这一时期大学生态位战略的主要目的是保证资源维度的稳定性。

大学生态位战略资源配置的"共时性"，实际上是指大学在特定阶段发展的相对稳定性。我们知道，"战略着重于一种根本性的视点，即给组织以正确的定位，以面对未来日益增长的不确定性"。[①] 可见，大学的生态位战略，是大学根据内外生态环境或条件，以适合的战略来实现在相应生态位的成长与发展。一般而言，大学在进化的某个截面，可以采取传统的战略管理方式，以一般意义上的战略计划来实施战略乃至评估战略，这一时期由于环境没有变化，所以大学的战略模式和机制可以保持不变。但如果这一时期大学的生存环境或内部条件发生重大变化，那么大学的战略必然要随之改变。因为在动态变化的竞争环境中，只有那些立足在"稳固型"大学生态位基础上且又能够不断创造出"动变型"大学生态位的学校，才能获得未来的持续成长和发展。因此，大学在生态位战略规划和实施的过程中，要始终用一种动态、权变的思维方式来配置资源以及监测内外环境的变化状态，不仅要在"资源劣势"时善于转化，因势利导，而且要在"资源优化"中寻求大学获得长期的竞争优势，更要在"资源增值"中促进大学不断持续和谐发展。

---

① ［澳］欧文·E. 休斯：《公共管理导论》，中国人民大学出版社2001年版，第175页。

第二节 目标框架

一所大学要制定切实可行的战略目标，必须保证愿景与现实、目标与能力和资源之间的匹配性，必须建立在大学对其资源和能力充分把握的基础之上以及清晰了解复杂多变的环境。换言之，目标设立的高低具有现实挑战性。所以，很多大学在确立了战略目标后，不仅要制定一个好的战略计划，而且还有实现战略目标的行动计划。因为具体的行动计划往往才是达成战略目标并实现大学使命和愿景的手段。因此，对于包括大学生态位战略在内的任何大学战略来说，确定一个合理且具可操作性的行动计划，有利于把战略目标的陈述转化为可行的、可衡量的以及实现程度较高的目标。

一 新建本科院校生态位战略计划的制订：基于大学生命周期的分析

实施战略会涉及整个大学组织各方面的工作，是一个十分复杂的过程。因此，大学在开始实施任何一项战略之前，有必要制订一个战略实施计划，将各项战略目标在时间、空间等要素上合理展开。组织战略实施计划的概念告诉我们，计划是组织决定如何实现自己的一种目标手段，是对未来行动方案的一种说明。战略实施计划告诉管理者和执行者组织未来的战略目标是什么，要采取什么样的行动来达到目标，在什么期限内达到这一目标，以及由谁来执行这一行动。[1] 可见，从战略角度出发，组织如何达到自己的目标则是战略实施计划要考虑的主要问题。因此，当一个计划系统被引进大学时，大学的管理者应该对什么是战略实施计划有一个清晰的认识。然而，由于影响大学战略实施计划的因素复杂多样，而不同的战略往往又存在不同的影响因素。因此，在大学的战略管理中，不存在一个可以适合所有大学的战略实施计划的模式，影响大学战略计划系统设计的因素也会因大学的不同而有所差异。生态位战略作为大学的一种战略，强调的是大学要立足高等教育生态，并在经济社会发展大局中来找准自身位置的一种战略。它应该既要突出从生态位分化中准备自我定位，并寻求差异和特色发展；也要根据对内外形势的准确判断，寻求如果处理好学校与

---

[1] 张明玉、张文松：《企业战略理论与实践》，科学出版社 2005 年版，第 294 页。

学校、学校与社会关系的各种策略，从而在实现自身生态位跃迁过程中创造更多的社会价值。

基于以上认识，对于新建本科院校这一高等教育生态系统中的特殊群体，它们的类型、层次、服务面向以及人才培养模式等，均具有自身的特殊性，而这种特殊性尤其表现为它们在高等教育生态系统中尚属"年轻群体"，寻求合适生态位必将是一个长期动态的过程，而这个过程一般都是有不同的成长阶段以及不同的成长特征，非常契合组织生命周期理论的基本原理[1]。因此，结合前文对大学生态位战略资源配置的"历时性"的探讨，从生命周期理论的视角来审视这类院校的生存和发展，其实质正是对新建本科院校生态位战略计划制订及其实施方式的一种全新解读。

从初创期来看，新建本科院校应该注重拓展生态发展空间以及资源维度，努力提高学校生态位的生存力。由于初创期是新建本科院校生态位建立的最初阶段，也是学校生态位生存力和生命力的基础时期。尽管在这一时期学校的生态位对外部环境具有较强的反应力和适应力，在内部环境上也具有一定的凝聚力和创新力。但学校生态位的整体实力偏弱，往往缺乏全局性、协调性的发展理念，且所依赖的各种资源维度参差不齐，环境维度复杂、机遇与挑战并存，空间维度狭窄、市场社会占有率低，能力维度水平低、吸纳性弱。同时，学校与外部环境的物质、能量、信息转换处于不稳定状态，会转化为影响学校生态位生存与发展的制约性因子，使学校生态位缺乏应有的资源因子的支持，从而造成学校生态位的作用与功能在环境格局中表现得微不足道。当资源吸纳障碍外显为发展动力的束缚，并同新建本科院校生态位发展所需资源维度背道而驰时，这类院校的生态位便要构筑起有效汲取资源因子的必由渠道，在与外部环境进行物质、能量和信息的传递交换中不断吸收资源维度的积极成分。

---

[1] 组织生命周期理论认为，组织成长阶段具有连续性和循序渐进特征，组织在其不同的成长阶段有不同的活动特征和组织结构，它也是种群生态理论发展到一定阶段的分支。（参见[美]格雷纳《组织成长的演变和变革》，《哈佛商业评论》1972年第7—8期）组织生命周期理论的最大意义也在于协助管理者面对和处理可能的组织路径改变，组织的变革发展和行为可由组织的生命周期模型来预测。换言之，大学组织也可以根据自身的成长特点，比如学校的规模、经费等特征参数值来判断组织所处成长阶段的依据，以此作为大学组织成长模型中的自变量，并确定若干相应的组织结构形态、组织文化等组织成长模型中的因变量，具体描述和预测大学组织成长阶段的特征。而了解和把握了这些特征，正是找准学校生态位以及实现生态位跃迁的必要前提。

一般而言，大学生态位对于外部生态环境的作用和功能以及对资源因子的选择和利用能力，主要表现为大学能动地与环境以及与其他大学的互动交流所形成的生存力。大学所需要的各种生态因子广泛存在于生态发展空间之中，空间维度越大，资源因子就越丰富，大学生态位的生存力就越强。生态发展空间包括自然发展空间、社会发展空间和规范发展空间三个方面。自然发展空间是基于区域地理位置所提供的各种物质资源，是大学生态位所形成的基础性条件，如大学所在地区、所在城市的具体方位等；社会发展空间是指社会子系统的条件及其变动水平，如社会经济水平、文化状况、科技政策等；规范发展空间是指大学的各种制度、理念及行为方式，如大学自主权、学者的价值取向等。其实这些资源因子都是大学生态位存在的基本因子，各种因子之间的合理配置及其关系状况影响着大学生态位的健康发展。现实中，高等教育生态系统不仅在空间结构上具有差异，资源维度亦有差异，尤其是一些资源因子的性质、类别、发展趋向具有区域独特性，故而在拓展生态发展空间、挖掘资源因子的途径和方法也有所不同。作为新建本科院校来看，由于学校的类型、层次特殊，区位优势独特，在学校的初创期，一般要注重平稳地提高资源占有能力和利用能力，并且要逐步增强与生态发展空间的互动性，从而有效增强初创期学校生态位的生存力。

从成长期来看，新建本科院校应该主要强化学校经营理念，优化资源因子配置，努力提高学校生态位的发展力。在成长期，新建本科院校生态位的整体实力有了较大提升，也促进其生态位创新力和凝聚力不断增强。这时，由于新建本科院校在环境系统中的地位日渐明显，那么，夯实原有发展空间，注重资源因子的持续吸纳，进一步增强在环境系统中的影响力应该成为学校生态位发展的导向。然而由于外部环境变动频繁，进而可能造成资源因子的"恶性竞争"，比如当前高校生源尤其是优质生源的激烈抢夺，不断打破学校生态位初步形成的结构体系，换言之，环境维度的变动常常使学校内部结构或机制不能"有效对接"，这在新建本科院校的成长期体现得尤为明显，即资源因子的相对匮乏与支撑学校生态位快速发展的需求之间的矛盾越来越大。可见，对于新建本科院校这样的成长型的学校，资源因子是学校生态位能否快速发展、不断扩张的决定性因素，而能否有效管理资源因子则是影响学校生态位平稳有序、持续演化的核心要素。

新建本科院校生态位的快速成长是在与外部环境的互动以及资源因子利用能力的增强和竞争优势不断体现的动态过程。按照组织成长生命周期特征，这个阶段需要主动强化生态资源的配置，而这又取决于科学合理的管理，才能促使资源因子结构达到合理配置。对大多数新建本科院校来说，它们主要采用管理手段来配置资源因子，而非学校经营的理念，其生态位成长的管理、规划以及资源因子配置手段的大学组织特色明显欠缺。尽管一些新建本科院校也考虑大学利益相关者组织特性在资源因子配置中的作用，但在生态发展空间和资源因子取向确立上却过度依赖学校的自我调控，区域性、地方化程度严重不足，在资源因子配置中的基础性调节作用也得不到充分发挥，从而严重制约了学校生态位的快速成长。在很多地方，政府宁可将更多的资源放在"发展力"似乎比新建本科院校更强的高职院校上[①]。因此，从强化管理学校思路到树立经营学校理念，是新建本科院校生态位发展力跃迁的一个着力点。这就要求新建本科院校必须挖掘资源维度的可配置性，采取各种有效的手段和途径，使成长阶段所需的各种资源因子合理流向学校的生态位发展空间，发挥生态位维度的最大效应，实现资源因子的持续循环利用。

从优化期来看，新建本科院校要突出错位发展来打造核心竞争力，巩固原有竞争优势，努力提高学校生态位的竞争力。伴随高等教育大众化的深入推进，新建本科院校生态位在环境系统中的地位必将逐渐凸显，并会占据一定的空间维度，这是典型的优化期状态。然而，值得指出的是，固有的优势总是"适配"外部环境系统的复杂变化；相反，有时还会"背离轨道"，这很可能与学校生态位日渐完善的内部结构构成"冲突"或"壁垒"。尤其是大部分新建本科院校都是由专科学校合并而来，原来专科学校的领导往往对自身已拥有的生态位优势倍加赞赏，总是去弱化那些较低生态位的学校或资源维度较少的学校，易于产生一种满足心理。此外，作为合并的学校，涉及组织与组织深度融合的问题，现实中的新建本科院校内部缺乏物质、信息和能量的深度融合，严重影响学校生态位维度功能和作用的发挥。因此，如果没有及时消除这些陈旧思想和满足心理，新建本科院校生态位竞争优势必将逐渐式微。鉴于优化期大学生态位所需的资

---

① 中国教育新闻网，http://www.zxxk.com/Html/gaokaonews/Class2853/Class2928/527802008110716-1600.html。

源因子具有独特、优质性和稀缺性，新建本科院校必然要与相同或不同层次、水平、类型的学校生态位之间为了获取"质高量多"的资源因子展开激烈的竞争。

现在大学的竞争已是更广泛意义上的竞争，尽管新建本科院校应注重区域导向、面向地方，但它们与其他学校生态位的竞争已逐渐从国内转向国际，竞争的关注点也已经从纯粹的资源争夺转向特色竞争力的比拼。新建本科院校的生态位要获得持续发展，就必须在巩固原有优势的基础上不断打造核心竞争力。一所大学的核心竞争力是以大学固有的竞争优势为基础，能够在人才培养、科学研究和社会服务中整合各种资源并获得持续发展的能力，它是大学长期培养并积淀而成的有别于其他学校的特色或专长。任何一所大学都是凭借自身特色或专长来获取竞争优势并拓展生态发展空间的。作为大学生态位的一种内在特质，核心竞争力不仅内嵌于大学生态位的竞争力中，还扎根于大学生态位的成长过程和跃迁行为中，同时也是生成于大学生态位的竞争环境之中。因此，大学特色竞争力的培育，要注重多角度、多层面、多形式的错位发展战略，以全方位提升大学生态位的竞争力。新建本科院校实施错位发展，既可以通过发展理念的错位，比如在资源因子不求全、而求精的理性认识中明确发展取向；又可以通过手段错位，比如以"科研兴校"的姿态最大限度地吸取资源因子，丰富资源维度；同时也可以通过功能错位，比如细分服务区域的空间结构，建立适应性较强的结构体系以及功能机制，实现学校生态位功能的时空错位，从而达到以核心竞争力的错位发展来巩固原有竞争优势，并不断提高新建本科院校生态位竞争力的目的。

从衰退期看，新建本科院校应注意洞察外部环境，主动寻求新的增长点，努力提高学校生态位的创新力。值得指出的是，这个衰退期，并非指狭义上的组织衰败或死亡，而是广义上的随着外界环境的变化与发展以及各类资源因子的互动与演化，致使一些具有独特性的、有效性较强的资源因子的出现，这些资源因子与原有资源因子展开全面式、立体式的自有分离与自由组合，形成了新的资源因子链，成为促进大学生态位快速成长、持续发展的新活力因子。鉴于外部环境的复杂动变，处于衰退期的新建本科院校生态位只有主动适应外部环境的变化，依靠学校内部系统各系统的活动及其功能的有机结合，才能实现生命机体的正常有序运转。但是，现实中很多新建本科院校生态位在衰退期并不能适时"对接"外部环境变化，以至于出现功能倒退、结构僵化、作用下降以及空间萎缩等特征。一般来说，外部环境变化常常是通过一些新的资源因子或资源因子链的出现来体现，或者说新的资源因子的产生是外部环境变化体现及过程。所以，孤立、静止看待外部环境非但无益于衰退期的新建本科院校生态位的发展，而且会加速其生态位衰退。反言之，只有时刻关注外部环境及资源因子结构的变化，才能避免新建本科院校生态位因机制老化、功能衰减而出现弱化甚至消亡的可能。

对任何一所大学而言，走出衰退期的有效途径就是要不断吸收外部环境中新的资源因子，并在内部结构与功能作用的耦合下，不断转化为有效把握环境变化，进而及时化解外部环境的负面影响，这才能成为新建本科院校获得再生、摆脱衰退的着力点。这种新的资源因子往往成为创新学校生态位的活力因子，学校生态位同时也是在消除外部环境负面影响过程中不断吸收这些因子的营养成分。因此，从外部环境中寻求新的资源因子，成为探索衰退期学校生态位的新的增长点的重要战略途径。当然，对于多数新建本科院校生态位来说，在这一阶段还必须对新的增长点进行甄别和分辨，否则不仅会徒劳无获，而且还会耗费原有的资源因子。比如，很多新建本科院校在学科专业上的"求全"取向就是一种典型的盲目行为。因此，为了有效辨别新增长点或发展空间，还应该实时监控、全面把握这些新增长点与新建本科院校生态位的匹配性，也可以通过对某些生态位维度的测定掌握这些新增长点的活动状况，并有针对性地扩大新增长点的辐射范围，然后反馈给学校生态位核心系统，使学校能够逐渐了解对新增长点的适应过程。通过核心系统所提供的反馈信息，促使学校能够自我调节衰退期的生命机体的生理变化，达到自我调适与健康持续发展有机结合，从而实现提高新建本科院校生态位创新力的目的。

二 实现新建本科院校生态位战略目标的组织结构

组织结构的功能在于分工和协调，是保证战略实施的必要手段。它一方面表现为一定的组织形式，即为实现组织既定目标而合理配置资源，以充分发挥资源潜能的系统结构，主要是人们在组织活动中通过专业化分工协作而建立起来的工作关系结构与模式；另一方面又表现为一定的组织过程，即合理配置与运用资源，不断协调组织系统内各方面矛盾，以逐步实现组织既定目标的过程。犹如人体骨骼一样，组织结构是组织战略实施的物质基础和行为框架。一般来说，不同的组织有各自不同的组织结构。企业组织结构是指企业正式的资源配置机制、程序机制、监督控制机制、治理机制和决策过程。战略的变化导致组织结构的改变,而组织结构的重置要以能推进战略实施为原则。离开了战略或者企业的使命与目标,组织结构毫无意义。[①] 大学也是如此。

(一) 大学生态位战略与组织结构的关系

大学的战略也是通过大学组织来实施的,战略能否有效实施与组织结构之间有密切关系。钱德勒（Chandler）对战略与组织结构关系的认识同样适用于大学,他认为,组织结构跟随战略进行调整。他的研究发现,战略的转变给企业带来了新的管理问题,导致组织经营绩效的下降,从而引起组织结构调整的必要,经过调整,组织的绩效得到改进提高。[②] 对于大学来说,这种组织结构不是指学术结构,而是能够实现大学战略管理目标的管理组织结构。一个合理的组织结构是大学战略规划得以顺利实现的组织保障,也只有通过合理的领导体制和机构设置,才能够在大学战略、组织设计以及外部环境之间产生大学组织的竞争优势。但是,现实中,对于处在复杂生态环境中的新建本科院校来说,时常会采取一些"权变型"的战略来适应环境的变化,生态位战略就是一种典型的战略选择。那么,大学生态位战略与大学组织结构到底有着怎样的关系呢?

1. 大学生态位战略与大学组织结构的基本关系

任何一种组织结构均可以简单定义为组织中各种劳动分工与协调方式的总和,它规定着组织内部各个组成单位的任务、职责、权力和相互关系。按照钱德勒的观点,是"组织结构遵从战略",即组织战略的改变会导致组织结构的改变,最复杂的组织结构是若干个基本战略组合的产物。当大学确定战略之后,为了有效实施战略,就必须分析和确定实施战略所需要的组织结构。因为战略是通过组织来实现的,要有效实施一项新的战略,就需要一个新的,或者至少是被改革了的组织结构。如果没有一个健全的、与战略相应的组织结构,所选择的战略就不可能被有效地实施。战略与组织结构这种主从关系具有重要的意义。它指明大学不能从现有的组织结构的角度去考虑大学的战略,而应根据外界环境的要求去制定战略,然后再根据新制定的战略来调整大学原有的组织结构。由此可见,环境对

---

① 刘英骥:《企业战略管理教程》,经济管理出版社2006年版,第257页。
② [美]弗雷德·R.戴维:《战略管理》,李克宁译,经济科学出版社1997年版,第251页。

大学组织战略设计和组织结构调整的重要程度。事实上，大学生态位战略的目标实际上就是要找准大学在负责环境中的独特位置，而这个过程恰恰就要求大学必须提供一个能够有效勾连政府、市场和社会的组织结构，从而使大学能够更好地适应环境。

从大学生态位战略本身来说，它既强调对生态位维度的科学把握，更注重生态位维度间的"适配程度"，如能力维度与环境维度以及空间维度是否耦合。而后者恰恰说明是否能有一个良好的组织结构来与生态位战略相匹配。比如就一所新建本科院校的成长过程而言，一般要经历规范和创新两个过程。在规范过程中，需要实施生态位保护策略，强调自上而下的模式，通常是一种直线型的结构，因为学校现有的能力维度有限；而在创新过程中，大多时候需要实施生态位拓展策略，强调多维参与模式，通常是一种矩阵型或团队型结构，由于学校能力维度的扩展需要分权扁平化管理。应该说，大学生态位战略也是服务和服从于学校的总体发展战略，由于生态位战略的核心理念是差异与合作，它实际上也是在强调组织结构中不同要素发挥不同的功能作用以及这些要素在组织结构中的相互依赖关系。比如，一所学校如何根据现有的资源状况来实施有关学校发展类型的职能战略，这就直接关系到学校组织结构设计是否合理可行。面对同一行为，大学生态位战略强调能力维度与空间维度是否匹配，实际上也就包含了对组织结构要素的考虑。因此，大学生态位战略不仅是大学发展战略的一种选择，而且也可以视为一种检验大学各种战略是否与大学组织结构相匹配的有效途径。

2. 大学生态位战略的敏锐性与大学组织结构的滞后性

大学作为一个开放的系统，总是处于变化的外部环境之中。相对于大学组织外部环境变化而言，大学战略和大学组织结构的反应是有差别的。前者往往快于后者，而后者一般是在前者推动下才对环境变化做出反应。

大学生态位战略较大学组织结构有更强的敏锐性。这是因为，大学一旦意识到内外环境的变化提供新的机会或需求时，生态位战略的第一反应就是如何维持和拓展其环境维度和空间维度。例如，生源的增加或减少，社会对人才的需求都会刺激大学发展对人才的培养。事实上，大学生态位战略也说明其具有动变性，即这种战略是要求大学因环境的快速改变和复杂性的增长而不断采取更为有机的组织形式，也就是至少在一定程度上需要调整原有的组织结构。反之，如果组织结构不作出相应变化，大学生态位战略不会使大学获得更大的收益。

大学组织结构的滞后性主要指它常常慢于大学生态位战略的改变。其原因有两个方面：其一，新旧结构融合或交替需要一定的时间过程。因为当新的环境出现后，大学首先考虑的是利用和优化环境维度和空间维度，而只有当这种生态位战略制定出来后，大学才会根据这种战略来改变原有的组织结构。其二，由于原有组织结构的惯性作用。我们知道，大学生态位环境维度和空间维度的利用或优化有赖于能力维度的发挥，而能力维度的落脚点在很大程度上是大学组织成员能力的激发。然而由于担心自身地位、权力以及利益受损，大学组织成员中很多管理人员常常会以各种方式抵制必要的组织变革，这也是致使组织结构慢于战略改革的一大因素。

大学生态位战略的敏锐性和大学组织结构的滞后性表明，在应对环境变化而进行的大学生态位战略转变过程中，总是存在着一个依赖旧的组织结构来推行新的战略的交替时期。因此，在为大学生态位战略实施进行组织匹配过程中，学校的战略管理者既要正确认识组织结构有一定滞后的特性，在大学组织结构变革上不能操之过急，又要尽量缩短组织结构的滞后时间，使组织结构尽快变革以保证生态位战略实施的效率。其实，在阐述大学生态位维度的空间维度时，其中对"时间生态因子"的描述就很好地说明了这个问题。

（二）适合新建本科院校生态位战略的组织结构选择

一般而言，每所大学总会有一个完整的生命周期阶段。上文阐述的新建本科院校生态战略计划，实际上就是将这类院校看成是一个完整的组织生命周期，并对不同阶段的目标做出的具体分析。由于组织结构的演进和创新对于组织来讲是一个不断变化、动态调整的过程。同理，大学组织结构的演进和创新同样是克服大学成长危机、推动大学可持续发展的重要途径。因此，按照大学生命周期的一般规律，结合新建本科院校成长中的不同阶段的实际情况对其组织结构进行有效设计。

新建本科院校初创期同样都会选择科层式的组织结构，因为这种结构利于对学校各种资源的整合，它的刚性化、集中化的特征有利于对一些重要生态位维度进行价值维持，便于实现生态位保护战略。组织理论告诉我们，组织结构的选择必须是综合考虑组织的外部环境影响和内部条件制约。这个时期的新建本科院校是典型的教学型大学，其组织目标是以知识传授和学生发展为取向的，其组织特征是学校主导型以及管理垂直化，而教研室往往是这类大学的最基本组织单元，并且强调科层式的结构来保证学校的运行。所以，新建本科院校的初始期由于对资源等适应能力的原因，致使生态位较窄，一般采取直线型结构来降低学校运行成本并努力提高运行效率。

新建本科院校在成长期一般会选择扁平化的事业部制结构，因为这时学校的规模和办学水平都提升了一定层次，原有的科层式组织结构受到外部环境和内部系统的双重挑战，这时管理中心下移、管理权限下放成为学校发展新的要求。在这种事业部制结构中，要求各单位都具有人财物的调控权，以便主动联系、拓展，并适应外部环境的变化，这也是典型的生态位移动战略的基本要求。到了这一阶段，新建院校呈现出教学研究型大学的组织形态，其组织目标是以知识应用和社会发展为取向，其组织特征是管理重心在学院。这一时期的新建本科院校规模适中，采取事业部制组织结构，易于促进组织系统的自我调适和自我发展，对环境变化的反应较为迅速，容易激发办学活力。

新建本科院校在优化期，通常会选择柔性化的矩阵结构，因为经过相当长时间的发展，学校既体现出行政力量的导向和影响，也体现了行政管理的服务功能。而这时学校最大的特点就是学术力量的强大，因此，学校管理的重点是如何创造更好的学术生态环境和学术生态氛围。这个时期新建本科院校呈现典型的研究型大学的组织特性，其组织目标是以知识创新和学术发展为取向，其组织特征是管理重心下移至学科。而柔性化的矩阵结构就是不断创新组织单元，消除行政组织和学术组织之间的壁垒，不断提高学校生态位的竞争力和创新力。因此，这一时期的新建本科院校由于能力维度的提高和资源维度的优化，增加了生态位宽度，能够促进学科的交叉、融合与共生，采取柔性化的矩阵结构易于使生态位的泛化战略和共生战略充分发挥出来。

新建本科院校步入衰退期，往往归因于三种情况：没有拓展生态位，使原有核心竞争力孤立无援；为寻求新的增长点或发展空间而导致学校资源维度的枯竭；大学在正确的战略思想指导下，通过资源的合理配置获得了绩效增长的核心资源，将学校导入新的成长曲线。因此，处在衰退期的新建本科院校，组织结构创新的重点应该放在如何强调生态位的特化战略和生态位的关键因子控制战略上，比如对高层次人才的统一指挥，强调团队合作与决策效率，帮助学校走出困境，退出那些可能发生生态位重叠的领域，努力寻求新的资源因子和突破点，使学校进入新一轮发展时期。

尽管我们是以新建本科院校的不同组织生命周期的划分来探讨相应的组织结构，但是这更多地表现为学校核心竞争力的动态变化特征。因为就当代大学而言，在竞争中求得生存、成长和发展既是一个不争的事实，也是任何一所学校所无法回避的现实问题，而培育核心竞争力则是每所大学获取更多发展空间的根本所在。由于大学核心竞争力的成长也有一个发生、发展、不断再提升的循环反复过程，是一个由量变到质变、不断整合优化的系统过程。① 大学的核心竞争力不是一成不变的；相反，它还可以表现为不同的生命周期成长模式，尤其在某些重要载体中体现了强烈的生命周期特征，比如大学学科组织就可以根据各个阶段的不同特征确定相应的发展策略。② 因此我们探讨的不同生命周期中的新建本科院校组织结构选择问题，实际上也是基于新建本科院校维持其核心竞争力的周期性发展前提下的相同分析范式。

三 新建本科院校生态位战略实施的策略选择

新建本科院校具有高等教育大众化以及办学主体多元化的形成背景，换言之，这类院校的出现，必然会在高等教育生态系统中占据一定的位置，也必然与其他的大学具有相同或相近的生态位维度，从而可能发生生态位重叠并导致竞争。事实上，从这类院校的实际发展状况来看，大多走的是同质化的生存和发展道路：贪大、求全、攀高。这种发展模式已经给资源并不充裕的新建本科院校带来了极大的"内耗"。况且由于这类院校的资源吸纳能力并不强，如果试图以总成本控制战略来提高学校竞争力恐怕难以获得整体优势。因此，面对生态位的重叠现实，面对生态位宽度较窄，适应深度不够以及强化各自独立发展的现实状况，有必要借鉴生态位理论的基本原理，为新建本科院校设计一套科学可行的生存和发展策略，以求得在高等教育生态系统中获取更高、更优的生态位。

（一）错位发展：新建本科院校生态位分离策略

错位发展，一般是以错位竞争为基础，是指错开竞争对手的长处而确立相对优势地位的一种战略。错位发展强调差异化竞争和个性化竞争。作

---

① 梁文艳、龚波：《大学核心竞争力生命周期的多元化成长模式》，《江苏高教》2006年第6期。

② 宣勇、张鹏：《组织生命周期视野中的大学学科组织发展》，《科学学研究》2006年第12期。

为地方新建本科院校来讲，在谋求高水平的同时，更应该跳出"高、大、全"的发展误区。要尽可能在错位的竞争中去寻找成长和发展的机会，因为"竞争的状态能激励一些院校像企业那样去寻找特色，并从中取得利益"。[①] 所以，新建本科院校首先就要树立在高等教育生态系统中谋求差异化的发展空间，进而形成自身的办学特色。而这种差异化的生存则依赖不同的错位发展方式对生态位调整的作用及影响：

一是时间错位。新建本科院校应正确选择资源维度的开发序位，做到分期开发、分时开发，明确各类资源开发的主次关系和次序，对一些预期较好的资源维度，应尽早开发，充分利用好"时间差"，以获得先发优势。尽管绝大多数老牌本科院校或研究型大学的生态位维度都优于新建本科院校，但是其能力维度都有相对低下的时期，这个时候新建本科院校可以利用这个"空档期"来进行差异化定位，补充这些院校或同类竞争对手在这个时期的空缺，根据竞争者和自己在不同时段的能力维度进行差异化定位，从而为自己能够获得更多的生态位维度对新建本科院校实施生态位分离策略是十分必要的。

二是空间错位。从影响范围来说，新建本科院校往往不能与老牌本科院校或研究型大学相比，所以它们必须考虑从某些区域内找到后者的薄弱点，比如，利用自己的地域优势或利用自己的传统特色，或者是利用其他大学涉足不多的地区。总之，就是要找到别的大学对所有地区差异化不能充分利用的空间，并在这些区域或领域大力发展自己，创造独特的具有差异化知名度来，避免与竞争对手的恶性竞争。

三是目标职能错位。这就涉及新建本科院校的目标取向和价值追求问题。我们知道，现代社会的人才输出一般分为学术型人才和应用型人才两种。前者是一种发现规律、研究基础理论的创新知识性的人才，而后者则是将这些规律和理论应用于实践并创造社会利益和价值的人才。事实上，从新建本科院校的产生背景、地域分布、学校基础以及社会要求来看，这类院校既体现出"德、智、体"全面发展的要求，又呈现知识、能力、素质相统一这一特点，其工作重心应围绕教学，办学层次以本科为主，人才类型突出实用，发展趋向为教学型大学，培养规格凸显"宽口径、厚

---

① 伯顿·克拉克：《高等教育系统——学术组织的跨国研究》，杭州大学出版社1994年版，第254页。

基础、重实践、强能力",培养模式追求"灵活、务实、特色、创新",培养途径立足"产、学、研"结合。同时,学校科研工作应着眼于应用领域,在紧扣地方需要、面向大众办学、着力解决区域经济和社会发展现实问题基础上,谋求自身的发展[1]。因此,根据竞争对手和自己在不同目标职能方面进行差异化定位,对实现新建本科院校生态位分离策略是十分必要的。

(二)深度适应:新建本科院校生态位特化策略

尽管新建本科院校可以选择一些小生位来有效避免与老牌大学或强势大学的正面冲突,但是在平行的小生位上,同样面临竞争,比如同一省域内的新建本科院校的生源竞争。所以,一旦有同类的院校发现某些小生位能够获益,那么竞争就在所难免。所以,这时的竞争基本上是在新建本科院校之间的竞争,此时谁要获取绝对优势就能够在生态位上深度适应,即高度的专门化或特质化,其在具体的生态位维度上就具有更好的效率和竞争力。实际上,这也是生态位的特化策略。对于新建本科院校来说,培养这种不可替代性大致可以有以下几点思路:

其一,由于新建本科院校生态位宽度较窄,可利用资源也相对较少,因此不宜盲目走向多元化,应该集中优势资源专注特定领域并朝纵深方向发展。其二,对特定领域的发展,应做到长期化、持久化。因为新建本科院校的建校时间不长,它的新建期现状与职能发挥必然存在着一个较长的磨合期,这主要体现在"新建期"困境和"职能"困境两个方面[2]。因此,不管是其应用型人才的培养还是应用型科研的创新以及应用型较强的社会服务,都需要长期的积累和探索,进而才能形成持续的效应。其三,即便是在特定的领域也并非所有的生态位维度都优于竞争对手,但在某个方面绝对是出类拔萃的,这就是最能体现专门性的地方。其四,由于大学生态位可以划分为基础生态位和实际生态位两种范畴。通常大学又是在努力拓宽自身的生态位维度,使实际生态位不断接近基础生态位,这对于实施专门化战略的新建本科院校来说,通过拓宽视野、深挖优势,最大限度提升国际或区域影响来弥补生态位宽度过窄的缺陷就显得至关重要。

---

[1] 郭秀兰、吴蔚青:《波特竞争战略与地方院校差异化生存》,《理论月刊》2006年第7期。

[2] 谢凌凌:《透视新建本科院校的三重发展困境》,《当代教育科学》2011年第15期。

(三) 开拓潜力：新建本科院校生态位扩充策略

新建本科院校要谋求生存和发展，现实境况下通过生态位分化去填补高等教育生态系统中的生态位空缺不失为一条重要途径。因为在高等教育生态系统中存在着许多小生位[1]，这却往往是很多老牌大学所不愿涉足或未被涉足的领域。此外，即便是老牌大学或是优势学校在追求学校的发展过程中，也会基于社会分工合作而对某些新建本科院校形成一定的依赖性。这些小生位的产生恰恰给新建本科院校提供了生存和发展的空间。

第一，新建本科院校可以根据其挖掘需求和满足需求的能力来选择自然小生位和潜在小生态位。在高等教育生态系统中的自然小生态位，往往是指存在着一些狭窄的需求空间，其受教育者的需求也比较独特，对教育服务以及教育产品的差别化需求度高，颇似于消费者对企业的特别订单要求。当然，这也需要新建本科院校具有相应的资源维度和能力维度，并能随环境维度的变化而采取灵活的战略。潜在小生态位则是生态位的潜在形式，一些生态位可能存在于其他的时间和空间里，这些存在但还没有被利用的生态位有可能出现在别的时空，继而被利用或被占据。[2] 新建本科院校同样也存在某一特定时刻不能完全占据的那部分生态位。因为这类院校也会由于文化传统、区位因素、微观宏观环境等影响，而差异化的需求恰好就可能产生其中。挖掘潜在的小生态位需要新建本科院校具有敏锐的目光，及时发现空缺，并能够将这些潜在的生态位与原有生态位相互受益、相得益彰，使得学校生态位的整体功能得以提高。

第二，新建本科院校可以根据其协调能力和创新能力来选择协作小生位和专知小生位。协作小生位可以理解为依附于强势大学的小生位。一般

---

[1] 对于小生位的理解主要来自管理学家德鲁克，他认为："小企业的成功依赖于它在一个小的生态领域中的优先地位。"（参见彼得·德鲁克《管理：任务、责任和实践》，余向华等译，华夏出版社2008年版）即企业的小生位。为此，他将小生位划分为："自然小生位、潜在小生位、协作小生位和专知小生位。"（参见彼得·德鲁克《创新与企业家精神》，蔡文燕译，机械工业出版社2007年版）小的企业可以根据自己的资源及能力选择大企业所不愿涉足、无暇涉足甚至无法涉足的小生位，或是依附于大企业，而且可以在选择不同的小生位时采取不同的战略。同理，相对于巨型大学来说，小的大学（如地方新建本科院校）也可在一方天地中大有作为。

[2] 张晓爱、赵亮、康玲：《生态群落物种共存的进化机制》，《生物多样性》2001年第9期。

来说，这类大学为了谋求更长远的发展，它们往往以开放的姿态与其他大学合作。很多时候，这种协作关系正好为一些小大学（如地方新建本科院校）提供生存和发展空间。而新建本科院校则可以与这些大学形成良好的生态链，并建立协作共生的关系。如此，新建本科院校既不会受到强势大学的威胁，同时还能与强势大学协同进化、共同获益。当然这种关系不仅于此，同样也可以存在于新建本科院校的同类群体，它们之间也可以通过打造自己的优势，寻求高层次的竞争与合作，从而构建一个良性发展的生态种群。此外，新建本科院校如果能够充分挖掘自己的独特资源，占据属于自己的专属区域，比如对某些特殊的科技产品的知识产权，同样可以在法律保护下形成学校成长的"专知小生态位"。

（四）战略联盟：新建本科院校生态位共生策略

从新建本科院校办学实际来看，它们既受到资源的限制，又受到综合院校的"挤压"和高职院校的"顶赶"，在这种生存境遇下它们往往追求高层次的发展空间，然而这更容易迷失自身优势和办学特色。可见，大学生态位的扩充必须充分考虑自身能力维度的承载范围。相反，对于新建本科院校来说，其在高等教育生态系统中属同一种群，尽管它们首先应该在认清自身的优势和劣势中找准定位，进而实现错位发展，但是现实的发展状况完全可以考虑从省域内高等教育的资源配置，降低办学成本，从而使有限的教育资源发挥最大效益，即所谓的新建本科院校"对内开放"。这其实是一种地方高校的战略联盟模式，它以一种创新的办学模式来提高整体竞争力，在短时期内可以实现地方新建本科院校的跨越式发展。这种战略联盟模式是建立在新建本科院校之间的互惠互利基础之上，是典型的大学生态位共生战略形式。

一是优势融合联盟。优势融合联盟强调大学间在某个优势点上的强强联合，以达到优势或特色点的扩张和提升。这种联盟的形式一般是以点的突破带动局部的拓展最后达到整体实力的提高。尽管新建本科院校的优势不足或不突出，但也不是没有任何优势，关键是要善于发掘自身的相对优势和特色。

二是互补联盟。互补联盟强调大学间"强"与"弱"的联合与合作。这种联盟的形式可以使大学在较弱的生态位维度上得以有效弥补，在较强的生态位维度上得以夯实提高。这就要求新建本科院校在互补联盟中准确把握自身的特点、优势及不足，选准合作切入点，善于利用自身的生态位维度上的优势来互动寻求支持与合作，进而扩大战略合作的范围。

三是部分—整体联盟。所谓部分联盟，主要强调大学在局部或某些方面的联合或战略合作。上述优势融合联盟以及互补联盟都可以纳入部分联盟的形式，因为它们都在关注学校关键部分或局部的相互促进或互补性。比如可以在相对具有优势的专业实施跨校人才培养，通过诸如学分互换、学生互派、教师支援等形式，从根本上改变办学模式和人才培养模式的创新。这些都是新建本科院校进行部分联盟的具体选择。

（五）协同创新：新建本科院校生态位提升策略

一般而言，绝大多数新建本科院校都是地方性的院校，它们的定位和宗旨大多也是立足地方和服务地方，即区域性的发展导向。为此，它们也同时构成了国家创新体系中一支不可或缺的力量。从当前高等教育的发展态势来看，充分融入区域创新体系，是这类院校全面提升生态位水平的最佳选择。已有研究表明，区域经济社会的建设进程中，地方院校在科技转化、引领及助推区域经济社会发展中往往发挥着非常关键的作用。[1]

一个区域创新体系一般是由主体要素、功能要素、环境要素三方面构成，在一定的空间范围内各要素间相互作用、相互衔接，形成一个完整的区域创新生态系统（见图5-1），这个系统的特点则是具有激活创新思想、集聚创新资源、发挥创新作用、产生创新成果的功能，始终以自主创新能力作为推动其发展的核心动力，形成高端辐射和引领作用。[2] 由于区域创新体系作为国家创新体系的重要组成部分，是地方政府推动区域经济和社会建设与发展的有效方式。[3] 而地方新建本科院校的办学水平往往直接影响着区域智力资源的数量与质量，进而影响着区域创新体系的构建。此外，从图5-1可以看出，作为区域创新生态系统中的主体要素之一，地方大学不仅要与环境要素相互衔接，同时也要与系统中的其他主体要素发生联系后才能实现全方位的创新，也就是只有通过协同创新的过程才是多方共赢，并获得整体可持续发展能力提升的必由之路。

---

[1] 丁耀武：《区域创新体系与地方高校发展》，《教育理论与实践》2005年第3期。
[2] 胡志坚、苏靖：《关于区域创新系统研究》，《科技日报》1999年10月16日第5版。
[3] 杨忠泰：《区域创新体系与国家创新体系的关系及其建设原则》，《中国科技论坛》2006年第5期。

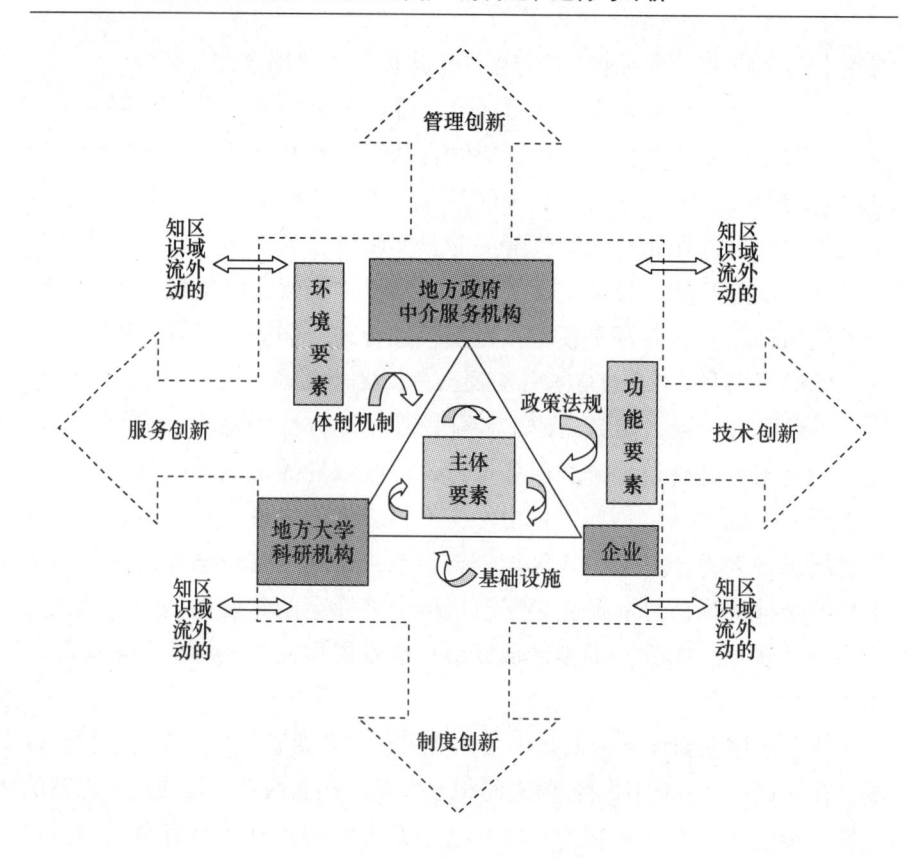

图 5−1 区域创新生态系统

对于新建本科院校而言,要实现协同创新首先是奠定生态位协同合作的基础。学校就要根据区域经济社会发展要求,大力培养创新性应用型人才。实现专业与产业、行业和社会的良性互动,使创新型人才与创新型城市建设、与区域未来发展趋势合拍。其次是提升生态位集成创新的质量。学校要深度参与区域结构调整,不断增强学科的科技服务创新力。由于学科是学校重要的载体之一,同时是技术转移和成果转化的重要平台和桥梁。因此,其往往是高校、科研院所、企业以及地方政府之间形成协同机制的关键要素之一。[①] 最后是营造生态位和谐发展的文化。地方新建本科院校在培育自身特色文化的同时,应充分融入创新型区域文化的发展战略之中,并能发挥引领的作用。

---

① 张力:《产学研协同创新的战略意义和政策走向》,《教育研究》2011 年第 7 期。

第三节 文化融合

组织具有自己的各种构成要素,把这些要素有机整合起来除了要有一定的正式组织和非正式组织以及"硬性"的规章制度之外,还有一种"软性"的协调力和黏合剂,它以无形的"软约束"力量构成组织有效运行的内在驱动力。这种力量就是被称为管理之魂的组织文化。[1] 一般而言,文化主要包含三个层面:第一层是思想、意识、观念等;第二层则是文物,即实物;第三层是制度、风格等。[2] 一直以来,对战略和文化的关系纷争未有定论。这种争论主要集中于"是文化决定战略还是战略决定文化"或"是文化先行还是战略先行"。按照本书的逻辑进路,并非意在解释"鸡生蛋还是蛋生鸡"式的单向线性因果关系的争论,而是强调有效的战略是如何适应组织文化而又超越组织文化的。反过来,组织文化对组织战略又是怎样支持及约束的。

一 大学战略与大学文化的关系

(一)大学战略:在变革与调整中适应和超越大学组织文化

大学文化是大学在长期发展中积淀而成的一套思维范式和行动范式,它一般体现在价值层面和行动层面,其为大学组织成员提供了一个基本价值取向。大学组织中的个体往往都是基于这一基本价值取向来思考问题和解决问题的。这就是典型的大学组织文化对大学组织运行的价值取向作用。大学组织文化又如大学的"泡菜"一样,侵染着大学组织成员的意念和行为,影响着大学组织战略的选择和实施。可以说,大学的战略一般都是发生在特定的大学组织文化之中,大学的战略决策者们也是通过大学这一杠杆和平台来推动大学战略的有效实施。因此,大学战略在一定程度上必须适应大学组织文化的内在精髓。

当然,大学文化在精神层面的固守性很容易产生"路径依赖",即经济学家诺斯所解释的那样,随着社会秩序的演进,由于既定的文化传统、信仰等因素的存在,这种社会特定秩序与社会特定组织之间容易产生一种

---

[1] 周三多:《管理学——原理与方法》,复旦大学出版社1999年版,第358页。
[2] 张岱年、程宜山:《中国文化与文化争论》,中国人民大学出版社1990年版,第3页。

"锁入效应",该效应一旦形成,社会秩序中的诸多要素便会影响社会组织的发展。因此,"路径依赖"往往会降低管理者对外界的敏锐性及洞察力,使他们容易固守原来的行为习惯。众所周知,大学作为一个开放的自组织系统,系统一旦在初始阶段走上某一条发展道路,它的既定方向会在以后的发展中不断得到强化,从而使该系统的演进路径呈现前后连贯、相互依赖的特点;而要想改变现有的发展路径是十分困难的,往往需要依靠外部突发性重大事件的力量或外生变量的作用才可能实现。① 换言之,大学要在持续发展中克服"文化路径依赖"负效应,就必须寻求大学组织战略的变革和调整,不断打破大学运行中的"路径依赖"。可见,大学战略同时又要在一定程度上超越大学组织文化。

(二)大学文化:在生成与发展中支持和约束大学组织战略

其一,大学文化是有效引导大学战略的动力和支柱。大学战略一般是在大学价值观以及大学精神的指引下产生的,也就是说,有什么样的大学文化,就形成什么样的大学战略。大学组织文化是以大学使命和愿景来引导大学组织战略的,而大学战略则要借助大学组织文化来强化凝聚和协调功能,从而有利于形成别具一格的大学战略。

其二,大学文化是大学战略实施的关键。由于战略管理的核心取决于战略实施的效果,而大学组织成员对大学战略的认同程度又影响着战略实施的效果。从这个层面看,能否有效实施战略关键在于是否能够调动大学组织成员的主动性。一般而言,战略的变革与实施是一个利益重新分配的过程,那么原有的工作方式和基准体系可能会对战略实施起到阻滞作用。这时,大学战略能否有效实施就依赖于是否能在大学组织成员中建立一套支持系统。尽管大学组织结构中有着一套科层式的刚性支持系统,但仍然是远远不够的,还必须借助大学组织长期以来形成的大学文化,因为其具有导向、约束、凝聚、激励和辐射等功能和作用,它会使大学组织成员产生一种高度的组织认同感,进而激发他们强烈的职业承诺意识,不断转化为有效推进大学战略实施的功能性行为。

其三,大学文化能够对大学战略实施"软控制"。一般来说,大学战略实施必须考虑战略控制以保证实施的效果,而大学战略控制可以通过大

---

① 王玉丰:《常规突破与转型跃迁——新建本科院校转型发展的自组织分析》,博士学位论文,华中科技大学,2008年,第162页。

学规章制度等刚性或量化的手段来完成。但是，这对于基于知识特性而开展工作的大学组织成员来说，其机械式的控制很可能降低成员的工作积极性。相反，大学里的共同价值观、行为规范以及形象性的活动等大学组织文化往往可以促使大学组织成员自觉行动、自我协调以及自我控制。因此，在大学的战略管理过程中，建立一个大学组织成员共同认可的大学文化体系，大学组织内部必将形成一套无形的组织准则约束，也势必成为大学战略实施中的"软控制"手段。

二　新建本科院校文化的生态结构及要素特点

一般而言，组织文化的结构可以划分为四个层面，即精神文化层面、制度文化层面、行为文化层面以及物质文化层面。这四个层面由内向外扩展，共同构成如图 5-2 所示的组织文化系统的生态结构。在这个系统中，物质文化是具体实在的文化硬件，构成组织文化的表层外壳；行为文化是一种处于浅层次的活动，构成组织文化的软件外壳；制度文化是观念形态的转化，是组织文化软、硬外壳的支撑；精神文化则是观念形态和文化心理，是组织文化的核心。概言之，精神文化通过制度文化来表现、支撑组织成员的行为以及组织行为，使之具有组织核心文化的特质，并构造出反映组织核心文化的组织实物外貌。总之，这四个层面相互依存、相互联系、相互影响并相互转换，缺一不可，体现了对立统一的辩证关系。依此理解，以下逐一剖析新建本科院校文化的生态结构及其要素特点：

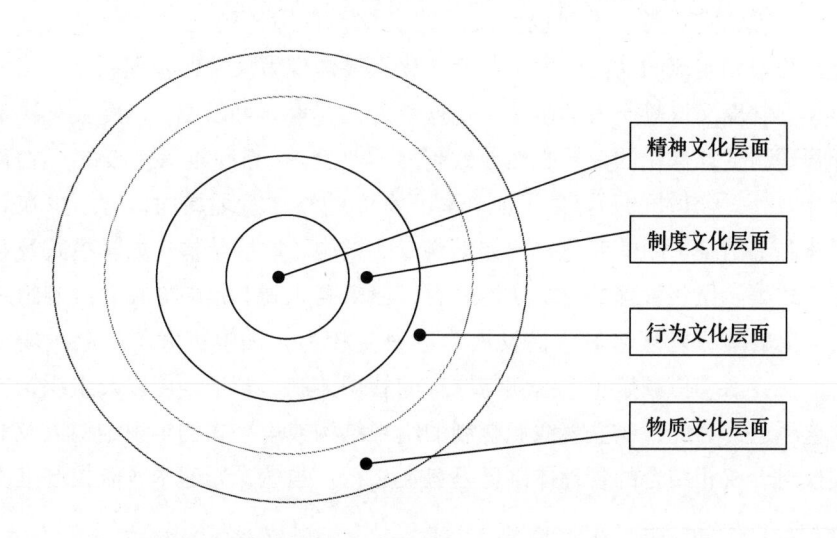

图 5-2　组织文化系统生态结构

(一) 新建本科院校的精神文化生态

大学的精神文化包括观念文化、习俗文化、知识文化和符号文化四个方面。精神文化是大学文化的核心与精髓，也是形成大学制度文化、行为文化及物质文化的基础和原则。大学的精神文化一旦形成，就会对大学组织成员形成长久持续的影响力，并且具有高度的继承性。新建本科院校的精神文化生态呈现两重特点：一方面，新建本科院校一般都是由合并的院校组成，原来的专科学校在长期办学中都形成了自己独有的价值理念、道德准则、学术风尚以及学校声誉等，这种相对的独立性和较强的稳定性并不会随着学校间的"物理合并"而马上消失；相反，文化的"个性"还会在很长的时期内相互摩擦或冲突，这种由不同价值理念所派生出的情感因素会进一步演化为负向的"协同效应"，从而大大阻碍学校的实质融合程度；另一方面，表现在不同教育层次衔接上的文化类型冲突。新建本科院校面临最艰巨的任务就是实现专科教育向本科教育的转型，然而两种不同层次的教育在发挥大学职能方面存在着巨大的差异，新建本科院校要确立本科教育的思想、观念、思维方式和行为规范还必须与专科教育存在一个"衔接—共生—融合"的阶段。

(二) 新建本科院校的制度文化生态

大学的制度文化是指对大学组织成员的行为和大学组织行为产生规范性、约束性影响的部分，其实体要素包括大学的规章制度、组织结构、管理体制等，它既是大学建设和发展的支撑与保障，同时对大学也具有引导、约束和规范的功能。大学制度文化直接体现为大学的管理制度，而大学管理制度又依赖于大学制度文化这个内在要素。可以说，制度文化决定着管理制度，文化的变异必然导致制度的改变。[①] 新建本科院校的"物理合并"，首当其冲的是打破了原来高职高专的独立管理局面，这至少在管理体制上出现了新的变化，比如学科专业结构、职能结构、办学模式及管理模式等。但就管理的组织架构来看，原来高职高专是建立在直线制组织结构上的集权管理体制，但发展为本科院校后，规模扩大了，层次增加了，社会活动更频繁了，这就与原来的管理体制、管理制度以及组织结构严重不适，为此，建立直线职能制的组织结构或扁平式的组织结构以及对集权与分权相结合的管理体制已是势在必行。当然，新建本科院校制度文

---

① 眭依凡：《关于大学文化建设的理性思考》，《清华大学教育研究》2004 年第 1 期。

化的变迁必须遵守渐进式的过程；鉴于制度文化具有强有力的约束性和影响力，因此新建本科院校不可能立即完全脱离原来的基础，其体现特色和优势的创新必须建立在整合基础上的创新。

（三）新建本科院校的行为文化生态

大学的行为文化是在大学建设发展历程中伴随组织成员各种活动所表现的文化形态总和。大学行为文化的主体涵盖了大学所有的组织成员精神状态、文化品位和行为操守，它既是大学精神、价值观和办学理念的动态折射，也是大学组织成员作风、精神状态和人际关系的动态反应。可以说，有什么样的大学行为，则反映了什么样的大学文化。正如前两种文化描述的那样，由于合并初期，新建本科院校的组织成员往往习惯于固有的思维模式和办学理念，所以体现其管理模式和管理风格的独特的"组织行为"往往会成为组织变革的阻力，要改变新建本科院校的行为文化生态，不仅要改变其组织成员的行为方式，而且还要同时关注学校价值取向和行为环境的变化。

（四）新建本科院校的物质文化生态

大学的物质文化是大学文化的重要载体，是大学文化的外在标识。它主要表现在学校的物质文化建设上，如学校的建筑风格、学校的地址、学校的徽标、学校的校园景观等。大学的物质文化能够折射出大学组织成员对大学深层文化的理解，也是大学外显形象的集中展现。客观地看，新建本科院校在合并前，都有各自特点的物质文化。这种不同特点的物质文化在学校合并后必然会对大学组织成员的思维和心理产生强烈的冲击，也可能致使师生产生不同的价值冲突，进而可能影响师生的心理及情感认同。新建本科院校物质文化的影响还不止于此，很多新建本科院校纷纷发展新校区，往往忽视旧校区的"文化移植"，导致新旧校区的物质文化脱节，从而容易造成体现学校个性或特色的文化处于缺失状态，反而降低了学校的社会竞争力。所以，新建本科院校的物质文化建设既要注重整体性和局部性的有效结合，又要现实性和长远性的有机统一。

可见，新建本科院校的"物理式"合并并不能完全满足学校谋求转型的诉求；相反，学校在融合的进程中却面临着激烈的文化冲突，要化解这些文化冲突，实现新建本科院校的文化融合，要探寻一条能够真正促进新建本科院校实质性融合的文化转型之路。具体而言，就是要选择和配置与新建本科院校发展战略相匹配的文化。

三 生态位战略与新建本科院校文化的匹配

大学文化是成功实施大学战略的重要支持。每一所大学在选择和创建大学文化时，必须以战略对文化的要求为出发点。就新建本科院校来说，必须综合考虑生态位战略中的竞争、移动、共生以及协同进化等要素，实施有助于新建本科院校生态位战略实施的文化类型。

（一）冲突与重构：坚守院校使命的个性文化

伴随时代的发展和社会环境的影响，作为一种独特社会组织的新建本科院校也必然在办学理念上逐步演变，尤其是与合并（升格）前的组织文化产生不同的特征，进而引发组织文化的冲突。新建本科院校该走向何处？学校的文化如何传承如何创造？这都有赖于学校使命的建构。合并前的学校由于类型各异，因此也有着不同的使命及文化特色，即便是这些不同的使命仍然对一些组织成员发挥着相应的功能，但是社会分工以及院校发展的要求迫切需要在原有的学校组织及其成员中寻求一个富有凝聚力和号召力的大学使命。通过上一章的分析可知，与区域经济社会的互动是新建本科院校的神圣使命，实际上这也是其形成独特的组织文化个性的基点。因此，在社会需要、学校传统以及院校差异间重构大学组织成员的归属感，对一所新建本科院校来说应该成为学校生存和发展的中心任务。因为只有树立了特色的使命才能形成个性的文化，"具有竞争的独特性是院校文化的锋利刀刃"。[1] 可见，基于独特的使命而产生的个性文化在一定程度上可以实现化解新建本科院校文化冲突的预期效益。

（二）异质与共生：接纳和而不同的多元文化

虽然新建本科院校首先应该坚守具有独特使命感的个性文化，然而如果孤立地坚持价值一元论的主张，就很容易陷入社会边缘而被其他社会组织所取代。相反，新建本科院校中存在的异质文化所形成的合力对学校的"技术整合"是非常有利的，而且这也是新建本科院校赢得社会认同的必要前提。因此，在新建本科院校的"肌体"中有必要存在多元价值取向，因为符合价值多元化的时代要求。但前提是需要一些基本价值体系作为基础与指引，伯顿·克拉克将这些价值体系归结为四种：正义、能力、自由和忠诚。[2] 新建本科院校可以被统一到这四种价值体系之中：其一，新建

---

[1] 伯顿·R.克拉克：《高等教育系统——学术组织的跨国研究》，杭州大学出版社1994年版，第92页。

[2] 同上书，第282页。

本科院校的出现从某种程度上说是高等教育大众化进程的产物，促使更多的人获得接受高等教育的机会自然而然地就实现了社会公平正义的诉求；其二，新建本科院校只有成为一种高效率的社会组织，才能担负起培养为地方经济社会发展服务的人才；其三，新建本科院校组织成员都期望具有自由创造和多元选择的空间；其四，新建本科院校具有和国家整体利益契合的价值标准，对学术自由的忠诚度可以将学校不同的文化有效整合为一体。当然，对新建本科院校组织文化的价值整合还需依赖权力关系来调整，可以综合利用沟通、权力分散经营以及集中协调等方式将这些价值体系纳入现有的资源和技术的整合管理之中，使不同的文化价值都受到应有的尊重，进而创造出和而不同的组织文化。

（三）扩充与回归：倡导自由奉献的动变文化

营造自由探究的大学文化环境，是大学精神文化的基础性条件。新建本科院校的精神文化核心同样是追求学术自由，只不过与其他学校相比，构成其外部影响和内部因素精神文化条件的总和有所不同。从外部影响因素来看，新建本科院校组建的"政策痕迹"较重，在一定程度上打破了原来学校的精神氛围，为重塑大学文化提供了契机；从内部因素来看，大多新建本科院校都是合并式的院校，那么合并就有强强合并、强弱合并以及弱弱合并之分，容易形成不同的声音以及不同的文化指向，或多或少都会给学科发展以及学校发展带来影响。相对来说，新建本科院校成立后都会比原来的学校增加许多不同学科领域，即便是相同或相近的学科也会存在新的研究特点和研究路径，因此，新建本科院校更应该提倡学术自由和学术创新的文化理念，进而不断凸显其文化功能。因为"一个特定的文化特征的存在是由于其履行了某种重要的社会功能"。[1] 新建本科院校就是在推动区域经济社会发展中逐步发挥自身的功能，但是这种集中于核心功能服务机制的趋同效应可能会使组织丧失一些其他优势性的社会功能，比如原来学校服务于不同行业或社会的不同方面。因此，新建本科院校还需倡导共同的社会责任感来调节不同成员的价值观，使之逐步抛开个体利益而奉献于学校的实质性融合。

（四）合作与共赢：塑造包容开放的协同文化

新建本科院校塑造的协同文化包含两个层面：一是从对内包容中寻求

---

[1] 波普诺：《社会学》，中国人民大学出版社1999年版，第74页。

深度合作。新建本科院校的成立,将原来地理上分散的学校联结成一个整体,而这种联结的纽带或中坚力量便是坚定的信念和共同的价值观。尤其体现在文化这种固有且无形的力量,可以有效弥补或缝合学校由于地理的松散而在同一象征上的缺失。因此,继承和发扬原有学校的优良传统,保持原来组织成员精神方面的交流,包容各自的文化取向,是促进学校实质性融合的有力举措。二是从对外开放中寻求多方共赢。尽管新建本科院校应该追求地方化和区域化的发展导向,但是高等教育国际合作与竞争的趋势以及地方区域发展国际化的趋向已势不可当,因此,新建本科院校参与国际化必定是学校未来发展的一个重要方向,这就要求学校要以开放的姿态包容多元文化,但是鉴于新建本科院校的特殊区位和文化属性,而且"一个文化,只有它自己能够进行改革,才能够生存下去"[1],所以,这类院校应该强调区域化的本土特征、民族化的特色以及与国际多元化的融合,要不断从发掘区域特色文化中来发展国际化,从吸收国际先进科技文化中来扩大区域科技文化的影响力,这样才能在多元开放的文化交往中找准自身的高等教育国际化发展路径。

---

[1] [美]萨缪尔·亨廷顿:《文明的冲突与世界秩序的重建》,周琪、刘绎等译,新华出版社 2005 年版,第 5 页。

第六章　新建本科院校生态位战略评估与控制

战略的评估与控制主要指在战略实施过程中检查组织的战略基础，评价实施战略后组织的绩效，把它与预定战略目标与绩效标准相比较，发现战略差距，分析产生偏差的原因，纠正偏差，使组织战略得以实现。因此，有学者认为，战略评估是监控战略实施，并对战略实施的绩效进行系统性评估的过程。[①] 按照这个逻辑，本章利用广西新建本科院校的相关数据资料，运用生态位理论原理和模型，对它们的生态位进行实证评价和分析，为验证生态位战略实施效果、规划战略控制过程提供参考。

第一节　新建本科院校生态位战略评价研究

一般而言，战略评估可以提高组织的敏捷性。通过战略评估，检验组织在全方位、多层次、宽领域等更开放条件下的竞争能力，发现问题和失误，即时进行战略调整，采取相应措施，使企业更好地发挥内部优势，更好地利用外部机会，更好地回避、减少或缓和外部威胁，更好地着力弥补内部弱点，从而有效避免环境复杂多变可能给组织带来的冲击。可以说，战略评估就是允许战略评价的标准，从战略基础和战略绩效两个方面对组织战略实施的结果进行系统性评价，以确定战略的有效性和进行战略调整和变革的必要性。[②] 由于战略基础的评估往往是评价组织自身是否具有核心能力，而战略绩效的评估通常是评价组织影响力

[①] 刘献君：《论高校战略管理》，《高等教育研究》2006 年第 2 期。
[②] 刘英骥：《企业战略管理教程》，经济管理出版社 2006 年版，第 305 页。

问题,从这个角度看,这与生态位维度及生态位测度的内容具有高度契合性。因此,基于这些认识,本节尝试结合大学生态位战略评价的相关要素,进而设计新建本科院校生态位战略评价的指标体系并开展评价实证研究。

一 新建本科院校生态位战略评价研究过程

囿于大学发展的动态性以及统计数据的可获得性,主要选取学校的招生数、毕业生数、在校师生数以及各层次的职称人数、生均预算内教育经费和教育事业费拨款、生均学杂费以及生均总经费、区域人口数量、GNP等指标,来分别描述大学或区域教育发展状况。模型采用上述评价要素中所介绍的模型,按照建立的模型以及指标体系,从广西统计信息网(2006—2009)、《中国教育统计年鉴》(2006—2009)、《中国教育经费统计年鉴》(2006—2009)、广西各新建本科院校网站的主页、《中国统计年鉴》(2006—2009)、搜数网等途径搜集相关数据,分别代入以上公式模型,利用 EXCEL 对有关数据进行运算处理。

(一) 新建本科院校生态位宽度的测量评价

生态学中的生态位宽度是用来描述物种利用资源的能力以及利用资源的多样化程度与竞争水平。它对解释自然群落(结构)、物种间的关系及多样性问题有广泛应用,也是揭示物种间、种群与环境间稳定与共存的数量化方法。[①] 本书在研究过程中,尝试将生态位宽度原理应用于大学的管理之中,采用生态位理论探讨生态位宽度及其资源因子间的关系。在表达生态位宽度的指标选取上,考虑大学资源一般是从人力资源、物力资源以及财力资源三个维度来表征,且要体现物种间的关系。本部分将从人力资源、物力资源以及财力资源三个维度分别阐释广西新建本科院校资源利用的生态位宽度情况,并在此假设这些指标是大学可利用的资源,并可在未来评价中将指标转化为各种资源的利用,如社会捐赠、政府投入、学生缴费等。

在此例中,选择广西 8 所新建本科院校作为考察对象,运用 2009 年的数据,依据莱文斯公式中的香农—威纳指数,将 8 所大学的数据代入 (2-2) 式,计算结果如表 6-1 至表 6-3 所示。

---

① Abrams, R., Some Comments on Measuring Niche Overlap [J]. *Ecology*, 1980 (61): 44-49.

表6-1　　由香农—威纳指数公式求得广西8所新建本科
　　　　　院校人力资源利用生态位宽度　　　　　单位：人

名称	招生数	专任教师	在校学生数	生师比	生态位宽度
广西财经学院	4265	755	16545	22∶1	0.3358
梧州学院	3150	530	13546	26∶1	0.3024
玉林师范学院	3800	767	12805	17∶1	0.2856
百色学院	4120	366	11566	32∶1	0.2654
贺州学院	2900	565	10313	18∶1	0.2412
钦州学院	3256	503	9543	19∶1	0.2231
河池学院	2864	430	8103	19∶1	0.2145
广西民族师范学院	3050	392	7955	20∶1	0.2011

表6-2　　由香农—威纳指数公式求得广西8所新建本科院校
　　　　　物力资源利用生态位宽度

名称	生均校舍面积（平方米/人）	生均教学仪器设备值（元）	生均图书册数（本）	生态位宽度
广西财经学院	33	6551	66	0.3746
钦州学院	26	6602	53	0.3256
玉林师范学院	32	6456	50	0.3154
河池学院	22	7024	48	0.3042
百色学院	25	5985	52	0.2845
梧州学院	26	6011	55	0.2457
广西民族师范学院	28	6325	47	0.2258
贺州学院	31	6234	45	0.2257

表6-3　　由香农—威纳指数公式求得广西8所新建本科院校财力
　　　　　资源利用生态位宽度

名称	事业经费总收入（万元）	生均预算内教育事业费（元）	生均预算内公用经费（元）	生态位宽度
广西财经学院	22500	6452.45	2458.27	0.3041
河池学院	20450	6345.42	2345.69	0.2745
百色学院	19800	6214.89	2245.86	0.2456

续表

名称	事业经费总收入（万元）	生均预算内教育事业费（元）	生均预算内公用经费（元）	生态位宽度
贺州学院	18400	6097.78	2213.45	0.2345
玉林师范学院	16300	6016.54	2144.81	0.2312
钦州学院	15400	5987.18	2038.74	0.2245
梧州学院	13200	5782.56	2011.75	0.2108
广西民族师范学院	11200	5424.73	1909.45	0.2046

生态位的基本原理表明：生态位宽度越大，说明其在系统中发挥的作用就越大，对社会、经济及资源的利用越广泛，效益也越大，竞争力也越强；反之，生态位宽度越小，表明其在系统中发挥的作用就越小，竞争力也就越弱。就新建本科院校来讲，由于它们在高等教育生态系统中属于同层次、同类别的学校，因而具有相似的生态位，从表6-1至表6-3也可看出，学校间的生态位宽度并没有非常大的差距，这也说明8所新建本科院校实际利用的资源基本属于同一资源序列。

尽管8所新建本科院校之间的生态位宽度较为相似，但也具有一些显著的特征，从三个资源维度的计算结果中可以很明显地看出，广西财经学院的生态位宽度最大，说明广西财经学院在广西新建本科院校组成的高等教育生态系统中发挥的生态作用和影响力最大，对社会、经济及资源的利用较广泛，在广西新建本科院校系统中的竞争力也最强。广西民族师范学院的生态位宽度最小，其在广西新建本科院校生态系统中的竞争力和影响力也最小。在没有特殊资源注入的情况下，它的竞争力、资源利用能力以及影响力是最弱的，所以目前其生态位宽度最窄。

（二）新建本科院校生态位重叠的测量评价

关于生态位重叠理论，多应用于物种的多样性、种间关系、群落结构及其进化等方面，其作为一种解释种间共存和竞争机制的理论与方法，可以量化的方式描述两个或多个物种对资源的共同利用程度，进而比较物种生存环境的相似程度以及相互依存的条件、竞争幅度和物种间适应程度，这有利于进一步揭示物种多样性的内部机制。[1]

---

[1] Colwell, R. K., Futuyma, D. J., On the Measurement of Niche Breadth and Overlap [J]. *Ecology*, 1971 (52): 567-576.

该部分依然选取广西8所新建本科院校为研究对象,并将8所学校进行两两比较,在指标选取过程中限于资料的可得性,第一组选用2009年的招生数、专任教师以及在校学生三个指标,第二组选用2009年的招生数、学校事业经费总收入以及自筹和社会捐赠三个指标。

再利用对称 α 法 Pinaka 公式即（2-4）式进行测算,省略计算过程,计算结果见表6-4和表6-5,比较符合广西新建本科院校的实际情况。

表6-4 利用对称 α 法 Pinaka 公式求得广西8所新建本科院校招生数、专任教师和在校学生数三种资源生态位重叠情况

名称	广西财经学院	梧州学院	玉林师范学院	百色学院	贺州学院	钦州学院	河池学院	广西民族师范学院
广西财经学院	1.0000							
梧州学院	0.9958	1.0000						
玉林师范学院	0.9587	0.9658	1.0000					
百色学院	0.9854	0.9947	0.9648	1.0000				
贺州学院	0.9756	0.9845	0.9515	0.9678	1.0000			
钦州学院	0.9598	0.9751	0.9946	0.9547	0.9754	1.0000		
河池学院	0.9784	0.9815	0.9854	0.9962	0.9784	0.9625	1.0000	
广西民族师范学院	0.9645	0.9874	0.9668	0.9638	0.9954	0.9658	0.9845	1.0000

表6-5 利用对称 α 法 Pinaka 公式求得广西8所新建本科院校招生数、学校事业经费总收入、自筹及社会捐赠三种资源生态位重叠情况

名称	广西财经学院	梧州学院	玉林师范学院	百色学院	贺州学院	钦州学院	河池学院	广西民族师范学院
广西财经学院	1.0000							
梧州学院	0.9547	1.0000						
玉林师范学院	0.9986	0.9845	1.0000					
百色学院	0.8353	0.9685	0.9977	1.0000				
贺州学院	0.8425	0.9942	0.9545	0.9877	1.0000			
钦州学院	0.8686	0.9994	0.9587	0.8287	0.8574	1.0000		
河池学院	0.7886	0.8577	0.8457	0.8587	0.9997	0.9757	1.0000	
广西民族师范学院	0.6587	0.9695	0.9884	0.8745	0.9547	0.8575	0.9954	1.0000

1. 师生资源生态位重叠状况分析

表6-4的结果表明：广西8所新建本科院校，在2009年的招生数、专任教师和在校学生数量三种资源上存在着激烈的竞争。其生态位重叠最低也达到0.95，最高则达到0.99的相似性。玉林师范学院与广西财经学院、贺州学院与玉林师范学院、钦州学院与百色学院之间的生态位重叠相对较小，竞争稍弱些。梧州学院与广西财经学院、百色学院与梧州学院、钦州学院与玉林师范学院、河池学院与百色学院、广西民族师范学院与贺州学院的生态位的重叠值都在0.99以上，它们的资源生态位几乎完全重叠。造成这一现象的原因主要是学生数往往都是教育部门按照一定比例给予大学的数量指标，相应的专任教师也是按照学科以及在校学生数总量匹配的，而不是按照大学自身的实力或市场调节优势资源方法进行的。因此，这对于新建本科院校这类"政策痕迹"较重的学校来说，其资源生态位的高度重叠现象就容易理解了。

2. 经费资源生态位重叠状况分析

表6-5反映的是广西8所新建本科院校在招生数、学校事业经费总收入、自筹及社会捐赠三种资源生态位的重叠情况，可以看出，该表的生态位值比较符合生态竞争规律，体现出这类院校之间的生态位重叠比较严重，如钦州学院和梧州学院重叠值为0.9994，河池学院和贺州学院重叠值为0.9997，表明其生态位基本重叠。由于我国的大学基本都是按照学生的数量进行拨款，因此这是经费比例没有太大差异的一个因素。作为新建本科院校来讲，其社会知名度方面仍不可与老牌本科院校以及综合性院校相比，故而在自筹经费和社会捐赠方面仍处劣势。换言之，新建本科院校之间的生态特性差异不大，反映出的生态位重叠值就较大；相反，新建本科院校与老牌本科院校以及综合性院校的生态特性差异较大，两类院校间的生态位重叠较小。

由于广西新建本科院校之间经费来源基本相同，说明它们基本上都是竞争同一拨款源，故生态位重叠值就比较大。从表6-5可以看出，生态位重叠值在0.99以上的学校占21%，生态位重叠值在0.95以上的学校占71%，生态位重叠值在0.8以上的学校占90%。一般来说，当资源有限时，学校间存在强烈的竞争，而资源充足时，虽有重叠，但竞争会相对减弱。对照该组数据，至少目前的状况反映出这8所新建本科院校仍然没有充足的可利用资源，因此学校之间的竞争非常激烈。

（三）新建本科院校生态位态势相对比较的测量评价

大学单元可大可小，是一定大学生态系统内的不同大学类群，如大学个体、同类别或同层次大学、同区域大学生态系统中或一定区域内的所有关联者，即大学的利益相关者[①]，大学单元可根据研究范围和目的进行相应的划分。最基本的大学单元是个体，最大的大学单元是整个大学生态系统。从大学个体到大学生态系统，无论是局部还是整体中的大学单元都具有"态"和"势"两个方面的属性，也就是大学都以特定的状态存在于生态系统之中且又影响着周围的环境。大学单元的"态"是大学单元特定时刻的状态，对不同的大学单元可以采用不同的指标，也可以是多个指标的综合。大学单元的"势"是大学单元在特定时间内对环境的影响力和支配力，其测量评价也可采用不同的指标或多个指标的综合。当考虑特定高等教育生态系统中某层次、某类别大学的生态位时，如新建本科院校的生态位，首先要测量该类院校的数量、信息流、知识流、生物量等，以确定学校单元的态，通过量纲转换后，两者之和就是这一学校单元的绝对生态位，与该生态系统中的其他学校单元绝对生态位之和的比值就是该大学单元的生态位。

1. 广西 7 所新建本科院校生态位态势比较

以广西新建本科院校为例，第一组选择广西财经学院、梧州学院、玉林师范学院、百色学院、贺州学院、钦州学院、河池学院 7 所新建本科院校，对 2006—2009 年共 4 年的招生数、毕业生数、在校生数、教职工数、专任教师数进行生态位分析。以招生情况、毕业生、在校生情况、教职工和专任教师作为各新建本科院校特定时间招生数、毕业生数、在校生数、教职工数、专任教师"态"的度量指标，以相应指标的年增长量作为"势"的度量指标，以 1a 为时间指标，转换系数为 1a。其中年均增长量采取加总统计方法计算；第二组以 2009 年数据为样本，选用就业率、专任教师比例（专任教师与教师总数的比值）和专任教师中"双高"比例（具有博士学位或副高以上职称）三个指标反映态势相对比较情况。

广西 7 所新建本科院校的招生数、毕业生数、在校生情况、教职工

[①] 大学利益相关者包括政府、公众、学生、教师、社区、校友、竞争者等。参见李福华《利益相关者理论与大学管理体制创新》，《教育研究》2007 年第 7 期。

数、专任教师生态位计算结果如表6-6至表6-10所示（数据根据广西教育统计年鉴整理而得）：

表6-6　　　　　　广西7所新建本科院校招生生态位

名称	招生数（2006）人	招生年均变化量（2006—2009）	招生绝对生态位	招生生态位	位次
广西财经学院	3742	414.10	4321.20	0.0354	1
百色学院	2860	520.00	3824.30	0.0315	2
玉林师范学院	2612	568.10	3564.10	0.0257	3
钦州学院	3120	451.00	3233.30	0.0214	4
梧州学院	2542	385.20	2935.40	0.0145	5
河池学院	2725	654.00	2825.50	0.0123	6
贺州学院	2456	332.00	2765.60	0.0095	7

表6-7　　　　　　广西7所新建本科院校毕业生生态位

名称	毕业生数（2006）人	毕业生年均变化量（2006—2009）	毕业生绝对生态位	毕业生态位	位次
广西财经学院	2425	542.20	2564.50	0.0954	1
玉林师范学院	1525	458.30	2402.30	0.0765	2
钦州学院	1442	604.20	1921.30	0.0658	3
梧州学院	1856	453.30	1535.20	0.0548	4
百色学院	1304	530.50	1452.50	0.0512	5
贺州学院	1254	423.30	1120.50	0.0456	6
河池学院	1405	302.20	1023.40	0.0398	7

表6-8　　　　　　广西7所新建本科院校在校生生态位

名称	在校生数（2006）人	在校生年均变化量（2006—2009）	在校生绝对生态位	在校生态位	位次
广西财经学院	11235	3365	12575.20	0.0945	1
百色学院	10688	3154	11985.50	0.0844	2
玉林师范学院	9521	2964	10359.30	0.0726	3
贺州学院	8956	2541	10123.20	0.0624	4

续表

名称	在校生数（2006）人	在校生年均变化量（2006—2009）	在校生绝对生态位	在校生态位	位次
河池学院	7824	2165	9102.10	0.0548	5
钦州学院	7153	1989	7985.20	0.0545	6
梧州学院	6912	1654	7065.40	0.0424	7

表6-9　　广西7所新建本科院校教职工生态位

名称	教职工数（2006）人	教职工年均变化量（2006—2009）	教职工绝对生态位	教职工生态位	位次
广西财经学院	1031	88.20	1197.50	0.0958	1
玉林师范学院	925	36.10	1011.30	0.0852	2
百色学院	875	132.40	904.20	0.0765	3
钦州学院	861	53.40	892.40	0.0545	4
河池学院	782	55.60	801.90	0.0345	5
梧州学院	724	112.50	756.20	0.0258	6
贺州学院	717	42.60	739.40	0.0247	7

根据高斯生态位原理，生态位值越接近1，说明其在相应的生态系统中的影响力或支配力越大；越接近0，则说明影响力或支配力越小。从表6-6至表6-10可知，在所研究的广西7所新建本科院校组成的大学生态系统中，在招生生态位的评价中，排名前3的学校生态位之和为0.0926；在毕业生生态位的评价中，排名前3的学校生态位之和为0.2377；在校生生态位评价中，排名前3的学校生态位之和为0.2515；在教职工生态位评价中，排在前3的学校生态位之和为0.2575；在专任教师生态位评价中，排在前3的学校生态位之和为0.2502。生态位数值变化表明，排在前3的学校在广西新建本科院校系统中起着主要作用，排在4—7位的学校生态位中招生生态位、毕业生生态位、在校生生态位、教职工生态位以及专任教师生态位之和分别为0.0577、0.1914、0.2141、0.1395、0.1711。

表 6-10　　　　广西 7 所新建本科院校专任教师生态位

名称	专任教师数(2006)人	专任教师年均变化量(2006—2009)	专任教师绝对生态位	专任教师生态位	位次
玉林师范学院	623	133.50	707.50	0.0897	1
广西财经学院	615	112.40	698.60	0.0854	2
河池学院	307	88.60	458.70	0.0751	3
贺州学院	421	82.60	435.80	0.0708	4
百色学院	365	56.60	392.40	0.0431	5
梧州学院	274	83.40	368.80	0.0327	6
钦州学院	243	71.20	347.60	0.0245	7

由此可见，2006—2009 年，排在前 3 位的学校在招生数、毕业生数、在校生数、教职工数、专任教师五个度量指标所占的量均超过第 4—7 位学校之和，这说明排在前 3 位的新建本科院校在该系统中的影响力较大。但是值得指出的是，在排前 3 位的学校中，广西财经学院和玉林师范学院的五个度量指标的生态位呈协调发展状态，即学生数、教职工数以及专任教师数成比例增长，其他新建本科院校的五个度量指标的生态位上都有不同程度的降低或升高，即非同步进化。

2. 广西 7 所新建本科院校生态位态势综合对比分析

表 6-11　　　　广西 7 所新建本科院校生态位变化情况

序号	名称	招生生态位	毕业生生态位	在校生生态位	教职工生态位	专任教师生态位
1	玉林师范学院	3	2	3	2	1
2	河池学院	6	7	5	5	3
3	广西财经学院	1	1	1	1	2
4	梧州学院	5	4	7	6	6
5	贺州学院	7	6	4	7	4
6	钦州学院	4	3	6	4	7
7	百色学院	2	5	2	3	5

资料来源：由表 6-6 至表 6-10 整理而得。

表 6-12　　广西 7 所新建本科院校生态位态势相对比较

序号	名称	就业率(%)	就业率生态位	专任教师中"双高"比例(%)	专任教师比例(%)	专任教师比例生态位
1	玉林师范学院	96.4	0.0678	31.4	67.6	0.0756
2	广西财经学院	95.7	0.0631	33.1	65.2	0.0724
3	河池学院	94.5	0.0602	32.4	64.3	0.0675
4	贺州学院	92.4	0.0589	27.6	61.4	0.0617
5	梧州学院	91.1	0.0564	26.4	58.4	0.0589
6	钦州学院	89.8	0.0539	25.3	56.3	0.0572
7	百色学院	88.3	0.0498	26.5	55.1	0.0497

资料来源：就业率及专任教师比例根据各校统计数据整理（计算）而得。

表 6-11 反映了广西 7 所新建本科院校生态位变化情况，从表中可看出，玉林师范学院招生生态位 0.0257 排在第 3 名，毕业生生态位 0.0765 排在第 2 名，在校生生态位 0.0726 排在第 3 名，教职工生态位 0.0852 排在第 2 名，专任教师生态位 0.0897 排在第 1 名（从表 6-12 也可看出，该校专任教师生态位值也是最高的）。说明 2006—2009 年，玉林师范学院招生规模在不断扩大，由于新生到校至毕业需要一个周期，其在校生生态位排在第 3 名，这与招生数和毕业生数的相关性吻合。另外，该校教职工生态位排在第 2 名，专任教师生态位排在第 1 名，表明其教职工的增长与专任教师的增长是基本吻合的。

在表 6-11 中，钦州学院教职工生态位排在第 4，专任教师生态位排在第 7（表 6-12 也显示该值较低）；百色学院教职工生态位排在第 3，专任教师生态位排在第 5。说明这两所新建本科院校专任教师的增长慢于教辅、行政、后勤人员的增长，这可能与两校设置的理工学科需要大量的实验及试验人员有关（如百色学院的生化、岩溶专业，钦州学院开设的海洋水产研究等）。

在 7 所新建本科院校中，梧州学院的招生生态位 5，毕业生生态位 4；贺州学院的招生生态位 7，毕业生生态位 6；钦州学院的招生生态位 4，毕业生生态位 3。说明这三所学校 2006—2009 年间招生数慢于毕业生数的增长，究其原因，这与学校的组建时间有一定关系。实际上，表 6-12

也显示这三所学校的就业率的生态位值处于同一水平。因此，数据分析表明这三所学校2006—2009年间招生量有放缓趋势。反之，河池学院是2003年设置的，相比于其他院校来说已处于一个稳步发展的阶段，其招生生态位及毕业生生态位的态势显示在2006—2009年间扩招较快。

从表6-12还可以发现，就业率、专任教师比例和专任教师中"双高"比例的数值高低几乎与对应的生态位值呈正向关系，这说明在新建本科院校群体中，教师中的专任教师数量以及体现质量的学历职称结构的状况是学生知识获得与能力提升的重要决定因素，即教学水平在很大程度上决定了教学质量，进而可能影响学生就业率的高低。

二 新建本科院校生态位战略综合水平评价

对大学生态位战略的综合评价，实际是建立在两种范畴的基础之上：一是大学生态位的研究框架；二是大学的战略评价体系。鉴于大学评价体系由于存在评价目标的外部性、评估指标的静态性以及指标体系的综合性等制约因素，结合以上对新建本科院校生态位评价的探讨，在此尝试构建一种基于生存、发展、竞争三位一体的大学生态位评价指标体系，其目的在于从生存力、发展力和竞争力三个层面评价大学生态位战略的实施效果。由于大学生态位是一个系统性、综合性的概念，因此所确立的指标体系应体现以下几种"转移"特性：

其一，评价主体的转移。减少社会、政府的"过分需求"或"功利导向"，按照逐步回归大学学术及其内在规律的评价。

其二，评价标准的转移。减少综合实力评价，强调打造特色优势，促进和谐发展。

其三，评价方法的转移。关注学校的发展潜力和前景，注重从静态评价到动态评价。

其四，评价指标值的转移。引导学校向各自生态目标迈进，促进评价指标从绝对值向相对值转移。

其五，评价性质的转移。注重特殊性和统一性的结合，逐渐从漠视学校性质的量化的比较到注重生态合理性的质的比较的转移。

了解了大学生态位评价指标的价值取向，还必须考虑遵循构建指标的基本原则，因为大学生态位的生存力、发展力和竞争力是一个动态变化的过程，它们既是显性表现和隐性内涵的统一，也是静态对峙与动态起伏的结合。所以，对大学生态位战略的评价应从立体、变化的角度来综合考察。因此，确立指标应注意以下几种原则：

一是科学性原则。指标选择应符合大学的管理目标，能够综合反映大学生态发展状况的各种要素，具有通用性、权威性特征的评价标准。

二是综合性原则。由于大学生态位的维度多而复杂，并且各种生态因子相互作用、相互影响。因此所确立的指标体现必须是一个综合化的能够全面反映大学生态位的指标体系。

三是可比性原则。指标体系的设置既要便于横向比较也要便于纵向比较，尽可能使指标反映对大学生态位的相关度。

四是定性和定量指标相结合的原则。有些指标难以定量指标来描述或者难以获得，那么也有必要以定性指标来表达。

五是可操作性原则。指标的代表性和可行性，就是要符合大学发展的进程，能够反映不同大学生态位的差异，综合起来就是要保证指标体系的可操作性。

由于任何生物体单元的生态位主要取决于两点[①]：一是主体与环境的物质、能量、信息的交流转换状况；二是主体自身的新陈代谢，即主体内部各个部件运行及相互协调状况。同理，大学也处在与生物体类似的生态环境中，所不同的是，大学生态位取决于资源的配置、管理者以及大学所有成员的共同努力，而大学生态位战略的实施其实就是动态的选择和优化大学生态位的过程。换言之，对大学生态位战略的评价，实质上是全面评价大学生态位确立以及变迁过程中各种生态因子的状态及效果。因此，我们借鉴企业生态位生存、发展以及竞争三个层面及其相应维度的评价思路[②]，结合大学生态位的定义及内涵，将大学生态位表述为"态"（教学，科研和服务社会三种能力）、"态势交界面"（大学空间管理，大学战略管理以及大学资源空间获取三种能力）以及"势"（大学学习创新能力）三个层面的属性，形成大学生态位战略的运行结构示意图（见图6-1）。

根据以上述指标体系设计的原则以及对大学生态位三个层面的剖析，本书将大学生态位战略的评价划分为教学能力、科研能力、服务社会（空间）能力、大学空间管理能力、大学战略管理能力、大学资源空间获

[①] 王刚：《关于生态位定义的探讨及生态位重叠计测公式改进的研究》，《生态学报》1984年第4期。

[②] 万伦来：《企业生态位及其评价方法研究》，《中国软科学》2004年第1期。

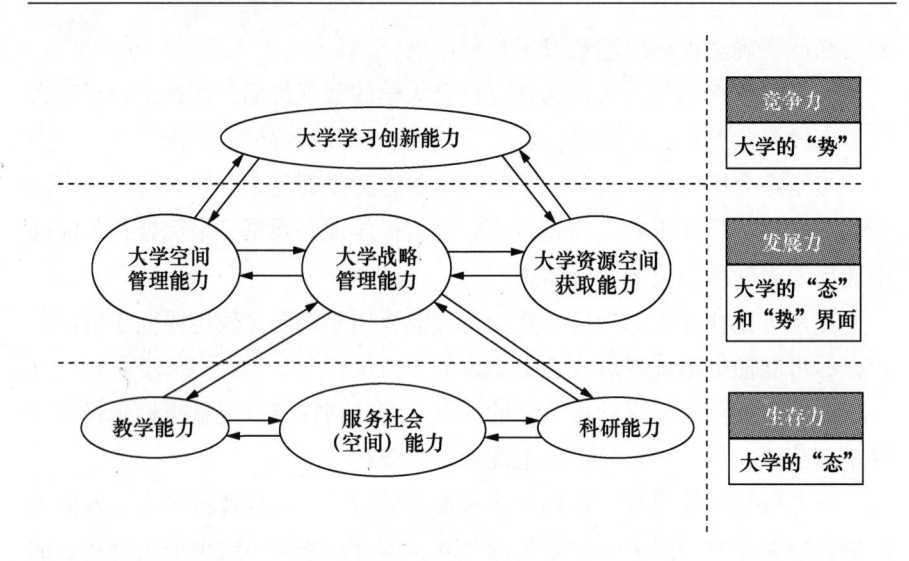

图 6-1 大学生态位战略运行结构

取能力以及大学学习创新能力 7 个维度及相应指标体系，如表 6-13 所示。

表 6-13　　　　大学生态位战略评价指标体系

目标	能力维度(i)及其权重(w_i)		评价指标类(j)及其权重(w_j)		选取指标(k)及其权重(w_k)
目标层	准则层	准则层对目标层的权重	指标层	指标层对准则层的权重	指标层对目标层的权重
大学生态位战略	教学能力	0.15	本专科生培养	0.50	本科生培养 (0.50)
					专科生培养 (0.50)
			研究生培养	0.50	博士生培养 (0.50)
					硕士生培养 (0.50)
	科研能力	0.15	社会科学研究	0.50	国家级奖 (0.30)
					省部级奖 (0.20)
					社科专著 (0.10)
					新华文摘 (0.15)
					SSCI (0.15)
					CSSCI (0.10)

续表

目标	能力维度(i)及其权重(w_i)		评价指标类(j)及其权重(w_j)		选取指标(k)及其权重(w_k)
大学生态位战略	科研能力	0.15	自然科学研究	0.50	国家级奖（0.30）
					省部级奖（0.20）
					科技专著（0.10）
					发明专利（0.10）
					SCI（0.10）
					EI（0.10）
					CSCD（0.10）
	服务社会（空间）能力	0.20	学校总体形象	1.00	社会声誉（0.20）
					学术声誉（0.20）
					学生就业率（0.20）
			学校影响力		产学研合作成果（0.20）
					科研成果转化率（0.20）
	大学空间管理能力	0.10	外部环境空间	0.35	大学—政府空间（0.30）
					大学—企业空间（0.30）
					大学—大学空间（0.30）
			职能部门间的空间	0.35	教学—科研空间（0.50）
					教学科研—管理空间（0.50）
			职能部门内的空间	0.30	教学—教学空间（0.35）
					科研—科研空间（0.35）
					管理—管理空间（0.30）
	大学战略管理能力	0.10	校级领导班子的整体状况	0.35	班子结构合理性（0.50）
					班子凝聚力（0.50）
			最高决策层的领导风范	0.35	对待风险和失败的容忍度（0.25）
					对高等教育发展的预见力（0.25）
					对高等教育竞争动态的判断力（0.25）
					对突发事件的正确处理能力（0.25）
			大学管理的全局性、长远性	0.30	大学决策的全局化倾向程度（0.50）
					大学决策的长期化倾向程度（0.50）

续表

目标	能力维度(i)及其权重(w_i)		评价指标类(j)及其权重(w_j)		选取指标(k)及其权重(w_k)
大学生态位战略	大学资源空间获取能力	0.10	人力资源空间状况	0.35	教师中教授的比重（0.35）
					教师中博士学位的比重（0.35）
					教师中青年教师的比重（0.30）
			物力资源空间状况	0.30	生均图书册数（0.35）
					生均教学仪器设备（0.35）
					生均校舍面积（0.30）
			财力资源空间状况	0.35	生均经费（0.50）
					科研人员人均科研费（0.50）
	大学学习创新能力	0.20	大学组织结构形态	0.25	大学组织网络化、扁平化程度（0.50）
					大学组织边界的模糊性（0.50）
			学习创新的基础条件	0.25	大学组织学习物质基础平台建设的完善性（0.50）
					大学教职工的科学文化素质（0.50）
			跨文化学习的能力	0.25	大学教职工学习培训的频度（0.50）
					大学教职工对外合作交流的频度（0.50）
			学习型的大学文化状况	0.25	教职工对学习创新的参与程度（0.20）
					学校高层对学习创新的重视程度（0.20）
					大学内部知识扩散的频度及有效性（0.20）
					大学对"干中学、学中用"的重视程度（0.20）
					教师的事业发展及薪酬与学习创新的相关性（0.20）

关于各维度的能力指数测度。大学生态位战略各层面相应维度（i）的能力指数 C_i 可定义为：

$$C_i = \sum_{j=1}^{J} w_j \sum_{i=1}^{I} w_i \sum_{k=1}^{K} w_k R(i,j,k), i = 1,2,\cdots,7; j = 1,2,\cdots,J, k = 1,2,\cdots,K \quad (6-1)$$

式中，$R(i, j, k)$ 表示某大学第 i 个能力维度第 j 类第 k 个指标值，可以采取 10 分法评定，即用指标的实际数值与该指标的最大值之比来表示。C_i（$i=1, 2, \cdots, 7$）分别表示大学教学能力指数、大学科研能力指数、大学服务社会（空间）能力指数、大学（空间）管理能力指数、大学战略管理能力指数、大学资源空间获取能力指数以及大学学习创新能力指数。w_i、w_j、w_k 分别表示 i、j、k 层相对应与其目标层的权重。

关于各维度及其相应子因素权重的确定。大学生态位战略的各维度权重系数实质是反映各维度能力对大学生态位的贡献程度。同理，各维度相应的子因素权重系数实际也是反映该因素对各维度能力的贡献度。因此，是否能科学确定各因素的权重系数将直接影响大学生态位战略评价结果的合理性和有效性。本书的研究对象尽管是新建本科院校，但为保证评价指标的代表性与科学性，尤其是考虑大学生态位的动态发展性，本书选择了不同类型的大学（如老牌本科院校、"211"院校等）的一些专家、高校教师及管理人员以及部分公司管理人员、政府有关部门和周边居民等组成专家小组，采用德尔菲（Delphi）法进行问卷调查（共发放问卷 150 份，有效回收 138 份），以确保评价指标体系及其相应权重的全面性以及信度和效度。评价指标体系以及权重体现的确定是在调查及总体评价基础上整理讨论完成的。各层次相应的权重系数分别用 w_i、w_j、w_k 表示，其数值均在表 6-12 中列出。

关于测度模型。大学生态位 UN 可用如下线性方程来计算：

$$UN = \sum_{j=1}^{7} [w_i C_i] \quad (6-2)$$

式中，w_i 表示大学生态位战略各维度 i 对大学生态位的权重系数（$i=1, 2, \cdots, 7$）。

为充分应用及检验本书提出的大学生态位战略评价方法，本书以广西的 8 所新建本科院校为例，根据 2009 年有关数据对它们的生态位进行评测，计算结果如表 6-14 所示（计算过程从略）。

表 6-14 显示，广西 8 所新建本科院校生态位从高到低依次为广西财经学院、玉林师范学院、河池学院、百色学院、钦州学院、贺州学院、梧

州学院、广西民族师范学院。以下对各层面作进一步分析。

表6-14　　　　广西8所新建本科院校生态位综合评价结果

指标名称		玉林师范学院	河池学院	广西财经学院	梧州学院	贺州学院	钦州学院	百色学院	广西民族师范学院
生存力"态"层面	C_1	0.785	0.765	0.749	0.604	0.699	0.656	0.641	0.507
	C_2	0.651	0.642	0.821	0.614	0.582	0.594	0.632	0.575
	C_3	0.487	0.603	0.652	0.623	0.601	0.625	0.624	0.585
	小计	1.923	2.010	2.222	1.841	1.882	1.875	1.897	1.667
发展力"态"和"势"层面	C_4	0.711	0.619	0.728	0.431	0.475	0.394	0.574	0.425
	C_5	0.685	0.654	0.745	0.647	0.504	0.641	0.562	0.649
	C_6	0.951	0.862	0.785	0.524	0.425	0.489	0.623	0.598
	小计	2.347	2.135	2.258	1.602	1.404	1.524	1.759	1.672
竞争力"势"层面	C_7	0.954	0.942	0.976	0.758	0.742	0.957	0.969	0.598
	小计	0.954	0.942	0.976	0.758	0.742	0.957	0.969	0.598
生态位	合计	5.224	5.087	5.456	4.201	4.028	4.356	4.625	3.937

从生态位排名前3的三所院校来看，它们生态位的综合值明显高于其他五所新建本科院校。其中，广西财经学院的生态位综合值最高，在生源数量与质量、经费资源获取、社会服务的辐射范围等方面都具有相当的优势。因此，该校在"态"与"势"两个层面的生态位值略高于其他两所学校。不过，在这三所学校中，尽管广西财经学院的生态位综合值最高，但"态"和"势"界面值低于玉林师范学院，尤其是C_6值（大学资源整合能力）也低于河池学院，说明广西财经学院在资源整合方面还有一定的差距，需要进一步提高资源配置能力，以不断提高生态位的适应力。虽然广西财经学院在"态"方面高于另两所院校，但在C_1维度（教学能力）上却略低于这两校，在C_2维度（科研能力）上，广西财经学院显著高于其他新建本科院校。实际上，广西财经学院科研能力维度方面的生态位值已经表明学校科研生态位逐步从特化战略走向扩充战略，其社会声誉逐渐凸显，该校的C_3维度值就是最好的注解。

之所以选取梧州学院、贺州学院、钦州学院和百色学院等四所学校进行对比评价，是因为这四所新建本科院校均是2006年由原有的专科学校升格而设置的，而且都具有沿海或沿边的独特区位特点，这说明四所院校在体现资源生态因子和时间生态因子的生态位空间维度上具有很强的相似性，其在生存力"态"层面的生态位值分别为 1.882、1.841、1.875、1.897，显而易见，四所院校的生存状态并无多大区别。值得关注的是，贺州学院"态"和"势"层面的生态位值为 1.404，明显低于其他三所院校。本书认为，造成这一差异的主要原因可能是该校的学科生态位过于泛化。从表 3-6 可以看出，贺州学院的学科已覆盖了 11 个学科门类中除了医学以外的所有学科，甚至超过了大多数老牌本科院校涵盖的学科门类。众所周知，生态位泛化战略必须要有足够多的资源维度或者较强的创新能力维度，显然，贺州学院作为成立不久的新建本科院校，不可能为如此多的学科生态位提供足够的、可供吸纳的生态因子资源，而且在四所院校中其 C_7 维度（创新能力）值也最低，相应的它的生态位就最低。此外，在体现竞争力的"势"层面比较上，百色学院和钦州学院明显高于梧州学院与贺州学院，这可能与两所学校的生态位强化战略及关键因子控制战略具有一定的关系。比如，百色学院利用红色的优势生态资源，强力打造基础平台建设，已被教育部确定为"全国红色经典艺术教育示范基地"。实际上，这种生态位的创新战略既是一种生态位保护策略，也是生态位增值策略。又如，钦州学院处在北部湾经济区的核心，为顺应该区域经济社会的发展，广西壮族自治区政府已同意在该校的基础上筹建北部湾大学，钦州学院利用这一契机不断改变和优化学校组织结构形态，进一步扩大了学校的扁平化程度，不断增强了原始创新力，为学校生态位错位战略的实施奠定了坚实的基础。

由于广西民族师范学院是 2009 年组建成立的，学校仍处于一个"生存适应"的阶段，故而其生态位在 8 所新建本科院校中最低。然而需要指出的是，其"态"和"势"界面的值也高于某些成立稍早的新建本科院校，尤其是 C_5 维度（大学战略能力）和 C_6 维度（大学资源整合能力）上明显高于 2006 年组建的几所新建本科院校，这表明该校在面临资源生态因子匮乏的状态下能够从长远和全面角度正确判断学校所处的形势，充分做好顶层设计，不断提高既有资源的整合效应。对于这类刚成立不久的新建本科院校来说，根据自身生态位较窄的现状采取生态位特化发展战略是较好的选择，如学校强调立足桂西南边陲地区，不断打造南疆国门学校的特色，学校与广西中国—东盟青年产业园区、国家级开发区凭祥边境经济合作区的校企合作便是最好的例证。

本部分根据生态仿生学的原理以及能力理论对大学生态位进行深入研究，提出了大学生态位的定量模型和方法，并以广西8所新建本科院校为例进行实证检验，为大学管理者进行正确科学的自我评价提供了一个有效的分析工具。当然，本研究提出的方法还有不尽完善之处，如还没有涉及大学生态位各部分的内在联系及形成机制、评价的统计过程过于烦琐等等，这些都是有待于进一步研究的课题。

第二节 新建本科院校生态位战略控制研究

所谓控制，即引导一个动态的系统达到预定状态。一般说来，战略控制是指战略管理者为保证战略方案的有效实施，按预定的标准，采取一系列行动，并通过不断评审和信息反馈，对战略不断修正、纠正偏差，使实际工作与战略要求尽可能一致，以达到预定目的的活动[①]。从程序上说，战略控制是基于战略评价之后的战略行为；从功能上说，战略控制是确保组织战略方向的正确性以及战略的有效实施。根据前一章节分析可知，大学生态位战略实施的目的就是要促进大学生态位的优化与跃迁，这说明尽管大学生态位具有某种"相对稳定性"，但实际上它始终处于一种动态变化的趋势，其原因是大学组织是一种不断成长的生命存在，并且当这种生命体根植于特定的生态环境之中的时候，必须将环境的变迁作为战略管理的向量来考虑。因此，在当今大学生态环境动态变化背景下，每所大学其实都希望在不断适应环境中更新和优化自身的生态位，大学生态位战略管理也成为一种"存在"范式。概言之，如何调整、斧正、改进既有生态位战略，使大学能够在高等教育生态系统中获得更高、更优的生态位，这是符合大学管理者的战略意图和理想预期，也就是说，大学生态位战略控制亦是必然。

一 生态位稳定：新建本科院校生态位战略风险控制

当今社会，任何组织都面临风险已是一个共识命题。一般而言，组织战略风险是指影响组织实现战略目标的各种事件或可能性。有学者认为企

---

① 蒋运通：《企业经营战略管理》，企业管理出版社1996年版，第362页。

业组织战略风险的一个显著特征是其动态性，因为"企业战略风险是伴随战略的整个过程和企业发展始终的，而不只是战略制定过程产生的"。[①] 而组织生态位的产生和发展同样具有动态性，据此认识，生态位战略风险实际上也是一种"应然存在"。所不同的是，生态位的风险源应该更多地从生态位本身来挖掘和探索。从前面的章节分析可知，大学生态位的形成有赖于环境维度、空间维度和能力维度的共同作用，由于资源生态因子往往在空间维度中占据最主要的位置，所以，大学生态位实际上是受环境维度、资源维度以及能力维度三种因素的影响，它们决定着大学生态位的稳定性。它们之间的关系可以用图6-2来表示。

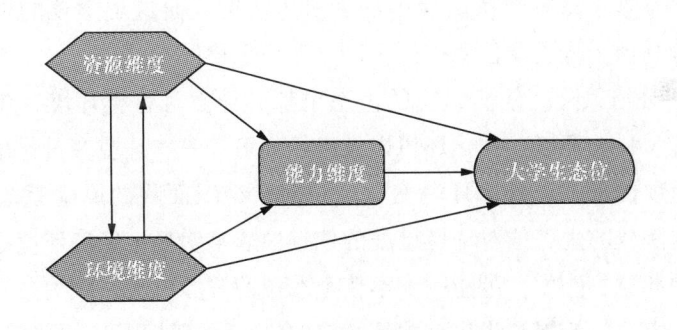

图6-2 大学生态位稳定性的维度模型

可以看出，在影响大学生态位的因素中，资源维度处于基础地位，环境维度是外部条件，而能力维度处于核心位置。实际上，大学生态位就是大学综合实力的反映，也标志着大学资源、环境要素以及大学能力之间的综合效应。所以，大学生态位战略风险控制应该从规避资源风险、环境风险以及能力风险入手，这对于控制及提升大学生态位的稳定性具有"源头效应"。在此，有必要探讨大学生态位战略风险的来源及构成。

（1）资源风险。大学的资源同样是有形资源和无形资源的集合体。一般包括管理资源、人力资源、资产资源以及社会资源等。资源是构成大学生态位以及大学持续竞争优势的基础性条件。如果大学资源维度出现缺

---

① 冯艳飞、陈媛：《企业战略风险的形成机理研究》，《武汉理工大学学报》（信息与管理工程版）2008年第5期。

陷或结构失衡，就会影响大学生态位的形成，进而影响大学生态位战略的有效实施。有学者以低资源位障碍来解释资源缺陷对组织战略的影响，认为"低资源位障碍是指组织资源系统的构建没有能够阻止竞争对手的有效模仿，不能够在相对较长的时间内保持资源竞争优势的一种状态"[1]，使组织资源出现对等化或同质化，而对等化、同质化的资源充其量造成对等竞争，不可能形成竞争优势，即不可能获取更高的生态位。相反，这容易使组织陷入过度竞争局面，低资源位障碍可能带来巨大的资源风险。[2] 换言之，低资源位往往也就是生态位重叠发生率高的一个主要诱因。高等教育生态系统中的新建本科院校群体体现得尤为明显，它们不仅资源维度较窄，而且处于高等教育层级中的低资源维度，而这类学校的数量又较多，很容易由于低资源位障碍引发的生态位失稳风险。

（2）环境风险。任何组织的生态位都必须面对各类环境，包括政治经济环境、科技环境、文化环境以及市场环境等等。环境变量是影响战略风险的重要因素，当外部环境变化较快时，组织面临的风险就会越大。[3] 新建本科院校的生态位对环境维度的依赖性非常明显：经济环境通过影响关键资源和竞争能力，可能引发学校生态位的资源风险；政治法规制度可能影响生态位的拓展和优化，关系学校的机会和威胁程度；科技环境则对学校生态位的竞争力和创新力具有强烈的作用；文化环境则间接影响学校生态位的共生融合与协同进化功能，进而可能影响新建本科院校生态位的跃迁进程等。也就是说，环境维度的风险可能是引发学校生态位失稳的一个重要因素。

（3）能力风险。此前将大学生态位能力维度划分为生存力、发展力和竞争力三类。相应地，大学生态位占有能力的风险更多体现在大学战略定位方面，比如大学战略方向是否正确，大学的战略指导思想是否符合大学资源和能力状况以及高等教育的发展态势。

由于上述三种风险的存在，当大学生态位失稳程度增高，核心竞争优

---

[1] 田奋飞：《企业竞争力研究——基于企业价值观的整合观点》，中国经济出版社2005年版，第59页。

[2] 刘升福：《企业战略风险理论研究及实证分析》，博士学位论文，武汉理工大学，2004年，第56页。

[3] Inga Skromme Baird, Howard Thomas' Toward a Contingency Model of Strategic Risk Taking [J]. *The Academy of Management Review*, 1985, 10, (2).

势减少时，大学生态位战略风险就由此产生。因此，要保持大学生态位的稳定状态，控制大学生态位战略风险，就必须从抵御和规避这三种维度的风险着手。考虑环境维度存在不可控因素，一方面，新建本科院校可以通过资源维度的积累，或设置"资源位障碍"，以防止竞争者的模仿，来保持学校资源利用能力的领先地位；另一方面，新建本科院校可以"资源柔性"的方法，来增强对环境的适应能力，从而提高学校生态位的竞争力，进而控制生态位战略风险。

资源维度的积累与扩充是生态位宽度增加的体现，标志着一个物种可利用资源的多样性和广泛性。对任何一所大学来讲，一方面来自学校的自发形成，这需要时间上的积累；另一方面在于学校的资源获取主动性。这也需要通过积累和创新来实现。然而就新建本科院校而言，这类院校的生态位竞争大多体现在资源维度上的竞争，因此，学校在如何获取某些资源维度或者对某些资源维度的"独家享用"性往往成为竞争的焦点，当然，这种"独家享用"的方式包括排除竞争者占用资源的可能性，意指设置资源位障碍，即赋予资源难以模仿性而形成的"独家享用"状态。

大学要提高生态位的稳定性和竞争力，还可以借用战略柔性的方法，增强大学组织的资源柔性和协调柔性。资源柔性是指大学对现有资源的灵活性、闲置资源的可利用性以及潜在资源的创造累积性，它受资源的用途范围以及成本和时间的影响。而柔性资源是指那些具有多用途，且快速低成本的在各种不同用途之间转换的资源。协调柔性是指大学组织中的管理决策人员通过重新确定资源分配的方向和途径，将各种柔性资源使用在新的战略用途上的协调能力，它反映了大学组织利用和配置资源的灵活性，包括能力柔性、结构柔性、文化柔性和服务柔性等。这颇似生态位理论中的协同共生原理。对于新建本科院校而言，它们具有非常多的柔性资源，比如特殊的地理位置、特定的服务群体以及特有的历史文化传统等，只要新建本科院校掌握了这些资源的所有权，模糊竞争对手的认识行为，进一步隔离竞争者的学习创新效果，逐步建立和保持由资源柔性和协调柔性所构成的合理的柔性集合体，就能有效应付环境的动态性和不确定性对生态位管理所提出的挑战，营造出稳定的生态位态势和持久的生态位竞争优势，对于有效控制大学生态位战略风险具有重要作用。

二 生态位修复：营造新建本科院校发展的生态环境

大学生态位存在基础以及竞争优势根源于大学生态环境维度中生态因

子存在的不对称性或异质性。因此，改善大学的生态环境，始终是调整、修复大学生态位的一种重要方式。就新建本科院校而言，要营造有利于学校发展的生态环境，必须修复包括政府—学校关系生态位和学校—社会关系生态位在内的外部生态环境，同时也要培育具有现代大学制度精神的学校内部生态环境。

（一）调控政府生态位：从"补位"与"改位"中明确政府职责

所谓"补位"，是指政府在大学发展中应该发挥而且能够发挥的作用，目前却没有发挥作用的领域。政府应该积极调整工作思路，扩充并强化已有的"生态位"，进一步补充不足的"生态位"，促进大学—政府关系生态位的协调发展。具体来说，首先要明确新建本科院校的法律地位，这不仅是政府与学校的角色定位，更是确立新建本科院校自主发展的合法性机制，其核心思想是要强化政府的宏观调控职能，确保新建本科院校自主生态位空间的形成和拓展，这是促进新建本科院校自主生态位良性成长的前提与基础，也是明确政府对新建本科院校实施调控职能的重要标志。其次要明确大学的分类评价，政府应该区分不同类型、层次大学的评价标准，而不应该搞"一刀切"。对于成长中的新建本科院校来讲，亟须政府提供一个科学评价机制作为导向，这不仅是政府的公共职责，也是优化新建本科院校外部生态环境的重要体现。

所谓"改位"，是指政府从本身已经占据那些本属于大学自主发展要素承担职能的领域撤出，让"位"于大学发展要素，使政府和大学均能"正位"发展。具体而言，首先，政府要最大限度地削弱对新建本科院校教育教学的微观管理职能，解构和分离政府生态位对新建本科院校生态位的统摄和嵌合，使政府逐渐"归位"于为新建本科院校提供各种引导性服务的轨道上来。比如建立引导性和限制性计划，通过发布各种政令、条例、通告等行政措施对高等教育活动实行调控等。[①] 其次，政府要强调职能"移位"，即政府社会职能的社会化转移，这包括两个方面，一方面是政府对学校的拨款和资助可以建立竞争机制，强调社会各方通过多层次、多途径参与对高等教育的监督；另一方面是政府也可以将一部分新建本科院校可以承担的技术应用性以及服务性工作交由新建本科院校承担。对

[①] 胡建华：《必要的张力：构建现代大学与政府关系的基本原则》，《高等教育研究》2004年第1期。

此，可以有效修复新建本科院校的自主生态位并扶持学校与政府生态位的契合及健康成长。

（二）社会—学校关系生态位的适宜性调整：推进"产学研一体化"

一个健康良好的大学—政府关系生态位是实现大学—政府—社会关系生态位正常化的前提与保障。就中国当前的大学与社会关系现状而言，大学的服务以及大学所提供的产品更多的是面向"狭义的社会"——市场，换言之，大学与社会的关系更多地表现在大学—市场关系。而大学—政府的特征形态将直接影响大学自治生态位以及大学—市场生态位的空间大小。从新建本科院校的现状来看，学校—市场生态位宽度大小的选择就是如何引导新建本科院校生态位与市场生态位的有效对接和整合，也是对市场—大学生态位的规范选择和合理定位。要做到这一点，就必须依据新建本科院校的特定职能，在市场与社会的有效契合中发挥新建本科院校的社会功能。基于此，新建本科院校与市场生态位适宜契合的首要特征就是人才培养的多样化，尤其是以应用型人才为主，使人才培养与经济产业结构以及劳动力市场需求相吻合，这是促进新建本科院校与市场生态位契合的重要效率机制。要做好这一点，就要求新建本科院校进一步调整学校的学科专业结构，在纵向上明确普通高等教育与高等职业教育的关系、在横向上注意学科型与专业型两种关系。当然，要进一步调整改善学校—市场关系生态位，还需要积极引导新建本科院校的科学研究与国家、地方发展战略的契合。从系统的角度看，国家创新体系是由多个区域创新体系或地方创新体系组成，而地方院校尤其是新建本科院校也必将在区域创新体系或地方创新体系中大有可为。因为未来需要加强的就是大学与企业的产、学、研合作，实现科技成果的产业化发展目标。[1] 可以预见，推进"产学研一体化"必定是新建本科院校与社会生态位适宜性调整的有效引导机制和引导路径。

（三）现代大学制度创新：构建新建本科院校的精神文化环境

现代大学制度本身是大学文化的再现，为实现大学文化提供制度保障，不同的大学文化为大学制度提供不同的文化特质，只有和谐的大学文化才能催生先进的大学制度。[2] 对于新建本科院校来说，亟须一种创新

---

[1] 马永斌、王孙禺：《大学、政府和企业三重螺旋模型探析》，《高等工程教育研究》2008年第5期。

[2] 邓成超：《论和谐文化视野中现代大学制度的创新》，《教育学术月刊》2008年第8期。

的现代大学制度来构建学校的和谐精神文化环境,以利于学校生态位的修复和优化。一是要注重培育学校的人文精神价值取向。新建本科院校由于规模不断扩大,师生间的思想、情感沟通较少,且大多是不同学校的合并,学校过于强调工具主义、技术主义,普遍缺乏人文关怀。因此学校急需回归教育的本然价值,形成一种精神上关心人、态度上尊重人、行为上服务人的以人为本的现代大学制度。二是要全面拓展新建本科院校自主办学的生态位空间。主要指新建本科院校要逐步确立体现大学自治精神的独立法人制度,前提是政府的适度分权,在政府的宏观管理下,面向社会依法自主办学与自主管理,形成自我发展及自我约束的机制。尤其是自主进行资源配置,为社会提供高质量的教育产品和教育服务,以获得生存和发展。三是要优化大学权力配置,建立体现学术自由的精神和文化。新建本科院校应该明确学校章程,明确学校的行政权力和学术权力的内容及边界,建立和完善学术决策机构和机制,确保专家学者参与学校的民主管理和民主监督,并逐步形成制度化的措施保证。四是要以批判精神重构新建本科院校文化理念。新建本科院校发展出现同质化现象,原因就在于缺乏批判精神,实际上在地方经济社会快速发展阶段,新建本科院校将会承担更多的功能。换言之,新建本科院校必将在高等教育的理论与实践之间、理想与现状之间以及目标与路径之间产生"裂变",或曰寻求转型,才能获取生态位生长和发育的各种"营养",同时也是新建本科院校分离生态位、规避生态位重叠风险的前提和基础。显然,这必须依赖于新建本科院校具备重建大学的批判精神以及自身独特的价值观,以不断修复现代大学制度根基来塑造和优化学校生态位的生存和发展品质。

三 生态位优化:实现新建本科院校和谐可持续发展

大学生态位优化是在大学生态位静态理论范畴上发展起来的一种动态范畴研究视角,发端于大学对组织生命周期,即对生态位衰退、弱化的现实反思,是大学通过有机整合生态位内外环境生态因子以实现生态位结构稳定和功能有序的策略选择,也是大学主动适应日益复杂多变的竞争环境及形态的集中体现。从生物仿生学角度看,大学生态位优化可视为自然物种生态位优化思想在社会领域的借鉴和延伸,其框架结构也主要是基于生态位内外环境的有机结合与协调发展,把大学资源结构和发展空间进行合理调整与优化。不同类型、不同层次的大学存在着明显差异,其结构和功能具有一定的区别，由于大学生存发展所依附的环境条件亦有所差异，故而大学生态位的演化内容、规律、标识和趋向也会表现出显著不同，因此大学生态位优化的难点、突破口以及路径也就有所差异。但是，任何一所大学的生态位优化在本质上都是一种动态过程，这种动态过程不仅仅依赖大学的思维能力和主体选择能力，更取决于大学通过梳理学校内外环境之间的关联互动关系，来规避和弱化影响生态位结构功能稳定性的环境生态位因子，进而保证和实现大学正常有序的物质、能量和信息的传递及交换。而这个过程，实际上就是大学如何实现和谐可持续发展的过程。从这个意义上讲，大学生态位优化就是在大学生态位内外环境、结构以及功能层面之间构建优化的关系形态。结合新建本科院校生态位的现实状态，其生态位优化的基本策略应包含以下几个方面：

（一）以注重学校生态位优化过程来协调各优化环节的关系

新建本科院校生态位的优化过程具有一定的复杂性，这主要是由于其涉及要素及其相互关系的多样性决定的。现实中，很多新建本科院校往往是选择生态位空间中的一部分予以优化，然后逐步推进，从而使生态位的结构与功能获得整体优化和完善。对绝大多数新建本科院校而言，该优化方式有助于及时发现及化解优化过程的各种困境，并且有利于学校整合既有资源来提高优化针对性。然而，过于侧重某个维度的优化很可能导致优化过程整体性的缺失。因为优化环节之间实质上是体现一种复杂的非线性关系，并非简单的线性关系。因此，任何一个环节都不可能独立于其他环节之外单独运行。否则就会破坏优化环节之间的内在关系，进而影响生态位优化的整体水平。尤其是新建本科院校成立时间不久，常常处于一种百废待兴的状态，很容易在生态位优化思路上步入"头痛医头，脚痛医脚"的误区。如何在关注重点优化环节的基础上，保持整个优化过程的协调性统一性，就成为实施新建本科院校生态位优化的核心问题。所以，借助协同论的理论观点[1]，以相互促进、相互支持的协同合作的思路来促进学校生态系统的发展演化，促使各个优化环节彼此相依、相互作用，使生态位优化过程成为一个有机整合的动态管理过程，有效避免新建本科院校生态位优化过程的整体弱化趋向。

---

[1] ［德］H. 哈肯：《协同学引论》，原子能出版社1984年版，第97页。

(二) 以合理调整优化内容来化解优化层面间的冲突与妨害

在新建本科院校生态位优化过程中，资源、信息、市场等维度以多样化形式存在于高等教育生态系统中，相互作用，并广泛联系。然而，这些维度往往处在不同的纬度层，尽管它们便于即时的交流互动，但也由于该原因易于造成彼此间的功能冲突与妨害。其冲突与妨害越多，表明生态位面临各维度层面的摩擦越多，即生态位优化的绩效越低。按照自组织理论的观点①，由于各个层面的维度既不是现成的，也不是外在赋予的，而是自我生成与自我组织的。这种特性在很大程度上决定了新建本科院校生态位的结构功能及其运行机制体现出一种自我组织、自我强化与自我协同演化的动态过程。但是，新建本科院校各层面维度的自组织性质很容易造成生态位演化结果的不确定性。因为新建本科院校所面临的环境比老牌本科院校以及综合院校复杂得多，这类院校的"环境嗅觉"与"环境敏感性"颇似企业集群，"当环境处于相对稳定和平衡状态时，企业生态位具有确定的演化方向和演化轨迹，一旦环境变化超过生态位的自校稳态机制的预警底线时，生态位的发展就会出现分叉而面临多种可能的路径选择，导致生态位结构的破坏而退化解体"。②因此，合理调整生态位的优化内容，明确生态位各维度层面的关系，增强优化层面间的协调性，不仅有助于改善新建本科院校生态位的内部环境，弱化各维度层面的冲突与妨害，还有利于增强学校生态位的整体竞争优势，促进新建本科院校生态位持续发展演化。

(三) 以科学设置优化机制来促进学校生态位优化持续开展

大学生态位结构是大学生态位各构成要素间的组合与联结方式，任何大学的生态位运作都需要依附特定的时空结构，不同大学的生态位往往具有不同的结构形态，即便是同一大学的生态位在不同发展阶段也会出现结构变化。换言之，大学生态位结构并不是始终处于静止状态，相反，它会随着学校生态位发展需求的变化而变化，并不是所有大学的生态位结构都相同，它们之间都存在着一定的差异和区别。现实中，一些新建本科院校容易忽视对自身生态位的准确把握，没有经过细致全面研究就贸然套用老牌本科院校或其他类型院校探寻生态位的经验，进而试图在短期内完成生

---

① 曾国屏：《自组织的自然观》，北京大学出版社1996年版，第87页。
② 康胜：《企业集群可持续发展问题的思考》，《未来与发展》2004年第2期。

态位结构的设置工作。然而，绝大多数新建本科院校在探寻生态位结构设置通用模式的过程中往往屡遭挫折，非但不能合理构建生态位结构，反而影响了学校生态位的正常运作和健康发展，给生态位竞争优势的培育和提升带来了巨大障碍。所以，不同大学的生态位需要不同的优化机制，生态位优化作为解决生态位发展演化问题的有效途径之一，应该与大学发展要求相协调。一般而言，每所大学都应该根据自身实际发展需要科学设置优化机制，充分了解不同优化机制之间的联系和区别，注重不同优化机制层面的综合运用；明确各个优化机制使用条件、实施重难点及所要解决的问题，并构建科学的评价监督体系。基于此，建立在学校特色优势准确把握、地方经济社会服务的合理定位以及现有资源综合利用基础上的大学结构整合，正是新形势下新建本科院校生态位优化需要重点考虑的方向。可见，通过科学设置优化机制将新建本科院校生存发展实际贯穿于生态位结构的设置、调整和完善过程中，使得生态位结构与学校实际需求保持高度一致，才能形成学校生态位优化持续开展的推动力。

（四）以充分调动优化主体积极性助推新建本科院校转型发展

作为大学经过长期发展而形成的功能实体，生态位是大学资源格局、角色表现以及时空位置的综合体现。由于生态位的形成主要依靠各种环境、资源和能力的有机结合，所以它的发展必然会经历组织生命周期过程，即从初创到成熟再到衰退的演化轨迹。到了衰退期，学校生态位的优势地位将逐步丧失，其影响力也渐趋式微。当然，衰退既不能简单视为大学形态的消失，也不能理解为大学生命力的终结。按照这个逻辑，衰退非但不是衰败、解体的代名词，更预示着一种转型、跃迁与提升。对于新建本科院校来讲，这种生态位的优化转型必须依赖多主体的协同努力，尤其是学校利益相关者的共同协作配合，通常需要耗费一定的时间和过程。因为新建本科院校的转型是在原有学校衰退基础之上，但是转型后的生态位空间必然要与原有空间存在某种程度上的联系。所以摆脱原有学校生态位衰退所产生的阻滞因素往往成为新建本科院校谋求转型的首要之需。除此之外，新建本科院校在其发展过程中还存在着各种矛盾关系需要处理[①]。可见，新建本科院校转型必然是一个复杂综合的过程，它不仅需

---

① 朱中华：《论新建本科院校可持续发展必须处理好的十大关系》，《现代大学教育》2005年第1期。

要生态位的物质层面和行为层面的转变，更要依赖生态位的精神层面和制度层面的转变。因此，充分调动新建本科院校生态位各主体的积极主动性，合理引导、有效发挥所有优化主体的能力维度，是控制生态位恶化、衰退的一种切实可行的策略选择，也是推动新建本科院校转型发展的有效路径。

第七章 结论与展望

第一节 研究结论

中国高等教育学创始人潘懋元先生曾指出,"新建本科院校要成长为一支本科教育的生力军,还有一个适应、改造、创新的过程,它既不是原来师专、高职、成高的简单拓展,又不能照搬传统大学的模式,需要不断探索新的发展道路……每所新建本科院校在制定发展战略时,必须实事求是地研究客观环境,如经济、文化、高教、生源等;社会需要,如类型、层次、专业等;自己的特点和优势,如文化积淀与社会声誉、师资力量与特长等。要在各自层次和类型中争创一流,切忌随大流与急功近利。"[①]实际上,潘先生的讲话已经提及新建本科院校的定位与战略问题的基本思路。综观当前这既是学术界所津津乐道的理论性论题,也是高教实践界高度关注的现实性问题。面对新建本科院校的办学实际,如何将定位过程融入战略思想,如何在战略管理中定好位、定准位,已成为专家学者们试图在理论上做出更切合实际的拓展性解释的重要着力点。为此,本书借鉴生态学中的生态位思想,尝试构建一种大学"生态位战略",以指导新建本科院校的发展战略实践。由于生态位概念表征的是生物物种对资源及环境变量的利用状况,每个物种在长期生存竞争中都拥有它最适合生存的生态位。大学生态位标志着一所大学拥有、控制资源状况以及对外部环境的适应能力和支配能力,生态位的高低决定大学在区域经济社会系统中获取优势资源要素能力的大小。基于这一认识,本书遵循了这样一条研究进路:首先,建构大学生态位(战略)的相关概念体系,对新建本科院校战略

---

① 潘懋元:《在广西新建本科院校发展战略研讨会上的讲话》,2007年。

管理实践中存在的问题进行"生态位"视角的适切性分析；其次，以生态位维度和生态位测度探讨新建本科院校战略分析和战略选择的基本思路，并建立新建本科院校"生态位战略"的分析框架；再次，聚焦于生态位战略的运行，讨论了新建本科院校生态位战略的资源配置、行动策略以及文化支持；最后，建立在大学生态位战略指标评价体系的实证研究基础之上，设计新建本科院校生态位战略控制的路径。通过考察与研究，本书得出以下主要结论：

（1）大学生态位是某类（所）大学在整个社会环境中和整个高等教育群落中，以自有的资源禀赋为条件，通过办学过程能动地与社会环境以及与其他高等教育群落相互作用所形成的相对有利的生存发展空间以及竞争优势。一所大学的生态位，既反映该大学在特定时期、特定群落、特定社会环境中所占据的生存空间位置，也反映大学在环境中的各种生态因子所形成的梯度上的位置，还反映大学在其生存空间中扮演的角色。

（2）大学的最优战略是一个随着大学生态位的变动和大学生态位维度的优化而不断适应内外环境的动态过程，即大学生态位战略。大学生态位战略既是大学战略定位的一种新理念，又是大学战略选择的一种新框架，同时也是大学战略行动的一种新路径。找准大学生态位的过程可以视为一种制定大学战略的过程。一方面，大学应该按照自身的属性制定战略，以便找到契合的生态位，并不断适应和发展；另一方面，随着大学实力的变化或原有生态位的弱化与流逝，大学战略就是随着在大学能力范围内寻找新的生态位或替代生态位，促使大学固有性质的调整，以此实现大学生态位的跃迁和优化。

（3）"低位高攀"和"同位趋同"是新建本科院校的两种典型发展状态，标志着新建本科院校在发展过程中的生态位宽度拓展的诉求、生态位重叠现象的描述以及生态位移动的变化展现。生态位理论及其基本思想对研究新建本科院校战略问题具有高度的适切性。

（4）新建本科院校"生态位战略"的构建受两个因素的影响：生态位维度与生态位测度。生态位维度把握是战略分析的基本要素，生态位测度研究是战略选择的基本依据。新建本科院校"生态位战略"的内容既具有自身的内在规定性，也对其他大学的成长和可持续发展具有普适性。

（5）新建本科院校"生态位战略"的运行需要强调"组织"和"驱动"两种变量："组织"变量中的资源的有效配置是大学生态位战略实施

的根本保证。新建本科院校在不同的组织生命周期具有不同的生命特征，因此必须以不同的组织结构来适应生态位战略的动态变化特性；错位发展、深度适应、开拓潜力、战略联盟以及协同创新是"驱动"新建本科院校"生态位战略"实施的技术工具，而体现生态意蕴的文化融合则是"驱动"新建本科院校"生态位战略"运行的价值工具。

（6）通过对新建本科院校"生态位战略"的评价综合指标分析发现：对大学生态位战略的评价，实质是全面评价大学生态位确立以及变迁过程中各种生态因子的状态及效果。可以从"态"（教学能力，科研能力和服务社会能力）、"态势交界面"（大学空间管理能力，大学战略管理能力以及大学资源空间获取能力）以及"势"（大学学习创新能力）三个层面的属性进行具体评价。

（7）大学生态位战略控制的核心可理解为如何调控相应的关系生态位。新建本科院校生态位战略控制的路径包括：提高生态位的稳定性来控制生态位战略风险、改善大学生态环境来促进生态位的调整与修复、以生态位优化实现学校和谐可持续发展。

第二节 本书的创新

一 研究视角的创新

将大学战略分析框架建立在生态位理论与战略管理理论基础之上，既可为分析大学生态位演变提供全新视角，也可以用来解释现代大学战略管理中的诸多问题，这是一种研究视角的创新。因此，以生态位战略分析框架对新建本科院校发展战略问题进行全面深入的研究，在研究对象的选取上也属一种新的尝试。不仅有利于推进新建本科院校发展战略研究，而且有助于拓展大学战略管理理论。

二 研究内容的创新

本书尝试界定、构建大学生态位及大学生态位战略的概念体系，具体分析了大学生态位维度及其相关生态因子，提出了大学生态位测度的理论模型，并阐释了测度模型与构建大学生态位战略的关系。在此基础上，有针对性地提出新建本科院校"生态位战略"的实施策略，并以关系生态位为视角，从生态位稳定、生态位修复以及生态位优化三个层面提出新建本科院校"生态位战略"的控制路径。

三 研究方法的创新

本书尝试建立了新建本科院校"生态位战略"评价模型以及综合评价指标体系和方法,提供了从生存力、发展力和竞争力三个维度对新建本科院校生态位的态势水平做出综合评价的方法,初步解决了实证检验的问题。

第三节 本书的不足

国内有关大学生态位的理论与实践方面的研究起步较晚,尽管本书在该跨学科的研究上做了一些尝试,但限于个人水平,仍存在一些研究短板:

其一,对大学生态位适宜度和大学生态位边界的研究有待深入挖掘。对大学生态位适宜度的测量主要是建立在生物生态位相关理论和方法之上,限于本书的框架体系,还未对其有深入的研究;大学生态位的边界能否进一步确定,也是本书难以回答的问题。这些都有待今后做实证的检验。

其二,研究对象选择可能存在的局限性。一方面,本书是选取新建本科院校群体作为研究对象,所设计的大学"生态位战略"将来能否从特殊应用到一般,有待于进一步探索;另一方面,即便是同为新建本科院校,也存在各种差异,本书选取广西新建本科院校作为样本进行研究,东部或中部地区的新建本科院校是否会对该战略的应用产生"水土不服"效应?这也是笔者担忧的。

另外,在这个研究领域中,由于学术界的相关研究较多聚焦于一般性关注,较少系统性的研究,因而可借鉴的成果不太多,这有可能影响本书的理论深度。此外,新建本科院校正处在转型发展期,学校发展变化较快,本书提出的战略还必须接受时间的滞后性考验,这也可能影响研究的信度。

第四节 研究展望

从生态位理论视角研究大学战略管理问题,无论是高等教育领域还是管理学领域都是一个较新的尝试,基于上述的分析与总结,未来关于大学生态位战略的研究，还可以做以下几点拓展：

（1）对大学生态位理论的深入研究。建立不同层次、不同类型大学生态位分析模型，并研究其使用的特殊性。比如可以将生态位理论与新建本科院校成长模式进行更为合适的隐喻应用，采用适当的工具和方法模拟其成长演进过程，进而有效预测该模式的成长路径和趋势等。

（2）完善大学生态位战略评价指标体系。构建完善的大学生态位战略评价指标体系，是未来进一步明确大学—政府—社会关系边界以及测定大学生态位适宜性等问题的重要基础。

（3）对新建本科院校发展进行协同演化机理研究。最近学术界热议的大学协同创新[①]实际上就是大学协同演化的一个外在表现，对新建本科院校来讲，如何不断优化自身生态位并与地方经济社会协同发展，必将是对新建本科院校生态位战略进行纵深研究的重要着力点。

[①] 2011年4月，胡锦涛在庆祝清华大学建校100周年大会上的讲话中指出，"大学要积极推动协同创新"（详见胡锦涛《在庆祝清华大学建校100周年大会上的讲话》，《人民日报》2011年4月25日），显然，这是立足国家战略层面释放出的明确信号。此后，学术界纷纷讨论如何进行协同创新，比如协同创新的内涵与其他创新的关系、协同创新的重要意义以及大学与科研机构、企业协同创新的政策要点，如何进行科研能力的协同创新，高校如何从育人为本的视野中与各领域协同创新，等等。事实上，根据对生态位理论及生态位战略思想的理解，协同创新尽管是一种战略合作或战略联盟的内在表达，却暗含着一种协同共生的状态，这恰恰也是促进组织与组织间协同演化的重要途径。

参考文献

著作类

[1] [美] 奥德姆：《生态学基础》，人民教育出版社1981年版。

[2] [英] 阿什比：《科技发达时代的大学教育》，人民教育出版社1983年版。

[3] 波普诺：《社会学》，中国人民大学出版社1999年版。

[4] 彼得·德鲁克：《创新与企业家精神》，机械工业出版社2007年版。

[5] 彼得·德鲁克：《管理:任务、责任和实践》，华夏出版社2008年版。

[6] 伯顿·R. 克拉克：《高等教育系统——学术组织的跨国研究》，杭州大学出版社1994年版。

[7] 伯顿·克拉克：《高等教育新论》，浙江教育出版社2001年版。

[8] 陈厚丰：《中国高等学校分类与定位问题研究》，湖南大学出版社2004年版。

[9] 陈先红：《公共关系生态论》，华中科技大学出版社2006年版。

[10] "大学战略规划与管理"课题组：《大学战略规划与管理》，高等教育出版社2007年版。

[11] 方然：《教育生态论纲》，云南大学出版社1998年版。

[12] 范国睿：《教育生态学》，人民教育出版社2000年版。

[13] 弗里蒙特·E. 卡斯特、詹姆斯·E. 罗森茨韦克：《组织与管理——系统方法与权变方法》，付严译，中国社会科学出版社1985年版。

[14] [美] 弗雷德·R. 戴维：《战略管理》，李克宁译，经济科学出版社1997年版。

[15] [德] H. 哈肯：《协同学引论》，徐锡申、陈式刚、陈雅深等译，原子能出版社1984年版。

[16] 贺祖斌：《高等教育生态论》，广西师范大学出版社2005年版。

[17] 胡守钧：《社会共生论》，复旦大学出版社2006年版。

[18] 蒋运通：《企业经营战略管理》，企业管理出版社1996年版。
[19] 刘洪：《经济系统预测的混沌理论原理与方法》，科学出版社2003年版。
[20] 刘英骥：《企业战略管理教程》，经济管理出版社2006年版。
[21] 刘向兵、李立国：《大学战略管理导论》，中国人民大学出版社2006年版。
[22] 李玉刚：《战略管理行为》，中国市场出版社2006年版。
[23] [澳]欧文·E.休斯：《公共管理导论》，中国人民大学出版社2001年版。
[24] 齐亮祖、刘敬发：《高等教育结构学》，黑龙江教育出版社1986年版。
[25] 任凯、白燕：《教育生态学》，辽宁教育出版社1990年版。
[26] [美]萨缪尔·亨廷顿：《文明的冲突与世界秩序的重建》，周琪、刘绎等译，新华出版社2005年版。
[27] 田奋飞：《企业竞争力研究——基于企业价值观的整合观点》，中国经济出版社2005年版。
[28] 王长乐：《教育机制论》，吉林人民出版社2001年版。
[29] 王前新、刘欣：《新建本科院校运行机制研究》，科学出版社2007年版。
[30] 吴鼎福：《教育生态学》，江苏教育出版社2000年版。
[31] 吴林富：《教育生态管理》，天津教育出版社2006年版。
[32] 曾国屏：《自组织的自然观》，北京大学出版社1996年版。
[33] 张岱年、程宜山：《中国文化与文化争论》，中国人民大学出版社1990年版。
[34] 章夫、蒲薇：《中国教育生态报告》，群言出版社2005年版。
[35] 张明玉、张文松：《企业战略理论与实践》，科学出版社2005年版。
[36] [美]詹姆斯·杜德斯达：《21世纪的大学》，刘彤等译，北京大学出版社2005年版。
[37] 周三多：《管理学——原理与方法》，复旦大学出版社1999年版。

学位论文类

[1] 陈瑞贵：《愿景管理之研究》，博士学位论文，复旦大学，2005年。
[2] 陈娟娟：《地方高校可持续发展的生态位战略研究》，硕士学位论文，

武汉理工大学，2007年。
[3] 高建华：《区域竞争生态位研究》，博士学位论文，河海大学，2007年。
[4] 郭金秀：《新建地方本科院校办学特色研究》，硕士学位论文，武汉理工大学，2005年。
[5] 郭嫄：《我国新建本科院校发展状况、类型及问题分析》，硕士学位论文，南京师范大学，2007年。
[6] 郝进仕：《新建地方本科院校发展战略与战略管理研究》，博士学位论文，华中科技大学，2010年。
[7] 黄明秀：《新建本科院校核心竞争力培育研究》，硕士学位论文，中国地质大学（北京），2008年。
[8] 柯星：《新建地方本科院校办学特色问题研究》，博士学位论文，暨南大学，2009年。
[9] 刘升福：《企业战略风险理论研究及实证分析》，博士学位论文，武汉理工大学，2004年。
[10] 李军：《基于生态位原理的中国高等学校生态竞争研究》，博士学位论文，天津大学，2006年。
[11] 钱言：《基于生态位理论的企业间关系优化研究》，博士学位论文，同济大学，2007年。
[12] 钱辉：《生态位、因子互动与企业演化——企业生态位对企业战略影响研究》，博士学位论文，浙江大学，2004年。
[13] 谭荣：《农地非农化的效率：资源配置、治理结构与制度环境》，博士学位论文，南京农业大学，2008年。
[14] 王玉丰：《常规突破与转型跃迁——新建本科院校转型发展的自组织分析》，博士学位论文，华中科技大学，2008年。
[15] 肖美良：《地方新建本科院校组织文化的构建与提升》，硕士学位论文，浙江师范大学，2006年。
[16] 许箫迪：《高技术产业生态位测度与评价研究》，博士学位论文，南京航空航天大学，2007年。
[17] 颜爱民：《基于生态位理论的企业及其核心员工评价与匹配研究》，博士学位论文，中南大学，2006年。
[18] 杨柳：《地方院校办学特色建设研究——从生态位的视角出发》，硕

士学位论文，江西师范大学，2006年。
[19] 杨灵：《生态位理论视阈下高校学术职业定位研究》，硕士学位论文，武汉理工大学，2008年。
[20] 周文军：《大众化进程中我国新建本科院校发展存在的问题及对策》，硕士学位论文，湖南师范大学，2009年

期刊论文类

[1] 曹鉴燎、王旭东、郑奔：《可持续发展位：问题与研究》，《东南亚研究》2000年第5/6期。
[2] 曹康林：《生态位现象》，《企业家天地》2002年第1期。
[3] 陈国庆：《论新建地方本科院校特色化发展之路》，《教育学术月刊》2008年第10期。
[4] 陈娟娟：《基于生态位理论的地方高校可持续发展策略》，《四川教育学院学报》2007年第6期。
[5] 陈文娇：《教育生态位与高等教育分流》，《大学·研究与评价》2007年第11期。
[6] 陈文哲：《新建本科院校发展和建设的若干辩证关系》，《福建工程学院学报》2008年第5期。
[7] 陈啸：《新建本科院校建设发展应处理好四个关系》，《中国高教研究》2002年第9期。
[8] 陈媛、肖云龙：《我国高校角色错位现象的生态位思考》，《交通高教研究》2003年第2期。
[9] 陈元：《基于生态位理论的高校科技创新能力评价》，《广东科技》2008年第4期。
[10] 池越、张楠、郭伟光：《新建本科院校人才培养目标、模式研究》，《河北工业大学成人教育学院学报》2009年第2期。
[11] 邓成超：《论和谐文化视野中现代大学制度的创新》，《教育学术月刊》2008年第8期。
[12] 丁耀武：《区域创新体系与地方高校发展》，《教育理论与实践》2005年第3期。
[13] 丁么明：《注重效益走内涵发展式道路——谈新建本科院校的治校战略》，《学习月刊》2008年第10期。
[14] 范国睿：《教育生态系统发展的哲学思考》，《教育评论》1997年第

3 期。

[15] 樊彩萍：《院校研究的视角：新建本科院校迫切需要加强自身研究》，《中国高教研究》2008 年第 7 期。

[16] 方然：《教育生态的理论范畴与实践方向》，《云南师范大学学报》1997 年第 1 期。

[17] 房敏：《试析地方新建本科院校的内涵式发展》，《大庆师范学院学报》2008 年第 6 期。

[18] 冯艳飞、陈媛：《企业战略风险的形成机理研究》，《武汉理工大学学报》（信息与管理工程版）2008 年第 5 期。

[19] 高鹏程：《新建本科院校的办学定位和发展战略》，《今日中国论坛》2007 年第 9 期。

[20] 龚怡祖：《教育行政体制中的基本结构关系分析》，《清华大学教育研究》2009 年第 12 期。

[21] 龚怡祖：《大学治理结构：建立大学变化中的力量平衡——从理论思考到政策行动》，《高等教育研究》2010 年第 12 期。

[22] 管天球、宋振文：《学研产结合：新建本科院校的发展之路》，《中国高等教育》2004 年第 22 期。

[23] 郭军：《关于新建本科院校实现跨越式发展的思考》，《湖南社会科学》2004 年第 6 期。

[24] 郭树东等：《我国研究型大学的学科发展战略定位模式与生态位对策》，《北京交通大学学报》（社会科学版）2008 年第 4 期。

[25] 郭秀兰、吴蔚青：《波特竞争战略与地方院校差异化生存》，《理论月刊》2006 年第 7 期。

[26] 郭雪晴、吕述娟：《新建本科院校发展的问题与策略》，《中国行政管理》2007 年第 11 期。

[27] 顾永安：《新建本科院校发展的若干重大关系问题与应对》，《高教探索》2010 年第 1 期。

[28] 韩英：《成人教育生态位管窥》，《职教论坛》2008 年第 5 期。

[29] 和飞：《新建本科院校办学特色研究》，《高教探索》2003 年第 4 期。

[30] 和飞：《新建本科院校须科学定位》，《中国高等教育》2003 年第 22 期。

[31] 贺金玉、金清云：《大众化背景下新建地方本科院校的质量定位》，《中国大学教学》2006 年第 10 期。

[32] 贺祖斌：《高等教育生态研究述评》，《广西师范大学学报》（哲学社会科学版）2005 年第 1 期。

[33] 胡建华：《必要的张力：构建现代大学与政府关系的基本原则》，《高等教育研究》2004 年第 1 期。

[34] 黄俊伟、秦祖泽：《论新建本科院校核心竞争力的识别与培养》，《中国大学教学》2003 年第 8 期。

[35] 黄江昆、陈全宝：《新建本科院校实施品牌战略的思考》，《泉州师范学院学报》（社会科学版）2008 年第 5 期。

[36] 黄懿斌：《对新建本科院校生存发展的战略思考》，《湖南人文科技学院学报》2004 年第 6 期。

[37] 纪秋颖、林健：《基于生态位原理的高等学校特色建设》，《黑龙江高教研究》2005 年第 3 期。

[38] 纪秋颖、林健：《生态位理论在大学定位中的应用》，《高等工程教育研究》2006 年第 3 期。

[39] 纪秋颖、林健：《高校生态位构建的数学模型及其应用》，《北京航空航天大学学报》（社会科学版）2006 年第 4 期。

[40] 纪秋颖、林健：《基于生态位理论的高校核心能力分析》，《黑龙江高教研究》2006 年第 5 期。

[41] 纪秋颖、林健：《高校生态位适宜度的数学模型及其应用》，《辽宁工程技术大学学报》2006 年第 6 期。

[42] 纪秋颖、林健：《高校生态位及其评价方法研究》，《科学学与科学技术管理》2006 年第 8 期。

[43] 解根法、柴达：《内涵发展：新建地方本科院校工作重心的战略转移》，《中国高等教育》2008 年第 3 期。

[44] 金丹：《高等教育强国背景下新建地方本科院校发展策略新探》，《辽宁行政学院学报》2010 年第 2 期。

[45] 金松岩、张敏、杨春：《生态位理论研究论述》，《内蒙古环境科学》2009 年第 4 期。

[46] 金雪子：《探析生态位理论对高校教师职业压力的调整策略》，《中国西部科技》2009 年第 8 期。

［47］金则新：《新建本科院校的办学定位》，《台州学院学报》2003年第10期。

［48］康胜：《企业集群可持续发展问题的思考》，《未来与发展》2004年第2期。

［49］课题组：《新建本科院校办学模式的探索与实践》，《湖南文理学院学报》（社会科学版）2004年第7期。

［50］李德志等：《现代生态位理论的发展及其主要代表流派》，《林业科学》2006年第8期。

［51］李凤莲：《组织文化重构：地方新建本科院校内涵建设的重点》，《湖南社会科学》2008年第4期。

［52］李福华：《利益相关者理论与大学管理体制创新》，《教育研究》2007年第7期。

［53］李光耀：《生态位理论及其应用前景综述》，《安徽农学通报》2008年7期。

［54］李景春：《生态位理论视阈中的教育生态系统及其发展》，《教育科学》2006年第3期。

［55］李明：《思路决定出路——新建本科院校发展战略之我见》，《楚雄师范学院学报》2004年第2期。

［56］李倩、徐林林、刘钊：《生态位新视角：大学毕业生"傍老族"现象的成因与对策分析》，《湖南民族职业学院学报》2009年第1期。

［57］李硕豪、张如珍：《论新建地方本科院校的定位问题》，《高教论坛》2003年第1期。

［58］李望国、张仲秋：《新建本科院校"内涵升本"发展战略的基本思路》，《中国大学教学》2005年第11期。

［59］李鑫：《生态位理论研究进展》，《重庆工商大学学报》（自然科学版）2008年第3期。

［60］李玉文、李文华、段晓惠：《企业生态位错位竞争的最佳策略模型》，《商场现代化》2006年第8期。

［61］李志峰、杨灵：《高校学术职业定位与研究型大学发展——基于生态位理论的分析》，《华北电力大学学报》（社会科学版）2009年第5期。

［62］李志平、吴卫东：《新建本科院校"内涵升本"特征与模式研究》，

《中国高教研究》2005年第6期。

[63] 李志平、张海波、谌新华、丛军、孙志国：《新建本科院校"内涵升本"的均衡功能模式研究》，《中国高教研究》2006年第7期。

[64] 梁文艳、龚波：《大学核心竞争力生命周期的多元化成长模式》，《江苏高教》2006年第6期。

[65] 林开敏、郭玉硕：《生态位理论及其应用研究进展》，《福建林学院学报》2001年第3期。

[66] 刘贵华：《论大学学术的生态学分析视角》，《青岛化工学院学报》（社会科学版）2001年第4期。

[67] 刘桂荣：《新建本科院校管理工作的问题与对策》，《福建工程学院学报》2003年第12期。

[68] 刘力：《西部地方新建本科院校实施人才强校战略的探索与实践》，《高教论坛》2007年第1期。

[69] 刘美驹：《在西部新建本科院校教育发展研讨会上的讲话（摘登）》，《内江师范学院学报》2006年第1期。

[70] 刘仁义：《新建本科院校办学定位中的"教学型、应用型、地方型"解析》，《陇东学院学报》2010年第1期。

[71] 刘万伦、王传旭：《论新建本科院校的科学定位》，《中国高教研究》2005年第7期。

[72] 刘文广、敖林珠：《论新建本科院校发展中的困境及其应对策略》，《宜春学院学报》（社会科学版）2005年第1期。

[73] 刘希、宋金鹏、喻登科：《基于生态位的管理职能与竞争战略新探》，《生态经济》2008年第1期。

[74] 刘献君：《论高校战略管理》，《高等教育研究》2006年第2期。

[75] 刘耘：《培育办学特色：新建本科院校的立校之本》，《中国行政管理》2009年第9期。

[76] 龙叶：《基于生态位理论的图书馆联盟发展策略研究》，《图书馆建设》2009年第1期。

[77] 罗泽意、董维春：《英国高等教育改革历程及其启示》，《世界教育信息》2007年第11期。

[78] 马欲静：《对大教育的教育生态学分析》，《赣南师范学院学报》1996年第4期。

[79] 马永斌、王孙禺：《大学、政府和企业三重螺旋模型探析》，《高等工程教育研究》2008 年第 5 期。

[80] 冒荣、宗晓华：《合作博弈与区域集群——后大众化时代我国高等教育发展机制初析》，《高等教育研究》2010 年第 4 期。

[81] 梅丽珍、付来瑞、张希：《基于生态位理论的高校发展定位研究》，《吉林省教育学院学报》2008 年第 2 期。

[82] 莫海平、才东：《新建地方本科院校建设与发展的宏观构想》，《黑龙江高教研究》2007 年第 11 期。

[83] 聂琳燕：《论新建本科院校定位的几个重要问题》，《辽宁教育研究》2006 年第 5 期。

[84] 聂启元、张建：《科学发展观与新建本科院校的发展》，《理论观察》2004 年第 5 期。

[85] 潘懋元：《论新建本科院校的定位问题》，《上海电机学院学报》2006 年第 1 期。

[86] 潘懋元：《新建本科院校的定位、特色与发展》，《宁波大红鹰学院学报》2008 年第 3 期。

[87] 彭海、程子卿：《生态位理论的意义及应用》，《黑龙江科技信息》2009 年第 35 期。

[88] 彭旭：《新建本科院校办学理念探析》，《民办教育研究》2005 年第 6 期。

[89] 彭旭：《试析新建本科院校的专业设置模式问题》，《教育研究》2011 年第 5 期。

[90] 盛正发：《组织文化重构：地方新建本科院校内涵建设的核心》，《江苏高教》2008 年第 2 期。

[91] 齐华云：《新建地方本科院校可持续发展的理性思考》，《黑龙江高教研究》2005 年第 10 期。

[92] 石玉亭：《新建本科院校建设发展刍议》，《黑龙江高教研究》2004 年第 1 期。

[93] 史晖：《论新建本科院校的科学发展》，《江苏高教》2006 年第 1 期。

[94] 施光跃：《对新建本科院校办学定位的若干认识》，《高等教育研究》2006 年第 11 期。

[95] 眭依凡：《关于大学文化建设的理性思考》，《清华大学教育研究》2004年第1期。

[96] 眭依凡：《大学的使命及其守护》，《教育研究》2011年第1期。

[97] 孙健：《新建地方本科院校办学特色探析》，《惠州学院学报》（社会科学版）2007年第4期。

[98] 孙云志、何玉宏：《基于生态位理论的交通类高职院校竞争策略研究》，《济南职业学院学报》2008年第6期。

[99] 唐华生：《于生存和发展模式的地方新建本科院校特色创建》，《西南民族大学学报》（人文社科版）2008年第12期。

[100] 佟玉凯：《试论新建本科院校的办学特色》，《辽东学院学报》2005年第3期。

[101] 万伦来：《企业生态位及其评价方法研究》，《中国软科学》2004年第1期。

[102] 王锋：《新建本科院校：概念、特征及发展战略》，《南昌工程学院学报》2008年第2期。

[103] 王刚等：《关于生态位定义的探讨及生态位重叠计测公式改进的研究》，《生态学报》1984年第2期。

[104] 王刚：《生态位理论若干问题探讨》，《兰州大学学报》（自然科学版）1990年第2期。

[105] 王刚、徐立清：《新建本科院校改革与发展中应处理好的几对关系》，《浙江万里学院学报》2003年第12期。

[106] 王广利：《新建本科院校办学优势与制约因素研究》，《辽宁教育研究》2005年第10期。

[107] 王宏波：《论社会发展的协调范畴及其意义》，《中国社会科学》1994年第1期。

[108] 王晖：《略论新建本科院校服务定位的兼容性》，《中国高教研究》2007年第3期。

[109] 王晖：《关于新建本科院校特色定位的思考》，《黑龙江高教研究》2007年第6期。

[110] 王骥：《高等教育中的"生态位现象"解析》，《教育评论》2003年第4期。

[111] 王基林、黄洋：《新建本科院校核心竞争力的形成与特色化战略》，

《金陵科技学院学报》（社会科学版）2008年第3期。

[112] 王健、谢鸿飞：《新建本科院校发展对策的探讨》，《理工高教研究》2005年第2期。

[113] 王健：《关于新建本科院校凝练办学特色的思考》，《教育理论与实践》2005年第9期。

[114] 王建华：《大学转型的解释框架》，《中国地质大学学报》（社会科学版）2011年第1期。

[115] 王鲁克：《新建本科院校办学特色建设的理性思考》，《济宁学院学报》2009年第12期。

[116] 王萍：《地方新建本科院校可持续发展的哲学思考》，《理工高教研究》2007年第3期。

[117] 王守纪、车承军：《大众化阶段新建本科院校发展战略选择》，《黑龙江高教研究》2008年第3期。

[118] 王艳杰、毕克新：《基于生态位理论构建高校创新团队核心竞争力的分析》，《黑龙江高教研究》2009年第1期。

[119] 王炎斌：《利益相关者视阈下高职院校校企合作的生态位管理》，《教育与职业》2010年第1期。

[120] 王宇红：《新建本科院校科研定位研究》，《黑龙江高教研究》2007年第11期。

[121] 王玉鼎：《新建本科院校提高办学水平的有效方略》，《黑龙江高教研究》2008年第1期。

[122] 王哲、聂飞飞：《基于生态位理论的高校科技创新能力分析》，《经济研究导刊》2010年第4期。

[123] 王子龙、谭清美、许箫迪：《基于生态位的集群企业协同进化模型研究》，《科学管理研究》2005年第5期。

[124] 吴开亮、葛军：《新建本科院校的发展策略》，《教育评论》2005年第3期。

[125] 吴小峰：《高等教育质量生态位理论浅析》，《郑州航空工业管理学院学报》（社会科学版）2008年第1期。

[126] 魏百军、高浩其、熊和平：《新建本科院校转型期发展策略研究》，《高教探索》2007年第4期。

[127] 魏饴：《新建本科院校应突出教学应用型特点》，《中国高等教育》

2004 年第 9 期。

[128] 温艳、彭兰：《我国高等教育资源配置对高校办学行为的影响》，《大学教育科学》2006 年第 3 期。

[129] 谢冰松：《制约新建本科院校发展的关键性因素》，《南阳师范学院学报》（社会科学版）2004 年第 7 期。

[130] 谢凌凌、张琼：《我国高校趋权性及规权初探》，《江苏高教》2009 年第 3 期。

[131] 谢凌凌、龚怡祖：《高校风险生成机理：多学科逻辑推演》，《高教探索》2010 年第 1 期。

[132] 谢凌凌、张琼：《共治视阈下大学权力的生成、表征及协调机制研究》，《国家教育行政学院学报》2011 年第 11 期。

[133] 谢凌凌：《大学生态：本原特性、现实观照与治理要义》，《教育发展研究》2011 年第 11 期。

[134] 谢凌凌：《透视新建本科院校的三重发展困境》，《当代教育科学》2011 年第 15 期。

[135] 辛彦怀、王红升：《新建地方本科院校的现状及发展趋势》，《教育发展研究》2005 年第 5 期。

[136] 熊志翔：《新建本科院校的"新建期"探析》，《高教探索》2007 年第 1 期。

[137] 许四海：《新建地方本科院校应强化六种意识》，《湖南社会科学》2007 年第 1 期。

[138] 许霆：《论新建本科院校的发展战略选择》，《江苏高教》2005 年第 1 期。

[139] 许怀升、郑国强：《新建本科院校的类型定位选择》，《广东白云学院学报》2008 年第 3 期。

[140] 徐文俊、刘志民：《高等教育与区域经济互动发展的问题与对策》，《江苏高教》2011 年第 3 期。

[141] 薛春艳：《生态位理论视阈中大学定位问题的反思》，《成都教育学院学报》2004 年第 8 期。

[142] 宣勇、张鹏：《组织生命周期视野中的大学学科组织发展》，《科学学研究》2006 年第 12 期。

[143] 杨海生：《办好新建本科院校的科学定位》，《安阳师范学院学报》

2003 年第 3 期。

[144] 杨涛、王兴林、童文胜:《新建本科院校发展之路探索》,《高等教育研究》2007 年第 11 期。

[145] 杨晓西、李忠红、陈想平:《新建地方本科院校特色办学的思考与实践》,《中国高教研究》2008 年第 2 期。

[146] 杨文华:《论社会主义新农村建设对高等教育的生态位推动》,《兰州学刊》2009 年第 6 期。

[147] 杨行玉:《新建地方本科院校需要解决的几个观念问题》,《安康学院学报》2007 年第 1 期。

[148] 杨义群:《关于生态位重要与相似的度量》,《浙江农业大学学报》1983 年第 9 期。

[149] 杨忠泰:《区域创新体系与国家创新体系的关系及其建设原则》,《中国科技论坛》2006 年第 5 期。

[150] 姚慧丽:《基于生态位错位理论的品牌差异化定位》,《管理纵横》2007 年第 11 期。

[151] 姚锡远:《新建本科院校概述及其基本特征》,《河南教育》(中旬) 2008 年第 6 期。

[152] 余国政:《新建地方本科院校科学定位的必要性及原则探究》,《黑龙江高教研究》2006 年第 6 期。

[153]《院校领导谈新建本科院校的跨越式发展》,《中国大学教学》2004 年第 1 期。

[154] 袁曦:《新建本科院校发展的核心问题思考》,《中国电力教育》2008 年第 11 期。

[155] 曾令奇:《新建本科院校发展战略选择》,《长春工业大学学报》(高教研究版) 2008 年第 3 期。

[156] 曾天山:《合理定位、明确目标、突出特色、和谐发展——关于新建本科院校发展战略若干问题的思考》,《龙岩学院学报》2006 年第 2 期。

[157] 张爱龙:《我国高等学校的一种分类法》,《中国高等教育》2001 年第 3 期。

[158] 张光明、谢寿昌:《生态位概念演变与展望》,《生态学杂志》1997 年第 6 期。

[159] 张劲:《新建本科院校实现跨越式发展的策略与思考》,《经济与社会发展》2005年第5期。

[160] 张立新、魏青云、韩淑:《新建院校特色构建:问题与对策》,《黑龙江高教研究》2009年第12期。

[161] 张力:《产学研协同创新的战略意义和政策走向》,《教育研究》2011年第7期。

[162] 张录强:《生态位理论及其综合应用》,《中学生物学》2005年第7期。

[163] 张晓爱、赵亮、康玲:《生态群落物种共存的进化机制》,《生物多样性》2001年第9期。

[164] 张晓滨、吴宝珠、王鸿鹏:《浅谈生态位理论的意义及应用》,《林业勘查设计》2008年第4期。

[165] 张晓舟:《西部地区新建本科院校加快发展的思考与对策》,《陕西师范大学学报》(哲学社会科学版)2004年第6期。

[166] 张信东、杨婷:《基于生态位理论构建高校核心竞争力的思考》,《高教探索》2008年第1期。

[167] 赵维良、张谦:《基于生态位的城市发展战略》,《当代经济管理》2010年第4期。

[168] 赵卫平:《新建本科院校发展的时空背景》,《河南教育》(中旬),2008年第6期。

[169] 赵文华、周巧玲:《大学战略规划中使命与愿景的内涵与价值》,《教育发展研究》2006年第7A期。

[170] 钟志奇:《以特色文化建设促新建本科院校品质提升》,《中国高等教育》2007年第9期。

[171] 周光明、谢美航:《教育生态位原理视阈下的高校人本管理研究》,《怀化学院学报》2007年第12期。

[172] 周江林:《新建本科院校办学定位研究述评》,《中国高等教育评估》2008年第2期。

[173] 周良奎:《开放办学:新建地方本科院校的生存发展之道》,《大学教育科学》2005年第1期。

[174] 朱春全:《生态位态势理论与扩充假说》,《生态学报》1997年第3期。

[175] 朱中华:《关于新建本科院校发展定位的研究》,《高教探索》2004年第4期。

[176] 朱中华:《论新建本科院校可持续发展必须处理好的十大关系》,《现代大学教育》2005年第1期。

[177] 朱中华:《新建本科院校发展战略思考》,《高教探索》2005年第6期。

[178] 庄国萍:《新建地方本科院校发展战略的若干思考》,《理工高教研究》2007年第4期。

报纸类

[1] 储召生:《安徽14所新建本科院校组建联盟 从单兵到抱团》,《中国教育报》2010年10月12日。

[2] 胡志坚、苏靖:《关于区域创新系统研究》,《科技日报》1999年10月16日。

[3] 邬大光:《增强科研能力推动协同创新》,《中国教育报》2011年5月8日。

[4] 杨晨光:《高校要以育人为本与各领域协同创新》,《中国教育报》2011年8月25日。

外文类

[1] Abrams, R., "Some Comments on Measuring Niche Overlap", *Ecology*, 1980 (61): 44-49.

[2] Anderson, R. E., *Strategic Policy Changes at Private Clooeges*. NewYork: Teachers College Press, 1997.

[3] Ansoff, H. I., *Implanting Strategic Management*, NJ: Englewood Cliffs, 1984, 24.

[4] Ary H. Litten, *Ivy Bound: High-Ability Students and College Choice*. New York: College Entrance Examination Board, 1991, 52.

[5] Austin, M. P., "Measurement of the Rrealized Qualitative Niche: Environmental Niche of Five Eucalyptus Species". *Ecological Monographs*, 1999 (06): 161-177.

[6] Barnett, W. P., "The Organizational Ecology of A Technological System". *Administrative Science Quarterly*, 1990, 3 (35): 31-60.

[7] Baum Joel A. C., Jitendra V. Singh, "Organizational Niche and the Dy-

namics of Organizational Founding". *Organizational Science*, 1994, (100): 346-380.

[8] Bowen, H. P., Wiersema, M. R., "Foreign-based Competition and Corporate Diversification Strategy". *Strategic Management Journal*, 2005, 26.

[9] Burgelman, R., "Strategy as Vector Arid the Inertia of Co-evolutionary lock-in". *Administrative Science Quarterly*, 2002 (47).

[10] Carroll, G. R., "Concentration and Specialization: Dynamics of Niche Width in Populations of Organizations". *American Journal of Sociology*, 1985, (90): 83-126.

[11] Cheryll Glotfelty, Harold Fromm ed., *The Ecocriticism Reader: Landmarks in Literary Ecology*. The University of Georgia Press, 1996. Athens. xx.

[12] Colwell, R. K., Futuyma, D. J., "On the Measurement of Niche Breadth and Overlap". *Ecology*, 1971 (52): 567-576.

[13] Common, M., Perrings, C., "An Ecological Economics of Sustainability". *Ecological Economics*, 1992, (6): 7-34.

[14] Cremin, L. A., *Public Education*. 1976, 36.

[15] Daniel Imara Boiniek, "Intras Pecific Competition Favors Niehe width Expansion in DrosoPhila Melanogaster". *Nature*, 2001 (410) 22: 463-466.

[16] Daniel J. Rowley, Herman D. Lujan, Michael G. Dolence. *Strategic Change in Colleges and Universities*, 1997.

[17] DeBemardy, M., "Reactive and Proactive Local Territory, Cooperation and Community in Grenoble". *Regional Studies*, 1999, 33 (4): 343-352.

[18] D. J. Teece, "Dynamic Capabilities and Strategic Management". *Strategic Management Journal*, 1997 (18).

[19] Eugene Odum, Ecology. The Link between the Natural and Social Sciences. *Holt Rinehart & Winston*, 1975: 6.

[20] Farjoun, M., "Towards an Organic Perspective on Strategy". *Strategic Management Journal*, 2002 (23).

[21] John Freeman, M. T. Hannan, "Niche Width and the Dynamics of Or-

ganizational Populations". *American Journal of Sociology*, 1983, (88): 45 – 111.

[22] Hannan, M. T. , Glenn R. Carroll and Laszlo Polos, "The Organizational Niche". *Sociological Theory*, 2003, 21 (4): 32 – 309.

[23] Hasen, J. F. , *Sociocultural Perspective on Human Learning: An Introduction to Education Anthropology*, 1979: 67.

[24] Hawley, A. B. , Human Ecology: A Theory of Community Structure, 1950: 3.

[25] Henry Mintzberg, *Structuring of Organization.* Prentice—Hall Inc. , Englewood Cliffs, New Jersey, 1979, p. 2.

[26] Henry Mintzberg, "Joseph Lanlpel: Reflecting on the Strategy Process". *Sloan Management Review*, Vol. 3, 1999.

[27] Inga Skromme Baird, "Howard Thomas. Toward a Contingency Model of Strategic Risk Taking". *The Academy of Management Review*, 1985, 10, (2) .

[28] Iowa State University Proposed 2005 – 2010 Strategic Plan, 2004 – 11 – 17.

[29] J. B. Barney, "Looking inside for Competitive Advantage". *Academy of Management Executive*, Vol. 9, No. 4, 1995.

[30] John L. Yeager and John C. Veidman, "Higher Education Planning in Transitional Countries". *Planning for Higher Education*, Vol. 3, 199

[31] J. Vernon Henderson, Zmark Shalizi. *Geography and Development*, NBER, Working Paper, 2003 (6): 15 – 79.

[32] Kasimoglu, Murat and Bahattin Hamarat, "Niche Overlap – competition and Homogeneity in the Organizational Clusters of Hotel Population". *Management Research News*, 2003, 26 (8): 18 – 60.

[33] Kaufman, R. and Herman, Restructuring, Revitalizing, *Strategic Planning in Education: Rethinking, Lancaster*, Technomic Publishing Company, 1991.

[34] Keller, Golley ed. , *The Philosophy of Ecology, From Science to Synthesis.* The University of Georgia Press, 2000: 204 – 211.

[35] Kermeth J. Brunsman, Mark P. Sharfman, "Strategic Choices and Niehe Movement: A Probabilistic Model of Organizational Selection and

Mortality". *Academy of Management Proceedings*, 1993, 2 – 6.

[36] Kondra, A. and C. Hinings, "Organizational Diversity and Change in Institutional Theory". *Organization Studies*, 19, 1998.

[37] Kulik, J. A. and Kulik, Chen – Lin C., *Meta – Analysis in Education. International Journal of Education Research*, 1989, Vol. 13, 221 – 340.

[38] Levins, R., "*Evolution in Changing Environments*". Princeton University Press, New Jersey, USA. 1968.

[39] M. A. Leibold, "The Niehe Revisited: Meehanistic Models and Community Context". *Ecology*, 1995, 76 (5).

[40] Martin Trow, Problem in the Transition from Elite to Mass Higher Education, *Conference on Future Structures of Pos – secondary Education*, Paris26th – 29th june, 1973, 63.

[41] Michael E. Porter, *Competitive Strategy*. New York, Free Press, 1980.

[42] Mintzberg, H., *On Management*. New York: Macmillan, 2000.

[43] Naney Langton, Niehe, "Theory and Social Movements: A Population Ecology Approach". *The Sociological Quarterly*, 1987, (1).

[44] Paul E. Griffiths, Review of Niche Construction, *Biology and PhilPsoPhy* (2005) 20: 11 – 20.

[45] Thompson K., Gaston, K. J., "Range Size, Dispersal and Niche Breadth in the Herbaceous Flora of Central England". *Ecology*, 1999 (87): 150 – 155.

[46] Stenhen, P. Robbins, *Organization Theory*, *Structure*, *Design and Application*. Prentice – Hall Inc., Englewood Cliffs, New Jersey, 1987. p. 4.

后　　记

"夫子之墙数仞，不得其门而入，不见宗庙之美，百官之富。得其门者或寡矣。"

——《论语·子张》子贡语

拙作形成于金陵三年之博论。以前每当参阅别人博士论文的时候，必看文尾的《后记》。因为对每一位攻入博门的人而言，提笔写后记的时候至少意味着"正文炼狱"的终结。如果将正文比作"戴着镣铐的舞蹈"，那么后记则是作者"绝对自治"的空间，因为在这里博友们似乎才能真正实现"彻底的解放"！

人说善始善终，亦说全始全终，无奈，自吾受业，志竭愚钝，薄德寡智，虽一直踯躅学堂，却从未臻明通透。于是回首往事难免百感交集，展望未来不免百结愁肠，及至而立依然有执、有固、有意、有我！幸，谆谆恪守公管院训"尚德为公、知行合一"之信条，得恩师之治学、挚友之辩学于心内，获善亲之助学，悦己之游学于体外，终以"诚朴勤仁"为铭。

一

老子曰："上善若水，水善利万物而不争。"恩师乃此之典范，彰显竹之气节，散发菊之淡雅，绽放梅之傲然。吾师姓龚名怡祖，其文自言："从不懂得也不屑于掩饰自我，而是几乎透明地将自己的人格和诗魂坦示于世人。"问之何能尔？师笑曰："以单纯为生命快乐、以率真为性情生命、以创造为艺术生命。"不求独步官场，但求笑傲学海。我尊之畏之，亲之近之，感之悟之，亦师亦父情感日渐生发。吾学于恩师有其二：为学与为人。三载冬去春来，我从未间断尝试从恩师贯通古今、融会中西的指点，品读其"能动地认识客观世界、自觉地观照自身世界、积极地回应时代的力量"的思想力，虽从未"神似"，但一直走在"从'形似'到'神似'的苦旅"中；忆"龚门沙龙"，虽不及北大"教育论坛"之时代把脉、厦大教育研究院"学术例会"之宏阔引领、华科教科院"喻园讲坛"之磅礴深邃……然恩师"定调"，谓之"既上得了天，又入得了地"！于一场场"问、答、辩"的过程中，吾品味恩师由"知识、智慧及人格"构筑的学术品格，借以满足"内心渴望的思想交锋和精神洗礼"。此乃为学也。似乎是在品《读书》杂志2010年第4期《陪老师散步》一文后，与恩师数十次的紫金山"闲装信步"，已然成为师徒间"'我—你'互构共变的生命交往过程"之机会，无论"和颜悦色还是疾言厉色"，始终保持"谦恭但不胆怯的姿态"，于最自然、最真实、最完整的常态中，与恩师畅谈生活细故，抒发治学感怀，分享嘉言懿行，时而醍醐灌顶，时而瞬间顿悟。不敢说如今我已兼具独立思考的学术能力、自信谦恭的学术品格以及敏感平实的学术思维，但恩师所言"不妄自菲薄，亦不妄自尊大"的治心之道显然铭刻根深！其曰为人也。

以此二法与众师求道、交往，细数公管院之"学术联盟"，沉醉并熏陶于刘志民教授明德之鞭策、教化之通透，董维春教授宽阔之学养、包容之师道，罗英姿教授直爽之气质、淡定之治学，刘祖云教授浪漫之情怀、敏锐之思想，丁安宁老师严谨之态度、域外之阅历，张春兰老师优雅之教风、研究之宽容……吾深感"大不自多，海纳江河。唯学无际，际于天地"。更值提及的是，三年间，师母周晓芳女士给予我母爱般的关怀及生活上的关爱，李献斌老师给予我兄长般的情谊及学识上的关心，每每想起，人生何求？晓光博士，亦兄亦师，踏实待人、沉稳待事，即便多次被"骚扰"，其仍谈笑风生；蔡薇老师，事务琐碎，不烦不厌，吾与众皆敬之。

此曰治学于师。

二

孔子云："德不孤，必有邻。"我一直坚信，成长中与我们同行的人，比我们要到达的地方更重要！吾师弟金圣兄，学人神态，憨厚可掬，为人耿直，"学术密谋"是我俩博士生涯中"反思与批判"的重要取向；同门高松元博士，吾常以"睡在上铺兄弟"的身份谈天论地，"代际差异"在我俩间有如梦幻泡影。我皆当之净友。龚门众弟子特色鲜明，常姝坦然执着、钟艳君乐观淡雅、自强仁厚坚毅、务均敞亮缜密、远喜机敏洞见，与众交往，吾有时常追求智慧之愉悦感，我皆当之学友。审问、慎思、明辨，高耀、罗泽意二位博士已然成为吾"笃行"之目标，朱志成老师、程伟华老师、王云鹏老师、家昊鹏云老弟、红艳冰莹两位美女、振华老弟等，他（她）们均言辞直爽、性格率真、坦诚待人、才思敏锐，众人聚合，亦具学术"饕餮盛宴"之境，我皆当之士友。为学不分边界，三年来，土管的金明"老大"、新华、任辉与我自成"四人文化交流协会"，往北探访东北边境，赴南深入中越腹地，没有世俗之利益纠葛，没有现实之繁文缛节，肝胆相照，推心置腹。忆之自问："学术交叉"之火花渊源于此，明矣！我皆当之挚友。

还有"一群友"，已深深铸进我的性格，它们悠然伴我前行，我却只能始终"沉默体悟"。正如普鲁斯特在《追忆似水年华》中所描述的那样："我肯定从很多人的只言片语和举手投足中得到过启示，但我又完全记不得他们是谁。一本书就如同一片墓地，大多数墓碑上的铭文已被岁月抹去。"我想，这也正是我还想说的。

此云辩学于友。

三

《诗经》语："夙兴夜寐，无忝尔所生。"我虽生于古城凤凰，但从未自觉多增一丝慧根，反而平添些许豪气。年迈的父母一生操持忙碌，父亲执拗、急切、深邃，怀才不遇的痛苦和投报无门的尴尬让其将一世的希望和梦想寄望于我，时时鞭策、刻刻鼓励；母亲温柔、委婉、博大，恬静淡定的心态和宽容大度的胸怀是我自小行为处事的典范和安身立命的楷模。岳父岳母为我学业，从来只思奉献，不求索取。忆去年，寒冬南京，"两边父母"轮流而至，我孝道未尽，有友笑言全家"民族大迁徙"，吾深感诸多不安与愧疚。懂事上进的妹妹一向独立善良，默默关照我的生活，打理我工作单位的许多杂事，给予学业生活极大的支持。无论我脾气多么恶劣，要求多么烦琐，从来只愿帮忙，不求回报。他们都给了我对未来幸福生活憧憬的无限动力。

QQ妞妈乃吾妻张琼之昵称，其一贯乐观坚韧，虽无江南女子的柔美，却有中原女将的硬朗。想当初，我飞赴南京之时，妻子方知怀孕一天而已，漫漫十月，其独自承受孕吐七月的痛苦，独自承担了医生"警告"

的恐惧；忆当年，妞妞出世时，我只在旁陪伴一月有余，其独自挑起了育女的艰辛，即便是在她攻读博士学位期间，除包揽全部家庭琐碎事务之外，更从精神上宽慰、勉励于我，为我甘当"幕后英雄"，使我时时萌生"红袖添香夜读书"之叹！有妻如此，夫复何求？小女妞妞，聪明伶俐，乖巧知事，只是身为人父，我从未参与其"三抬四翻六会坐，七滚八爬周会走"的关键成长阶段，更从未给她讲过一个故事、带她去过一次公园、陪她做过一次游戏，甚至不知道她"喜欢什么、关心什么、困惑什么"？每每听其思念呜咽的声音，目睹她期盼挥动的双手，内心总是溢满歉疚。无论我是否能够"Hold得住"，妞妞从来只盼吾归，不生怨恨。我愿其"我是大博士，爸爸是小博士"的童言稚语因我的努力而完美呈现，愿其"爸爸goodgood"的纯真懵懂在这拼爹的时代因我的奋进而不必遭受坑爹的痛苦。

此语助学于亲。

四

庄子言："天地与我同生，万物与我同一。"吾师于《大学的梦想》中问："大学梦想的起源是什么？……是'士不可以不弘毅'的苦行修炼，是'虽千万人吾往矣'的执意远行；是'碛里客行迷，云天直下低'的绝域探秘，是'前不见古人，后不见来者'的雄关登临……"吾心领神会，谋定而动，择二维路径，且行且看，且看且学，且学且思，且思且乐。例数三年，东北大学论坛、大连高端交流、人民大学交锋、南京师大切磋……吾美其名曰：学术考察之身心悠然，谓之"学中游"也。

南京，金陵四十八景闻名遐迩，"身未动，心已远"的我，于攻博一千多个日夜里，春游"牛首烟岚"、夏赏"钟阜晴云"、秋登"栖霞胜境"、冬观"石城霁雪"不下十余次；晨看"南朝四百八十寺"、夜望"淮水东边旧时月"、耳听"长笛叫云箫咽水"、眼见"离离芳草满吴宫"亦乃家常便饭。古人又云：读万卷书，行万里路。遂于金陵古城之外，穿越时空，感受北京的皇城霸气，追随上海的锋尚潮流，追访苏州的遗老腔调，品味武汉的鸭脖美味，眺望厦门与台岛的一海之隔，步量广深与香港的唇齿相依……以致攻博的前半段，吾师电话里最多的一句话是：你在学校吗？……你在南京否？自觉惭愧至极！然吾却自认这是将昨天和今天对接、将身体和心灵融合、将自我和社会关联，借以打开获得丰富生命体验、延展生命宽度之入口的最适切的方式。故名"游中学"矣。

　　此言悦学于己。

　　南北朝文学集大成者庾信言："是知青牛道上，更延将尽之命；白鹿真人，能生已枯之骨。虽复拔山超海，负德未胜；垂露悬针，书恩不尽。蓬莱谢恩之雀，白玉四环；汉水报德之蛇，明珠一寸。某之观此，宁无愧心。直以物受其生，于天不谢。"我亦如此！拙作行将出版之际，岂敢妄论大学之道，谨记读博期间心路历程之点滴，以表答谢母校与恩师、告慰父母与妻儿、激励自我继续奋斗之意也！

　　是为记。

谢凌凌
辛卯冬于南京紫金山麓